MICHAEL GAST
SVEN STOLLENWERK

Der perfekte Büchsenschuss

DAS PRAXISHANDBUCH

KOSMOS

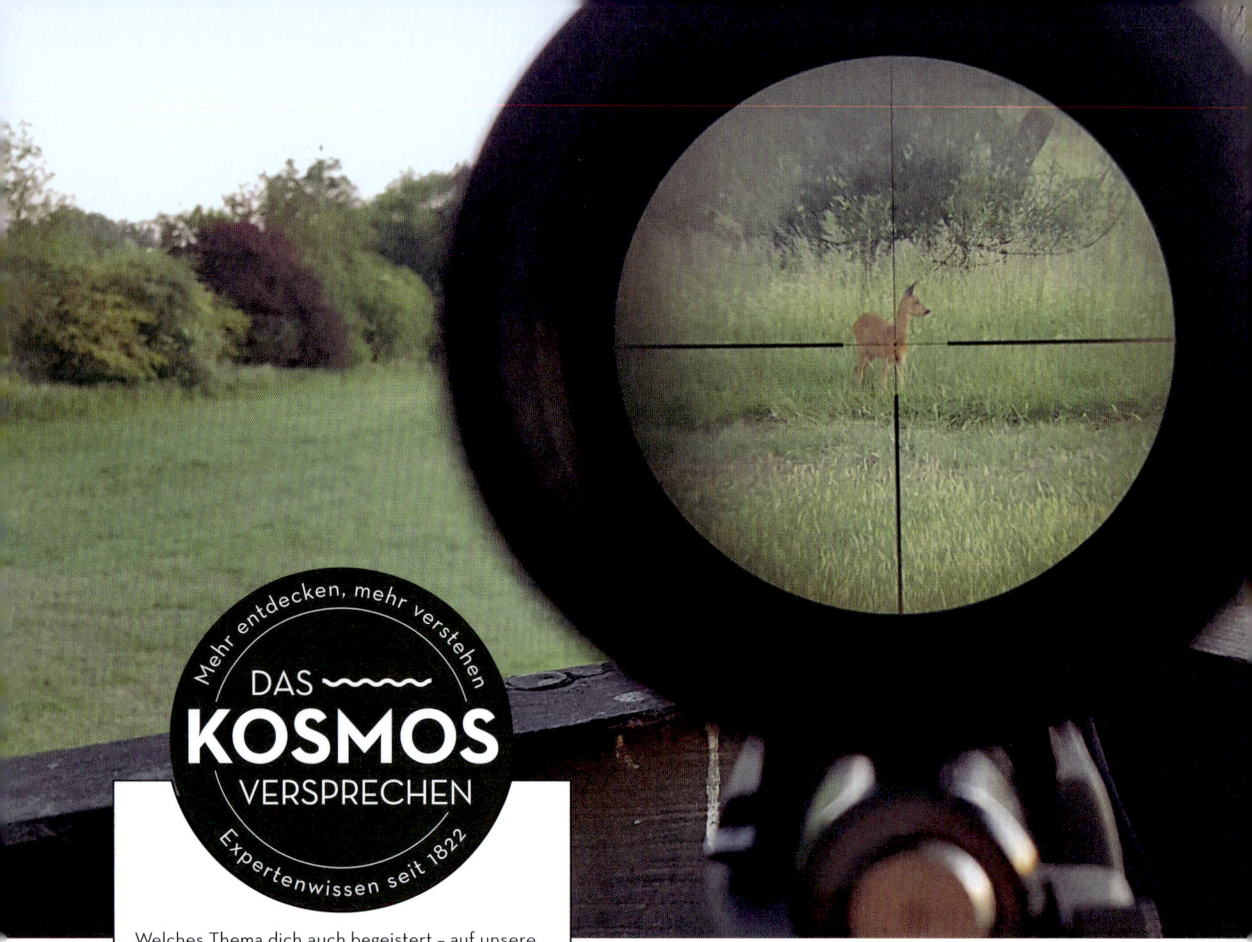

Inhalt

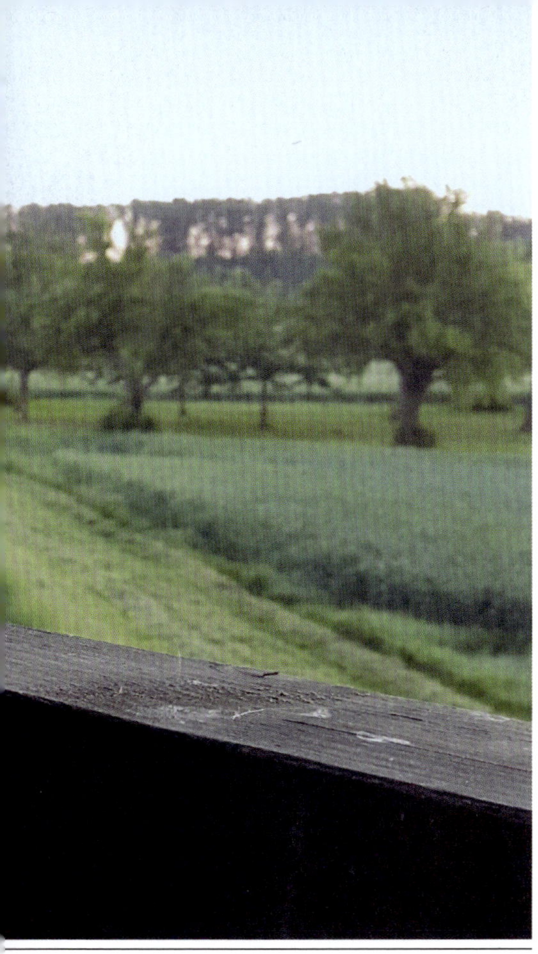

DAS KOSTENLOSE EXTRA: DIE KOSMOS-PLUS-APP FÜR DIGITALE ZUSATZINHALTE

Dieses Buch bietet Ihnen weitere Inhalte in Form von Filmen und eines Downloads, die im Buch durch dieses Symbol 123 gekennzeichnet sind.

Und so geht's:
1. Besuchen Sie den App Store oder Google Play.
2. Laden Sie die kostenlose App „KOSMOS-PLUS" auf Ihr Mobilgerät.
3. Wählen Sie in der App Ihr Buch aus.
4. Schalten Sie die Inhalte mit folgendem Code frei: „Büchse".
5. Danach laden Sie sich die Inhalte für das Buch „Gast/ Stollenwerk: Der perfekte Büchsenschuss" herunter.
6. Auf den Seiten mit dem Symbol 123 können Sie einen Film zum Thema ansehen oder eine Datei herunterladen. Dazu geben Sie den dort genannten Zahlen-Code in die App ein oder suchen in der Medienliste den entsprechenden Inhalt.

Mehr Informationen finden Sie unter **plus.kosmos.de**

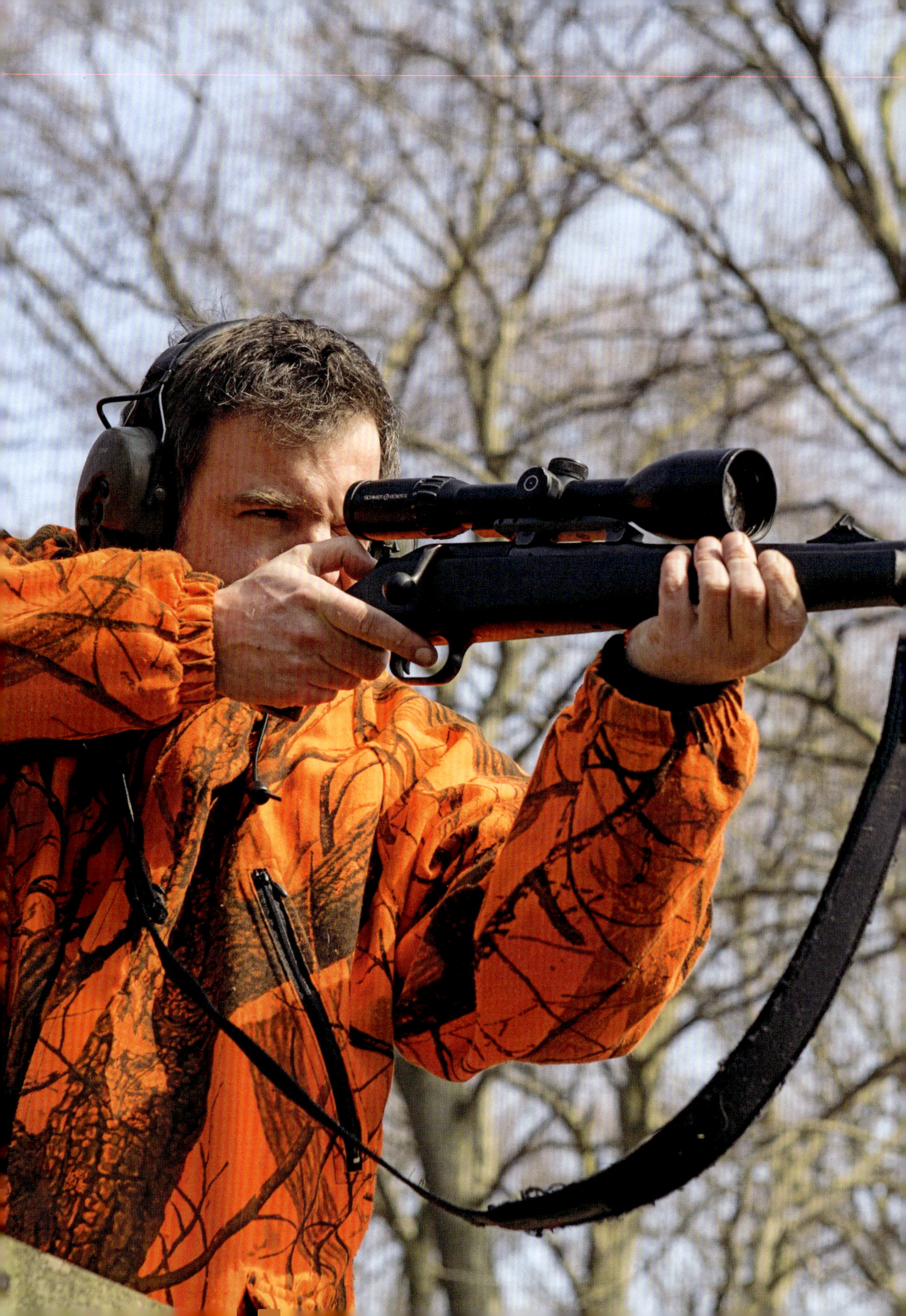

DAS HANDWERKSZEUG DER JAGD

Spricht der Jäger von seinem „Handwerkszeug“, meint er meist seine Büchse, und um sein Handwerk auszuüben, muss er sein Werkzeug beherrschen. Ebenso wie der Zimmermann durch tägliches Üben perfekt mit dem Hammer umgeht, muss der Waidmann durch ständiges Üben seine Waffe zu beherrschen lernen. Natürlich kann der private Jäger nicht tagtäglich mit seiner Waffe üben, und gerade deshalb muss er sein Wissen um die Büchse ständig aktuell halten und wissen, wie er seine Fertigkeiten mit der Büchse effizient trainiert.

Wir haben diesen Praxisratgeber geschrieben, um eben diese Inhalte zu vermitteln und auch „lang gedienten Jägern“ eine Möglichkeit zur Auffrischung ihres Wissens zu bieten. Hierbei wollen wir uns auf die Büchse konzentrieren, da sie heute in der deutschen Jagd die wahrscheinlich meistverwendete Waffe ist.

Unsere Kenntnisse über den Einsatz der Büchse beruhen nicht nur auf unseren dienstlichen Erfahrungen bei den spezialisierten Kräften der Bundeswehr. Lange Zeit haben wir nebenberuflich Schießausbildungen für Jäger und Sportschützen durchgeführt, seit 2019 tun wir dies hauptberuflich. Michael hat hierbei den Fokus auf dem dynamischen Büchsenschuss und dem Long-Range-Schießen, Sven vermittelt mit Vorliebe sein Wissen über Selbstladebüchsen und Kurzwaffen.

Unsere Erfahrungen aus der Praxis sowie den Seminaren haben wir in dieses Buch einfließen lassen. Dank unserer intensiven Ausbildertätigkeit wissen wir, wo häufig der Schuh drückt und wie man dann Abhilfe schaffen kann. Darüber hinaus erreichen uns häufig Kundenfeedbacks und Fragen zum Büchsenschießen. Mit diesem Hintergrundwissen geben wir in diesem Buch Antworten auf die häufigsten Fragen und zeigen, wie man die häufigsten Fehler vermeidet. Hilfestellung bei der persönlichen Trainingsplanung möchten wir auch leisten.

Das Ziel dieses Buchs ist – summa summarum – die Vermittlung des notwendigen Wissens zum Schießen mit der Büchse in deutschen Revieren. Wir stellen zunächst die Grundlagen der Trainingslehre dar. Anschließend gehen wir auf die wichtigsten Ausrüstungsaspekte für das Büchsenschießen ein, um dann auch das nötige Praxiswissen für das Büchsenschießen auf Distanzen von 100 bis 300 Meter zu vermitteln und den dynamischen Büchsenschuss zu erklären.

Wir möchten keine Wissenschaft aus dem Büchsenschießen machen und haben uns daher darauf beschränkt, die wichtigsten Sachverhalte darzulegen und sie für jedermann greifbar zu machen versucht.

Am Ende ist das Schießen nicht schwer: „Man muss nicht viel schießen, sondern einfach nur gut treffen!“ Das aber sind wir dem Wild schuldig.

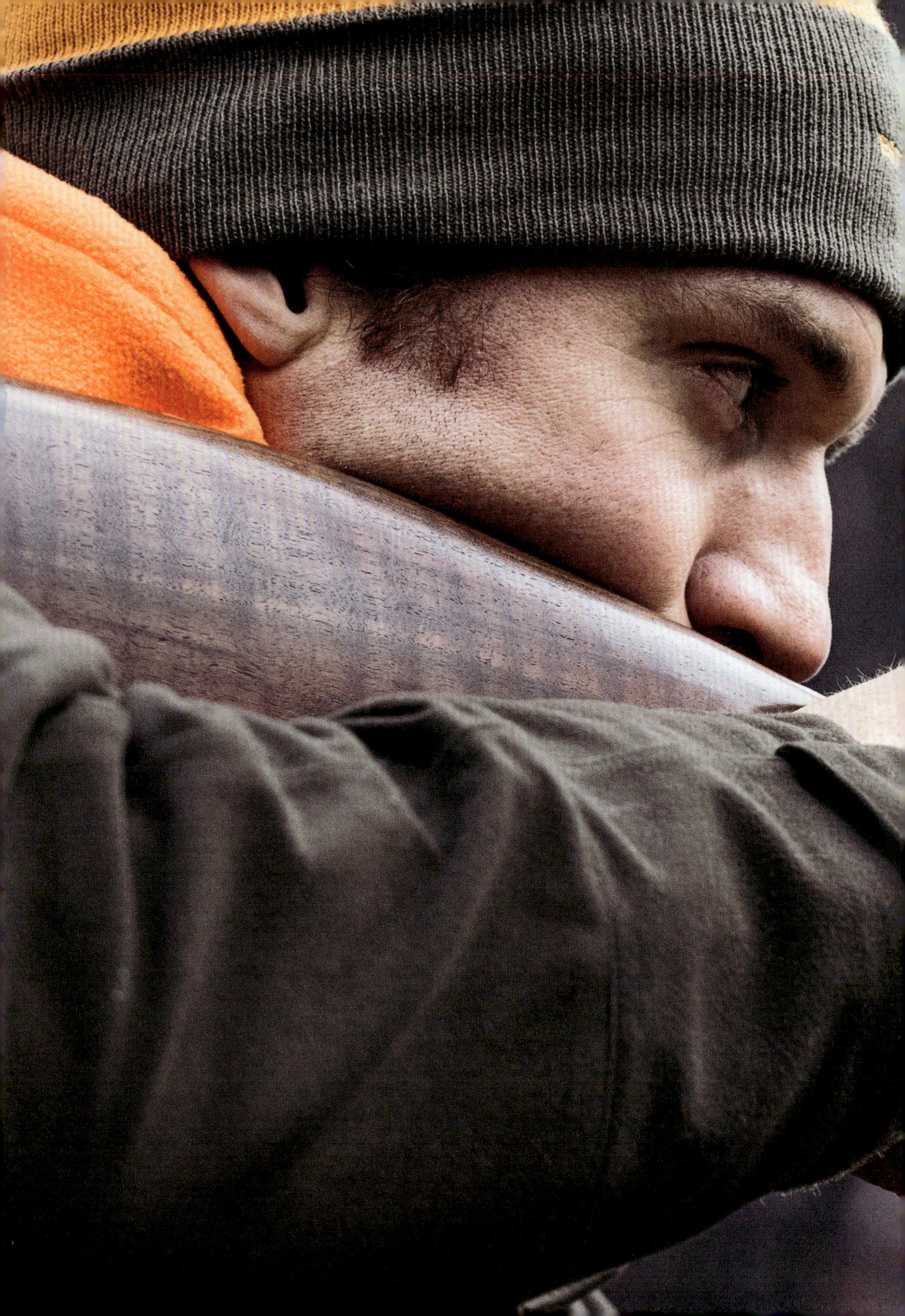

GRUNDLAGEN DES BÜCHSENSCHIESSENS

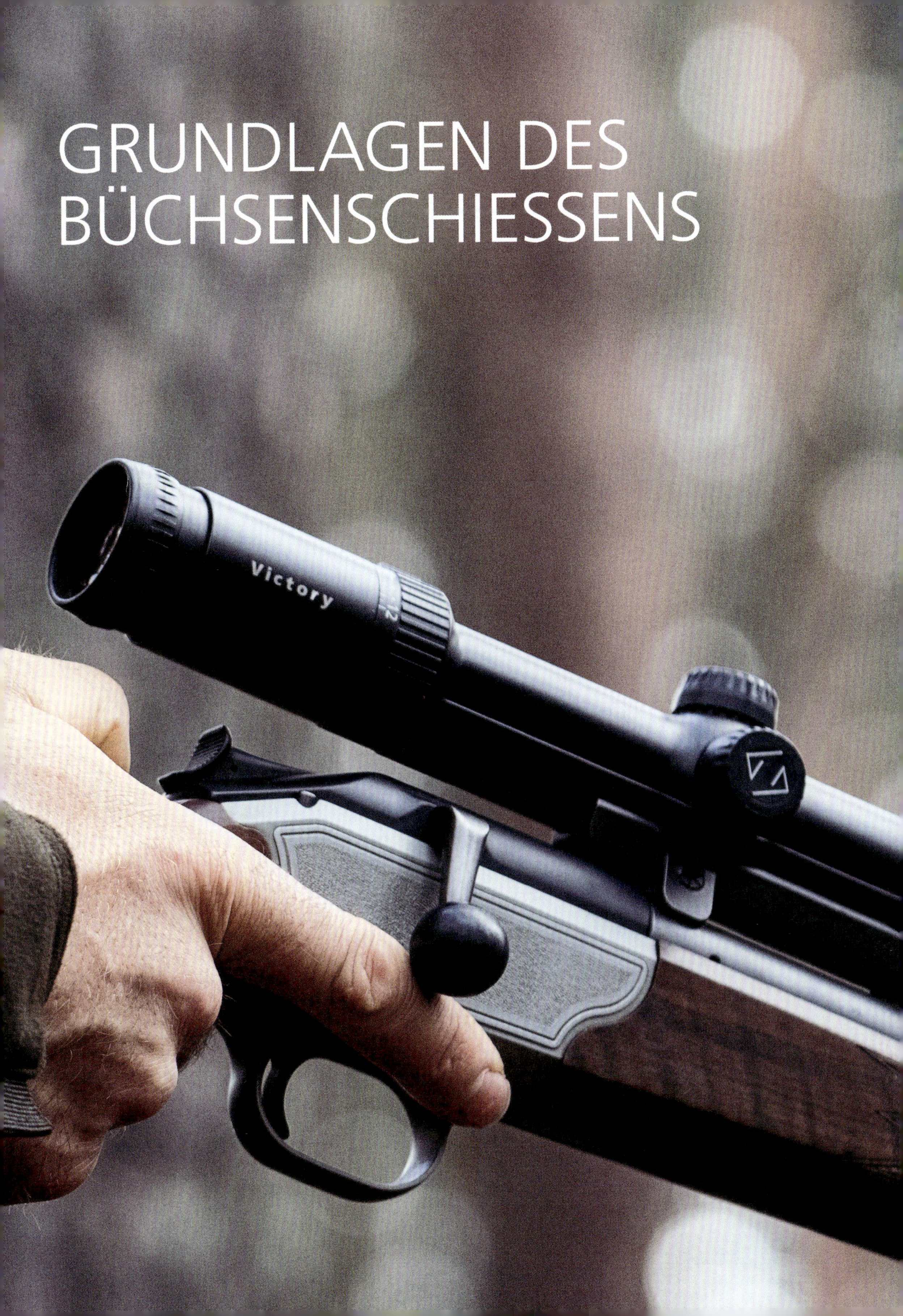

BÜCHSENSCHUSS UND SICHERHEIT

Sprechen wir über Büchsenschießen, meinen wir das Schießen mit Waffen, die über einen Lauf mit Zügen und Feldern verfügen und dem Kugelschuss dienen. Diese sogenannten gezogenen Läufe wurden vermutlich das erste Mal gegen Ende des 15. Jahrhunderts in Nürnberg, Leipzig und Wien hergestellt, belegt ist dies jedoch nicht eindeutig. Auf das Schießen mit Büchsen werden wir uns in diesem Buch konzentrieren.

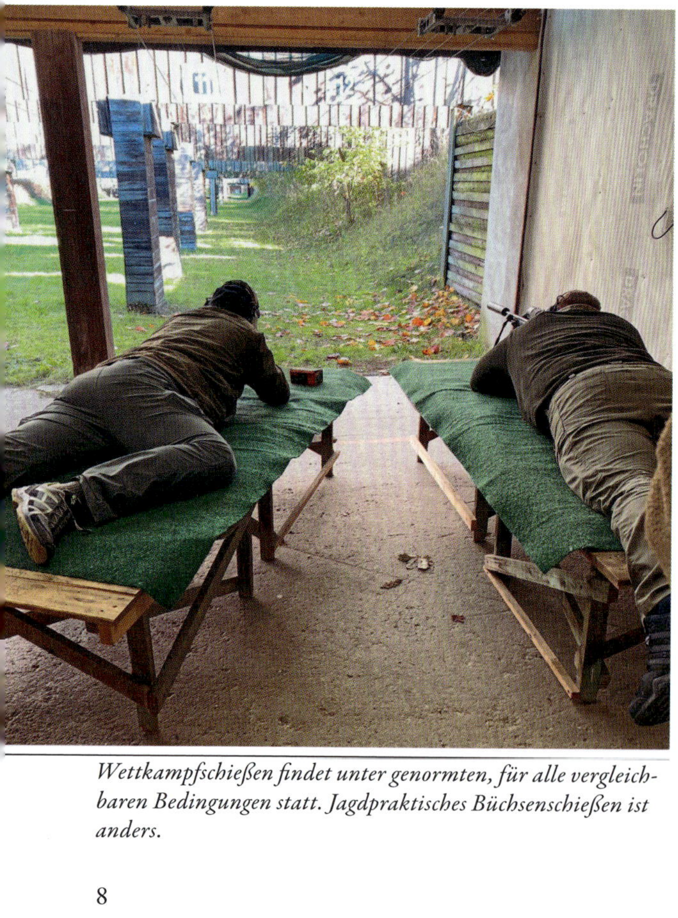

Wettkampfschießen findet unter genormten, für alle vergleichbaren Bedingungen statt. Jagdpraktisches Büchsenschießen ist anders.

Grundsätzlich müssen wir unterscheiden zwischen dem sportlichen und dem praktischen Büchsenschießen. Den sportlichen Büchsenschuss beschrieb der mittlerweile verstorbene Heinz Oppermann sehr lesenswert in seinem Buch „Technik des jagdlichen Schießens".

Das praktische Büchsenschießen ist nach unserem Dafürhalten ebenfalls eine interessante Disziplin. Deswegen werden wir im Folgenden Techniken aufzeigen, die im Feld erprobt wurden und die wir in der Ausbildung anwenden.

Das sportliche Schießen findet auf genormten Schießständen statt und unterliegt einer Sportordnung. Im Fall des jagdsportlichen Schießens ist es die DJV-Schießstandordnung und Schießvorschrift, die die Rahmenbedingungen für alle Disziplinen des jagdlichen Schießens definieren. Wann immer es um Wettkämpfe geht, braucht es selbstverständlich solche Ordnungen und einheitliche Regeln, um eine Vergleichbarkeit gewährleisten zu können.

Was bedeutet „praktisches Büchsenschießen"? Büchsenschießen in Wald und Feld unterliegt keiner Sportordnung und findet auch nicht auf genormten Anlagen oder Terrains statt. Das Fundament zum Erlernen von Schießfertigkeiten bildet daher immer das sportliche Schießen. Die Techniken aus dem Sport können bis zu einem gewissen Maß beim praktischen Schießen angewendet werden, sind jedoch überall dort anzupassen, wo die realen Gegebenheiten von den Bedingungen auf dem Schießstand abweichen. Wir werden also Techniken vorstellen, die

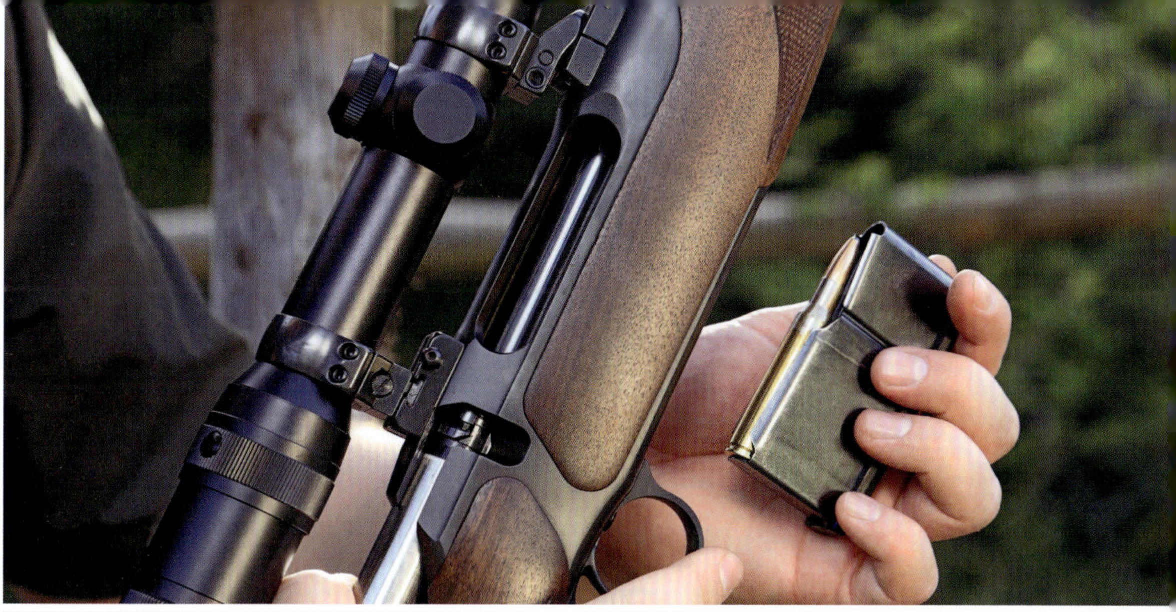

Sicherheit zuerst! Den Ladezustand jeder übernommenen Waffe zu prüfen, gehört dazu.

> **TIPP**
> Außer Büchsen gibt es – als eine Art Randerscheinung – auch Flinten mit gezogenen Läufen. Diese Flinten werden dazu benutzt, um speziell konstruierte Flintenlaufgeschosse zu verschießen.

man auf dem Schießstand erlernt und benutzt, und diese dann in die Praxis übertragen.
Eines gibt es zu bedenken: „Jedem scharfen Schuss geht eine Sicherheitseinweisung voraus“ und damit wollen wir jetzt beginnen!

VIER GRUNDREGELN

Grundsätzlich bilden wir auf allen Seminaren nach den Schießordnungen des DJV aus (https:www.jagdverband.de/sites/default/files/2024-03/DJV-Schießvorschrift_01-04-24_Neu.pdf; zul. abger. 17.07.2024). Da diese überaus umfangreiche Schießordnung nicht in aller Detailtiefe besprochen werden kann, fassen wir alle sicherheitsrelevanten Aspekte in den vier Grundregeln zur Sicherheit zusammen. Diese Regeln werden international in der Schießausbildung benutzt und wurden ursprünglich von Jeff Cooper, ehemaliger Offizier des United States Marine Corps (USMC, Marinekorps der Vereinigten Staaten) als „Principles of Personal Defence“ („Grundsätze der Selbstverteidigung“) entwickelt bzw. niedergeschrieben.

1. Jede Waffe ist stets als geladen zu betrachten!
Bekommt man eine Waffe übergeben, muss man sich deren Ladezustands vergewissern; Waffen werden stets gesichert übergeben und nicht grundlos abgeschlagen!

2. Die Mündung zeigt nur dorthin, wohin ich schießen möchte!
Man richtet die Mündung nicht auf Menschen, Tiere oder Gegenstände, die man nicht treffen möchte, denn was passieren kann, wird auch passieren!

3. Der Finger berührt erst dann den Abzug, wenn ich mir meines Zieles sicher bin!
Nur wenn ich für die Schussabgabe bereit bin und alle Gegebenheiten abgewogen habe, lege ich meinen Finger an den Abzug, denn sobald er dort ist, kann ein Schuss brechen!

4. Kenne dein Ziel und was dahintersteht!
Beachten Sie das Vorgelände, den Kugelfang und sprechen Sie das Wild sauber an!
Mit diesen Regeln im Hinterkopf können wir nun zur Vermittlung der Schießtechniken kommen.

KONZEPT „ACHT KRITERIEN FÜR DEN PRÄZISEN SCHUSS"

Jeder praktischen Vermittlung von Schießtechniken geht die Theorie voraus. Wir wollen Sie in diesem Ausbildungsabschnitt auf das jagdpraktische Schießen vorbereiten. Um einen möglichst praxisnahen Ansatz für eine gute Schießtechnik zu finden, werden hierzu die wichtigsten Aspekte des Schießens zusammengetragen. Alle Aspekte der internationalen Literatur haben wir auf ein Minimum reduziert und in acht einfache Punkte zusammengefasst. Diese Punkte können Sie sich vor jedem Training ins Gedächtnis zurückrufen oder zu Hause trocken trainieren. Unsere Seminarteilnehmer stellen uns häufig die Frage: „Was ist überhaupt Präzision"? Diese Frage ist nicht leicht zu beantworten, aber unserer Auffassung nach hat es Todd Hodnett sehr gut auf den Punkt gebracht: „Precision comes from accuracy" (Präzision verlangt Genauigkeit) – nur wer exakt mit der Waffe arbeitet, stätig reproduzierbare Handlungsabläufe vollzieht und die Tätigkeiten an der Waffe bereits in Fleisch und Blut verankert hat, kann erfolgreich auf 100 m treffen. Ein gutes Maß für einen präzisen Schuss auf 100 m ist ein Streukreis einer Fünfer-Schussgruppe von unter 1 MOA (ca. 2,9 cm) im Durchmesser. Und wie kommen Sie da hin?

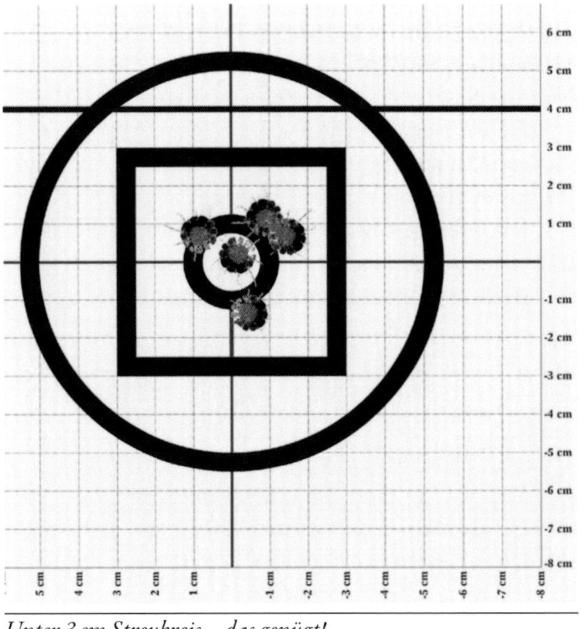

Unter 3 cm Streukreis – das genügt!

VORBEREITUNG UND TROCKENTRAINING

Wenn man sich überlegt, welche Fehlergrößen bei einem Büchsenschuss existieren, so kommt man schnell auf folgende Elemente:

1. Anschlag
2. Griff
3. Zielen
4. Visierbild
5. Atmung
6. Abzugskontrolle
7. Der „Blick durchs Feuer"
8. Reproduktion

Diese Elemente können um einzelne Punkt erweitert werden: So können die Standkontrolle – wichtig beim Flintenschießen – oder andere Elemente hinzukommen.
Wir werden nachfolgend die acht genannten Punkte genauer beleuchten und zeigen, wie man durch eine gute Vorbereitung bzw. Trockentraining dieser Punkte Fehler vermeidet.

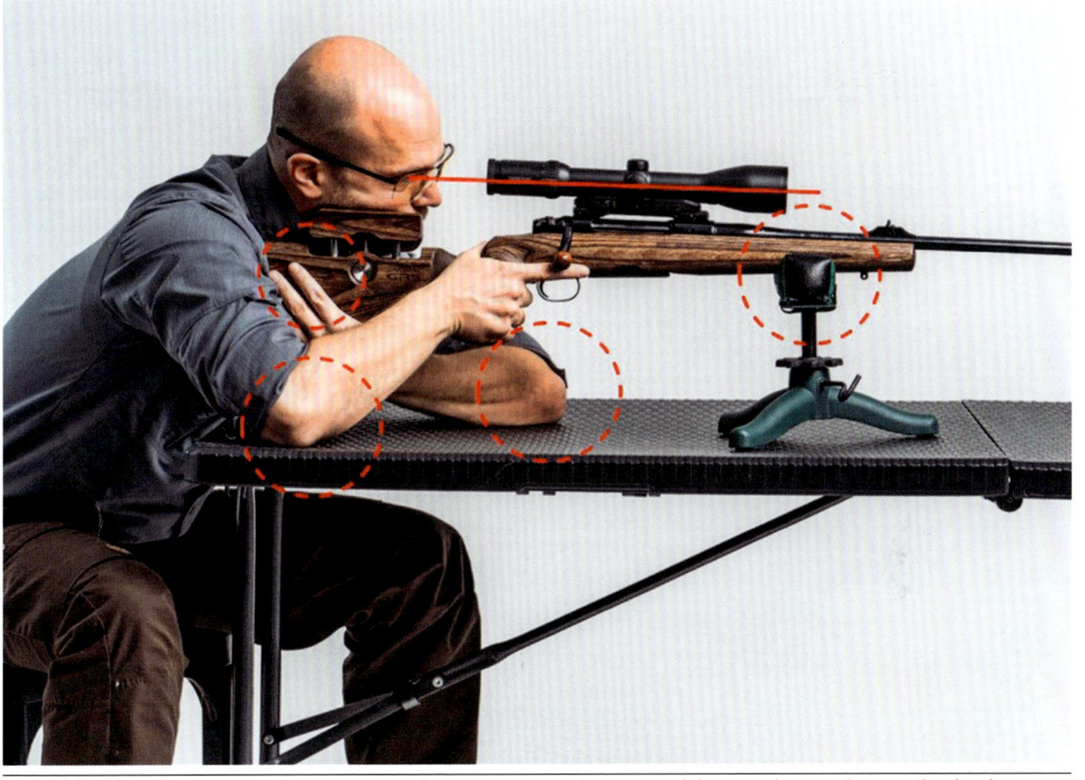

Der Anschlag im Sitzen – für den präzisen Schuss sind die markierten Auf- bzw. Anlagepunkte entscheidend.

ANSCHLAG

Wie bereits erwähnt, geht es in der Basisschießausbildung darum, die größten Fehlerquellen beim Büchsenschießen zu beseitigen. Wieso hat ein falscher Anschlag so große Auswirkungen auf die Präzision?

Im Grunde genommen wirkt sich jede Muskelbewegung im Zeitpunkt der Schussabgabe negativ auf das Trefferbild aus. Idealerweise ist die Büchse im Zeitpunkt der Schussabgabe exakt ausgerichtet, nicht verkantet, die Visierlinie zeigt auf den Punkt, den ich treffen möchte und die Waffe bewegt sich nicht mehr, bis das Projektil den Lauf verlassen hat.

Der Schaft sollte dort in der Schulter anliegen, wo sich keine Bewegungen des Brustmuskels oder des Schultergelenks auf die Waffe übertragen können. Diesen Punkt kann man ermitteln, indem man die linke Hand in die rechte Schulter legt und mit dem rechten Arm leichte Ruderbewegungen macht. Man schiebt die linke Hand so lange zwischen Schulter und Brustmuskel hin und her, bis der Punkt gefunden ist, an dem die geringste Bewegung zu spüren ist – einen Punkt ohne jegliche spürbare Bewegung werden Sie nicht finden. Haben Sie aber den bewegungsärmsten Punkt gefunden, so ist dies der Referenzpunkt für Ihren persönlichen Schulteranschlag.

TIPP

Für „null Bewegung" würde man den Gewehrhinterschaft idealerweise am Brustbein aufsetzen. Da aber der Mensch kein Zyklop mit nur einem mittig im Schädel sitzenden Auge ist, muss die Optik in die linke oder rechte Schulter gebracht werden

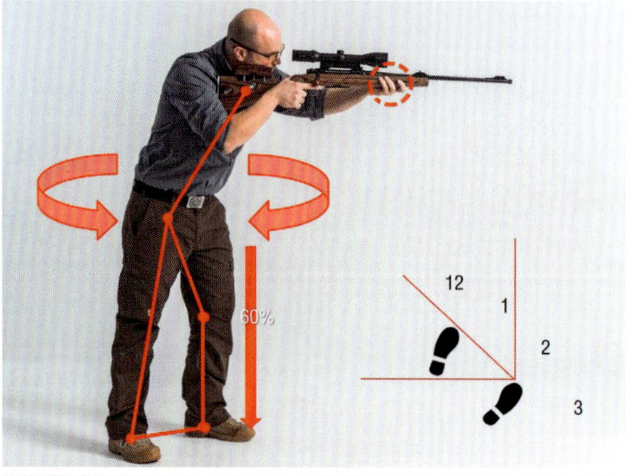

Der Stehend-Anschlag mit optimaler Fußstellung: Er erlaubt ein gutes Drehen der Hüfte und damit Mitschwingen.

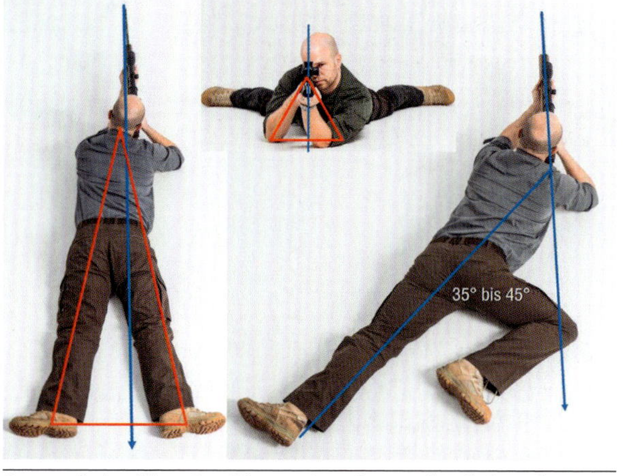

Liegend-Anschlag: Die blauen Geraden verdeutlichen die Kraftlinien.

Beim Anschlag im Stehen ist es wichtig, dass Sie einen ca. schulterbreiten Stand einnehmen, das Standbein mit 60 % des Körpergewichts belasten und den Oberkörper leicht nach vorn beugen, um dem Rückstoß entgegenzuwirken. Der linke Fuß sollte auf ungefähr zwölf Uhr stehen und der rechte Fuß zwischen zwei und drei Uhr. Dieser Anschlag ermöglicht das Mitschwingen bei beweglichen Zielen über das Rotieren in der Hüfte und ist somit deutlich besser für das Drückjagdschießen geeignet als für einen präzisen Schuss auf große Distanzen.

Grundsätzlich gilt: „Je tiefer der Anschlag, desto stabiler der Anschlag“. Deshalb empfehlen wir entweder den Anschlag im Sitzen oder den Anschlag im Liegen. Beim Anschlag im Liegen ist es wichtig, die Kraftlinien einzuhalten. Das bedeutet, dass sich im Idealfall ein gleichschenkliges Dreieck zwischen den Versen und dem Nicker des Rückgrats bzw. dem Atlas bildet. Die Kraftlinie ist in diesem Fall die Mittelsenkrechte des Dreiecks.
Anatomisch bedingt kann man die Kraftlinie oft nicht genau einhalten. Am ehesten gelingt dies, wenn man gerade hinter der Waffe liegt, sprich die Verlängerung der Kraftlinie mit der Lage der Waffe übereinstimmt. Ebenso sollte der linke Arm nahezu deckungsgleich mit der Mittelsenkrechten des Kräftedreiecks zwischen beiden Ellenbogen und dem Schulteranschlag sein.

GRIFF

Zu einem anständigen Griff gehört es, die Waffe mit der rechten Hand (wir gehen in den folgenden Ausführungen von einem Rechtsschützen aus) am Schaft so zu umgreifen, dass man sie sicher im Griff hat, nicht „Wasser aus dem Griff zu pressen“ versucht und dabei eine möglichst natürliche Haltung des Handgelenks erreicht.
Am einfachsten ist diese Art der Handhaltung umzusetzen, wenn man eine Waffe ähnlich der Sauer 505 Synchro XT, der Blaser R8 Ultimate o. a. hat. Der Lochschaft ermöglicht eine möglichst natürliche Handhaltung, hat aber auch Auswirkungen auf die Handhabung beim Repetieren. Hierbei ist zu beachten, dass die rechte Hand die Waffe in die Schulter zieht.
Um ein Maß für den benötigten Einziehdruck zu erhalten, kann man versuchen, die Finger der rechten Hand anzuwinkeln und gegen den Griff der Waffe zu ziehen. Sobald sich die Finger öffnen, ist das Maß gefunden für den Druck, mit dem die Waffe in die Schulter eingezogen werden sollte.

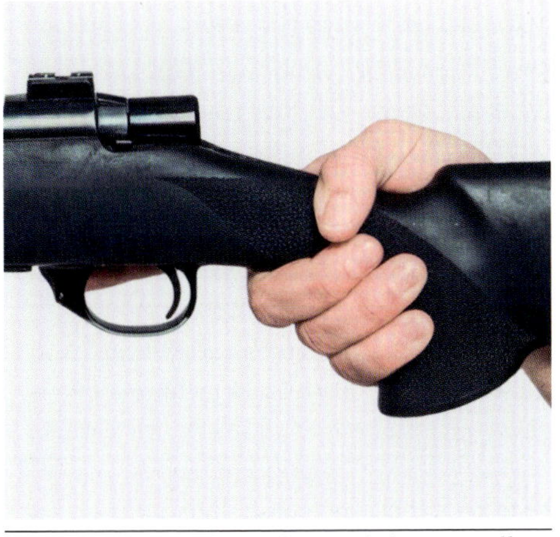

Die Schusshand umfasst die Waffe fest am Kolbenhals und zieht sie in die Schulter.

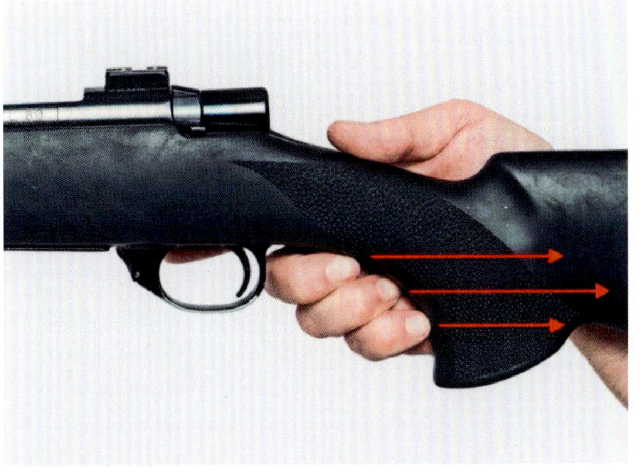

Öffnen sich die angewinkelten Finger der Schusshand, ist das rechte Maß für die Einziehkraft gefunden.

Sollten Sie Probleme mit zu starkem Verkrampfen der Schusshand haben, können Sie versuchen, den Daumen auf dem Zeigefinger abzulegen. Diese Methode kann Sie dabei unterstützen, das sogenannte Melken (zu starker Druck der Schießhand) zu reduzieren.

Wenn wir nun wissen, wie man die Waffe zu halten und in die Schulter zu bringen hat, geht es jetzt darum, diese beiden Elemente zusammenzuführen: Sie umfassen die Waffe in der oben angesprochenen Art und Weise und legen den Schaft an Ihren Referenzpunkt an der Schulter an. Mit der rechten Hand ziehen Sie die Waffen in Ihre Schulter, aber nur so stark, dass der Schaft nicht mehr von Ihrem Schulterreferenzpunkt wegrutschen kann. Im Grunde genommen benötigt man keinen Anpressdruck – die Waffe würde auch frei im Raum schwingend das Ziel treffen.

Was macht in dieser Situation die linke Hand? Das ist stark von der gewählten Anschlagsform abhängig. Blicken wir der jagdlichen Realität in Deutschland ins Auge, werden wir feststellen, dass wahrscheinlich der größte Teil aller jagdlichen Schussabgaben im Sitzen stattfinden. Für den Anschlag im Sitzen wählen Sie sich einfach eine gute Waffenauflage und nehmen die linke Hand

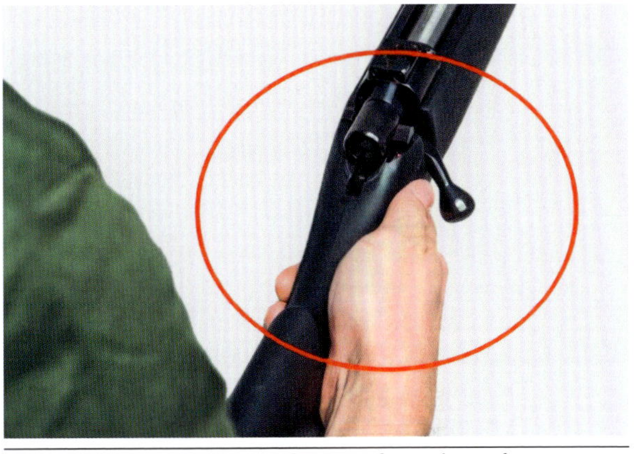

Den Daumen auf den Zeigefinger zu legen, kann dem Verkrampfen der Hand vorbeugen.

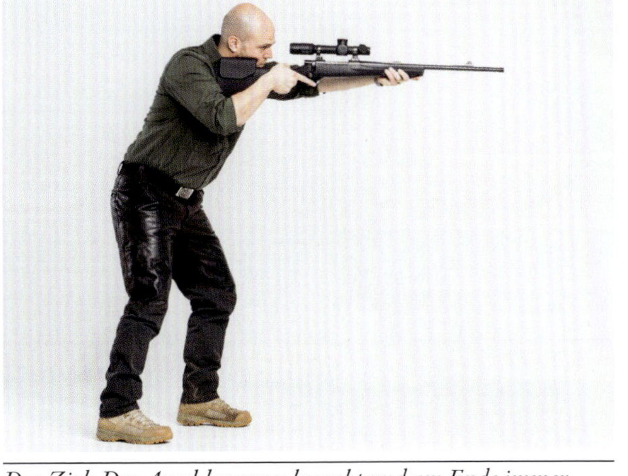

Das Ziel: Der Anschlag muss korrekt und am Ende immer „automatisiert" gleich sein.

zur Unterstützung unter die Schulterstütze des Schaftes Ihrer Waffe (s. Abb. S. 11). Sollten Sie im Stehen schießen, so befindet sich die linke Hand ca. auf Höhe der Fischhaut Ihrer Waffe und übt die Mündungskontrolle aus. Immer wenn die linke Hand zum Einsatz kommt, hat sie die Funktion, die Waffe zu führen. Versuchen Sie keinesfalls, mit der linken Hand die Waffe in die Schulter zu ziehen – dies wäre eine zusätzliche Fehlerquelle! Wichtig ist, dass Sie sich auch für die Position der linken Hand einen Referenzpunkt an Ihrer Waffe setzen, sodass die Handposition beliebig reproduzierbar ist (Abb. S. 11).

ZIELEN

Ein weiterer wichtiger Faktor des Anschlags beim Büchsenschießen ist die Kopfhaltung. Sind Sie in der glücklichen Lage, dass Sie einen individuell angepassten Schaft besitzen, haben Sie kein Problem, Ihre Kopfposition beliebig zu reproduzieren. Sollten Sie jedoch einen Standardschaft verwenden, können Sie ein paar Tricks anwenden, um immer die gleiche Kopfposition an Ihrem Schaft zu gewährleisten. So können Sie beispielsweise durch das Anbringen von Wangenauflagen o. Ä. einen Referenzpunkt für die Auflage Ihrer Wange am Schaft schaffen. Das Ziel ist, dass Augen- und Visierlinie deckungsgleich sind, denn das gewährleistet einen parallaxenfreien Anschlag.

Der Zielvorgang besteht aus zwei Phasen: Zum Ersten müssen Sie Ihre Visiereinrichtung zentrieren. Um die Präzision beim Einnehmen des ersten Visierbildes zu erhöhen, ist es wichtig, dass Sie immer die gleiche Kopfposition an der Waffe wählen.

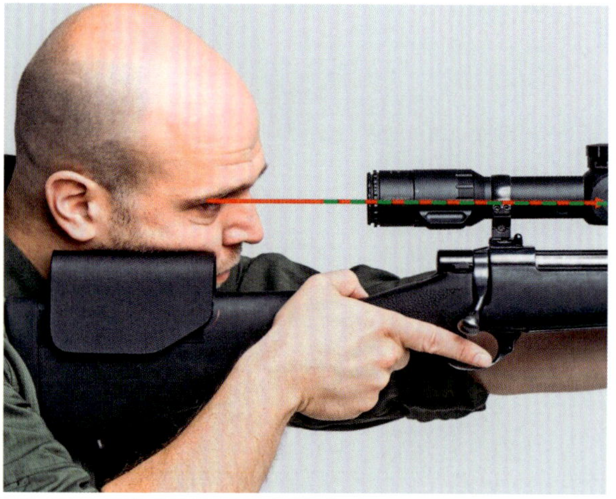

Augen- und Visierlinie müssen deckungsgleich sein – von Anschlag zu Anschlag reproduzierbar.

VISIERBILD

Im zweiten Schritt nehmen Sie Ihr erstes Visierbild und bringen es mit dem Ziel überein. Wenn Sie eine Optik verwenden, ist dies relativ einfach, denn Sie müssen lediglich das Absehen mit dem Ziel übereinbringen. Beim Schießen über Kimme und Korn müssen Sie jedoch die Visiereinrichtung zentrieren und zusätzlich Kimme und Korn mit dem Ziel übereinbringen. Logischerweise können Sie nicht alle drei Elemente (Kimme, Korn, Ziel) scharf sehen, aus diesem Grund empfiehlt es sich, den Fokus auf das Korn zu setzen, wodurch man Kimme und Ziel noch ausreichend scharf sieht.

Für ein korrektes Zielen ist es von immenser Bedeutung, bei jedem Schuss die gesamte Körperhaltung zu 100 % zu reproduzieren, um eine Verschiebung der Augenlinie gegenüber der Visierlinie beim Schießen zu vermeiden. Weiterhin empfiehlt es sich, beide Augen beim Schießen geöffnet zu halten, da man so das periphere Sichtfeld nicht zu sehr einschränkt. Grundvoraussetzung hierfür ist natürlich, dass Sie Ihr dominantes Auge kennen.

Um das Nehmen des Visierbildes trocken zu trainieren, können Sie einen Tierkörper im entsprechenden Maßstab auf ein DIN A4-Blatt drucken, die richtige Treffpunktlage auf diesem Wildkörper einzeichnen und zu Hause trocken in den Anschlag gehen, um sich die Lage des Absehens in Ihr Unterbewusstsein einzubrennen. Eine weitere

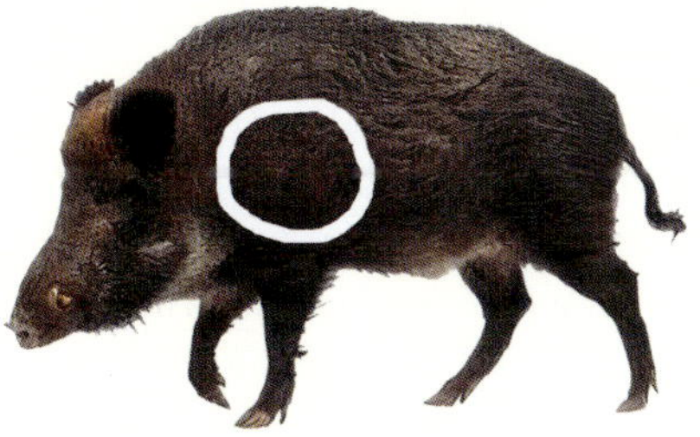

Mit einem Wildkörper auf einem DIN A4-Blatt lässt sich rasches Zielnehmen gut trocken üben.

Möglichkeit, das Visierbild-Nehmen zu trainieren – mithilfe sogenannter Shotplacementcards – zeigen wir auf Seite 77 auf.

ATMUNG

Für einen präzisen Schuss ist die richtige Atmung unerlässlich. Es gibt verschiedene Atemtechniken, um die Schussabgabe zu verbessern. Welche Auswirkungen die Atmung auf die Trefferlage hat, kann man sich sehr einfach verdeutlichen, indem man die korrekte Schussposition einnimmt, ein sauberes Visierbild herstellt und nun ein paarmal tief ein- und ausatmet. Sie werden feststellen, dass sich Ihr Visierbild mit der Bewegung des Brustkorbs auf und ab bewegt. Genau diesen Effekt auszugleichen bzw. zu vermeiden, helfen eben geeignete Atemtechniken.

Im Grunde genommen gibt es drei Möglichkeiten, eine Übertragung der Brustkorbbewegung auf die Waffe zu vermeiden:

1. Sie atmen zur Hälfte aus oder ein und halten dann die Luft an,
2. Sie atmen zu je Dreivierteln aus oder ein und halten dann die Luft an oder
3. Sie schießen, sobald Sie genau den Punkt erreicht haben, an dem Ihr Brustkorb stillsteht, weil es vom Ein- ins Ausatmen übergeht.

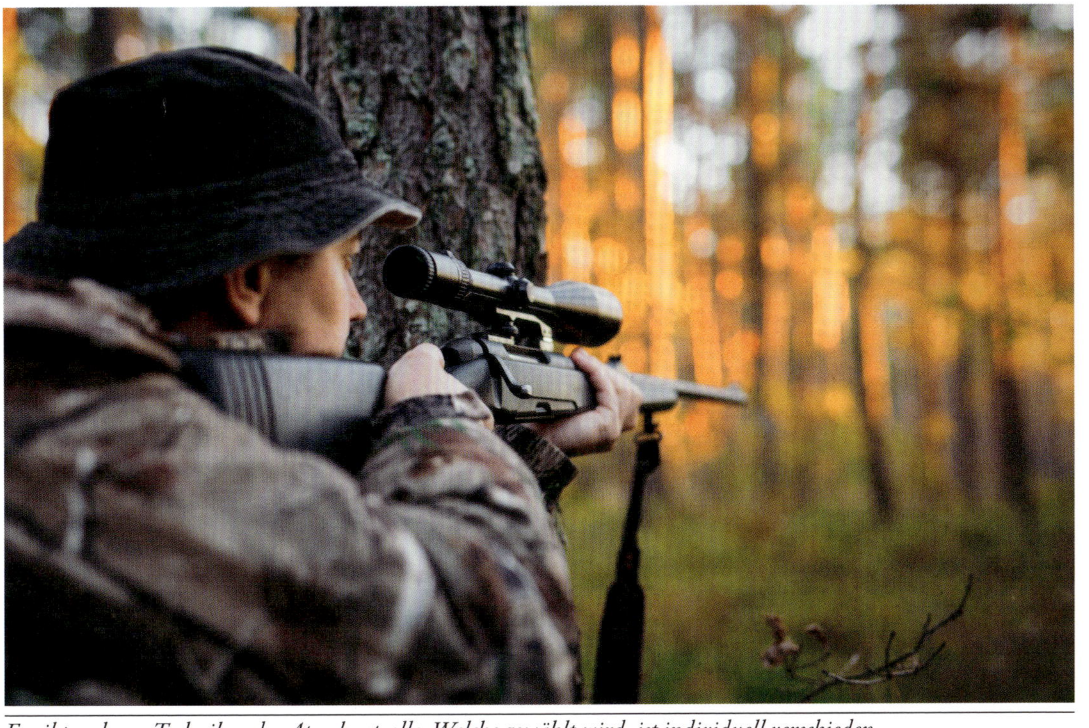

Es gibt mehrere Techniken der Atemkontrolle. Welche gewählt wird, ist individuell verschieden.

Welche der Möglichkeiten Sie verwenden, um Ihre Atmung zu kontrollieren, bleibt vollkommen Ihnen und Ihren persönlichen Vorlieben überlassen und lässt sich nur durch Trockentraining feststellen.
Zur dritten Variante sei allerdings angemerkt, dass wir persönlich kaum einen Schützen kennengelernt haben, der diese Technik beherrscht. Aus diesem Grund empfehlen wir eine der Techniken, bei denen der Atem angehalten wird. Verständlicherweise kann man nicht Ewigkeiten vor einem Schuss den Atem anhalten. Beschränken Sie die Atempausen auf drei bis acht Sekunden. Alles darüber hinaus ist nicht sinnvoll, da bereits nach acht Sekunden erste Sauerstoffmangelerscheinungen auftreten und dann ein präziser Schuss unmöglich wird.
Es hat auch noch nie geholfen, den Schuss „zu erzwingen“, sprich beim Anhalten der Atmung auf Teufel komm raus einen Schuss abzugeben. Lieber lassen Sie den Finger ruhen, konzentrieren sich erneut auf den Schuss und geben dann einen sinnvollen und vor allem präzisen Schuss ab.

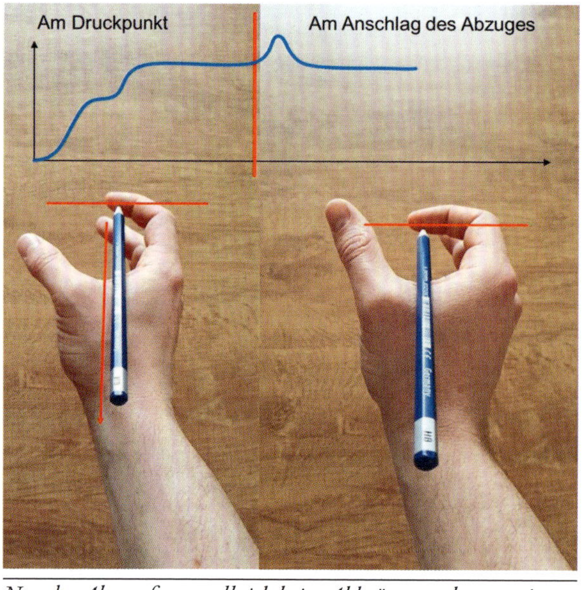

Nur der Abzugsfinger soll sich beim Abkrümmen bewegen! Mit einem Stift lässt sich das sehr gut üben.

ABZUGSKONTROLLE

Der wahrscheinlich wichtigste Punkt, den es beim Schießen zu beachten gilt, ist das Abkrümmen des Schießfingers. Idealerweise bewegt sich beim Abkrümmvorgang lediglich der Zeigefinger der rechten Hand, und das geradlinig nach hinten, damit sich keine Muskelbewegung der Hand auf die Waffe übertragen kann. Wie schwer es ist, diese Forderung umzusetzen, ist schnell festzustellen, wenn man eine Trockenübung zum Abkrümmen durchführt: Nehmen Sie einen Bleistift oder Kugelschreiber und legen Sie ihn so in die Daumenkuhle Ihrer rechten Hand, dass die Spitze des Stifts auf der Fingerspitze Ihres Zeigefingers ruht. Nun führen Sie den Stift mit Ihrem Zeigefinger geradlinig zurück, ohne dabei die anderen Finger zu bewegen – 90 % aller Schützen bewegen mindestens den Mittelfinger! Für ein Training des richtigen Abkrümmens ist diese Trockenübung gut geeignet. Sollten Sie Probleme haben, Ihren Daumen „ruhig zu bekommen“, können Sie diesen oben auf den Schaft auflegen (s. Abb. S. 13 M.).
Der Abkrümmvorgang unterteilt sich in drei Phasen. In der ersten Phase gehen Sie mit dem mittleren Drittel Ihres ersten Zeigefingergliedes an die Abzugsvorrichtung und führen es an den Druckpunkt. Bei den trocken stehenden Flintenabzügen finden Sie keinen Vorweg zum Druckpunkt. In der zweiten Phase führen Sie den Abzug in einer gleichbleibenden Bewegung zurück, bis der Schuss bricht und der Abzug sich nicht mehr weiter zurückführen lässt. Im letzten Schritt führen Sie den Abzug wieder kontrolliert nach vorn, bis er hörbar und fühlbar wieder einrastet – dann sind Sie wieder sofort am Druckpunkt der Waffe. Für einen Folgeschuss müssen Sie bei den meisten Jagdwaffen aber nachladen.
Diese Art des Abkrümmens dient einer kontrollierten Schussauslösung ohne Übertragung der Handbewegungen auf die Waffe. Schützen, die häufig eingestochen schießen,

TIPP
Eine Möglichkeit, sich auf ein langsames Abkrümmen zu konditionieren, ist die Sprache. Man spricht sich in das langsame Abkrümmen hinein, indem man zu sich selbst sagt: „Laaangsaaam", und währenddessen abkrümmt.

neigen zum Durchreißen des Abzugs. Durch ein beherztes Abkrümmen überträgt man hastige Bewegungen auf die Waffe und gibt der Mündung damit im entscheidenden Moment eine falsche Bewegung mit: Der Schuss geht vorbei. Das lässt sich durch langsames und konzentriertes Abkrümmen vermeiden.

DER BLICK DURCHS FEUER

Der Blick durch das Feuer hat mehrere Hintergründe. Zum einen sollen Sie dem Projektil bewusst Zeit geben, den Lauf der Waffe zu verlassen und so plötzliche Bewegungen vermeiden. Außerdem sollen das Ziel und viel mehr noch das Zeichnen des Wildes beobachtet werden, um die Wirkung des Projektils zu beurteilen. Zu guter Letzt hilft der Blick durch das Feuer dabei, erneut ein sauberes Visierbild auf das soeben beschossene Ziel zu projizieren, um gegebenenfalls einen weiteren Schuss anzutragen. Durch das Feuer blicken und das Wiederherstellen eines sauberen Visierbildes bildet den Abschluss des Schussvorgangs und ist elementarer Bestandteil für den waidgerechten Schuss.

REPRODUKTION

Dieser Punkt beinhaltet mehrere Aspekte. Zum einen erhält man nur konstant gute Schießergebnisse, wenn man die korrekten Handlungsabläufe stets gleich reproduziert. Dazu müssen die oben genannten Punkte immer und immer wieder trocken geübt werden. Man sagt, dass ein Handlungsablauf nach 1000 Wiederholungen im Muskelgedächtnis abgespeichert ist.

Zum anderen geht es darum, die eingeübten Handlungsabläufe in eine Routineabfolge zu bringen und diese Abläufe fest im Gedächtnis zu verankern. Eine Drückjagd-Schießroutine könnte beispielsweise so aussehen: Stand – Anschlag – Schießen – Mitschwingen – Repetieren ... und anschließend beginnt es wieder am Anfang.
Den von uns dargestellten Prozess der acht Kriterien für den präzisen Schuss können Sie durch kleine Abwandlungen an jede beliebige Waffe und alle Schießdisziplinen anpassen. Einen definierten Prozess mit klaren Vorgaben bezüglich der Handlungsabläufe zu schaffen, stellt eine bedeutende Grundlage für das Training dar. Es ist ein Hilfsmittel, das jede Jägerin und jeder Jäger ausgezeichnet nutzen kann, um sich selbst zu kontrollieren und zu trainieren. Zu den acht Kriterien für den präzisen Büchsenschuss finden Sie auch einen Film in der KOSMOS-PLUS-App.
Ein großer Bestandteil des Trainings ist das Trockentraining. Aus diesem Grund werden wir die Methode des Trockentrainings im folgenden Anschnitt näher erläutern.

801
Zum Film: Die acht Kriterien für den präzisen Büchsenschuss

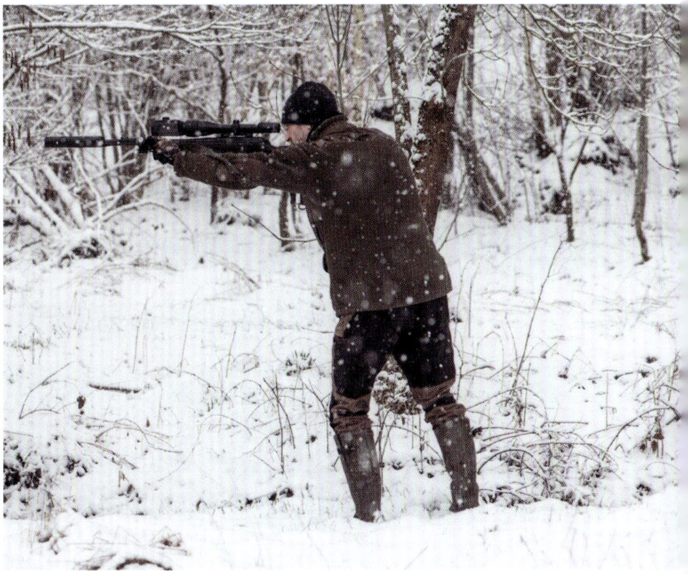

Lange genug trocken geübt, passt der Anschlag auch in der Praxis unter widrigen Bedingungen.

GRUNDLAGEN DES TROCKENTRAININGS

Vielerorts herrscht die Meinung vor, Trockentraining bringe einen Schützen nicht weiter. Diese These können wir nicht unterstützen! Zwar ersetzt das Trockentraining nicht den scharfen Schuss, aber mithilfe dieses Trainings lässt sich die Ausbildung im scharfen Schuss sehr sinnvoll ergänzen. Wir haben die Methodik des Trockentrainings beim Militär kennengelernt und fast schon exzessiv angewendet. Im Einsatz machte sich für einige von uns das Trockentraining bezahlt, und hier entstand auch das Mindset für diese Trainingsmethode. Trockentraining, auch „Dry Fire Training" genannt, schult die fundamentalen Grundfertigkeiten eines Schützen, kann überall durchgeführt werden und spart Zeit sowie Geld.

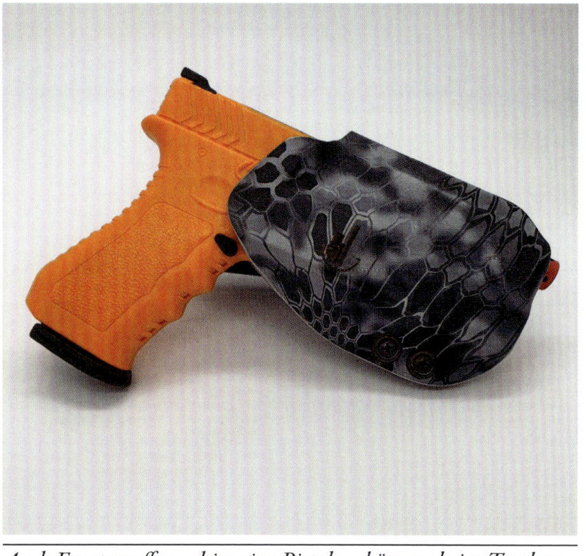

Auch Ersatzwaffen – hier eine Pistole – können beim Trockentraining eingesetzt werden.

VIER ASPEKTE DES TROCKENTRAININGS

Vier wesentliche Punkte machen das Trockentraining aus unserer Sicht interessant:

1. Bewusstsein für Trockentraining
Um Trockentraining effektiv durchzuführen, müssen Sie verstehen, worum es dabei geht und welchen Vorteil Sie daraus ziehen. Und: Sie müssen verinnerlichen, dass das Trockentraining ein wichtiger Bestandteil der normalen Trainingsroutine ist.

2. Rahmenbedingungen
Für das Trockentraining gelten ebenso besondere Regeln wie für das Training im scharfen Schuss. Deshalb werden wir die wichtigsten Aspekte für die Trainingsplanung und die Schaffung der richtigen Rahmenbedingungen für ein effektives und sicheres Trockentraining vermitteln.

3. Trainingsmethodik und -planung
Grundsätzlich folgt auch das Trockentraining einer Trainingsmethodik, die wir darstellen werden. Für viele Schützen besteht Trockentraining lediglich aus dem Einstudieren eines Handlungsablaufs. Moderne Ansätze für diese Trainingsmethode beinhalten hingegen komplexe Trainingspläne mit vielen Handlungsabfolgen und Übungen.

4. Material und Trainingsgeräte
Trockentraining muss nicht zwangsläufig „trocken" sein. In der heutigen Zeit gibt es viele technische Lösungen, um Trockentraining abwechslungsreich zu gestalten. Trockentraining kann z. B. auch mit „Ersatzwaffen" durchgeführt werden.

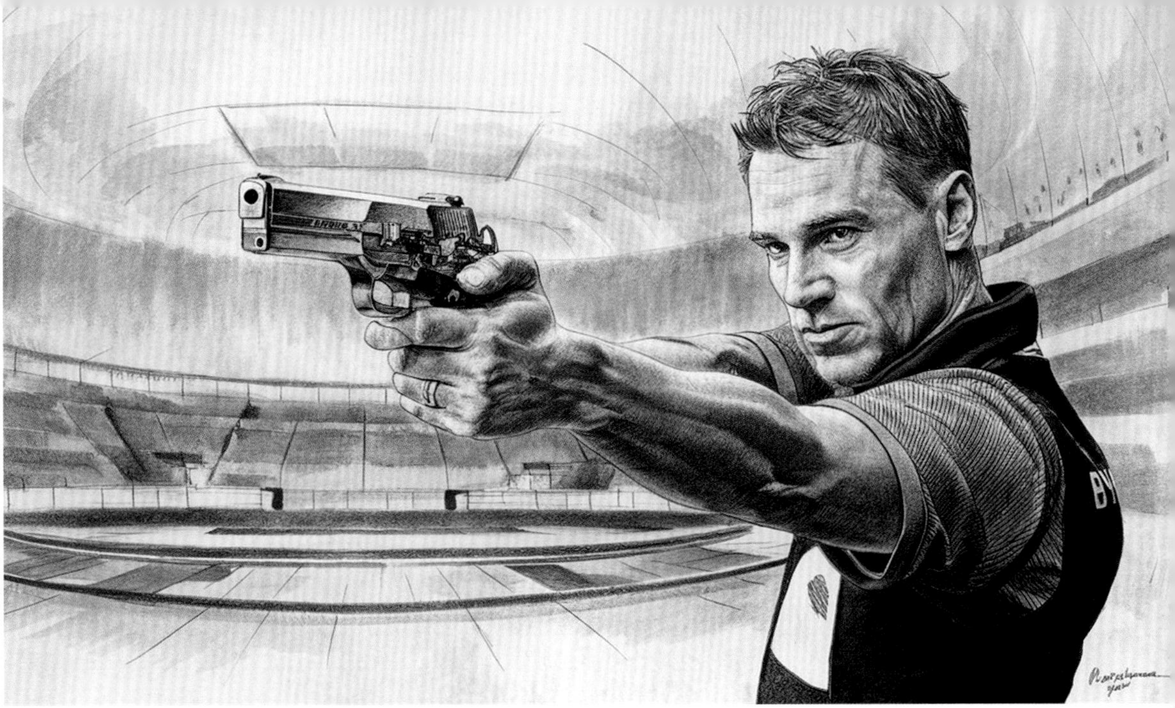

Ideogramm von David Westerhout

TROCKENTRAINING UND SEINE URSPRÜNGE

„Übe dich nur Tag um Tag und du wirst sehn, was das vermag", sagte schon kein Geringerer als Johann Wolfgang von Goethe (1749–1832). Und dieser Gedanke steht auch hinter der Idee des Trockentrainings im Zusammenhang mit dem Schießen.
Das moderne Trockentraining ist eine Methode, die versucht, ohne den Einsatz von Munition in einer alltäglichen Umgebung, Handlungsabläufe an einer Waffe einzustudieren. Hierzu verwendet man Waffen, an denen Bewegungsabläufe ohne Einsatz von Munition geübt werden können.
Trockentraining ist also die Grundübung zum Erlernen und Festigen aller fundamentalen Bewegungs- und Handlungsabläufe beim Schießen. Da man bei diesem Training keine Munition verwendet, kann es in nahezu jeder Umgebung durchgeführt werden.
Dies sind nur einige Bestandteile und zugleich Argumente für das Trockentraining. Wir werden später ein paar Beispiele für mögliche Trockenübungen geben. Nachfolgend sei jedoch zunächst beleuchtet, woher das Trockentraining kommt und wieso es wichtig für das Erlernen komplexer Handlungsabläufe ist.

DIE GEBURT DES TROCKENTRAININGS

Das Trockentraining in seiner heutigen Form kann man auf den rhodesischen Soldaten Dave Westerhout zurückführen. Westerhout war nicht nur Soldat, sondern trat auch im Jahr 1980 bei den Olympischen Spielen für Simbabwe in der Disziplin Schnellfeuerpistole an.
Dave kämpfte in den Jahren bis 1980 für die rhodesischen Streitkräfte. Während des Bürgerkriegs hatte Rhodesien extreme Probleme bei der Versorgung der Streitkräfte mit Munition und Ausrüstung. Als Reaktion auf den ständigen Mangel entwickelte Dave Westerhout Ausbildungskonzepte für die Armee, um den Munitionsverbrauch zu reduzieren.
Daves Ausbildungskonzept sah vor, den Handlungsablauf beim Schießen in Teilschritte zu zerlegen. Alle Handlungen, für die man keine Munition benötigt, wurden durch ständiges Wiederholen eintrainiert.

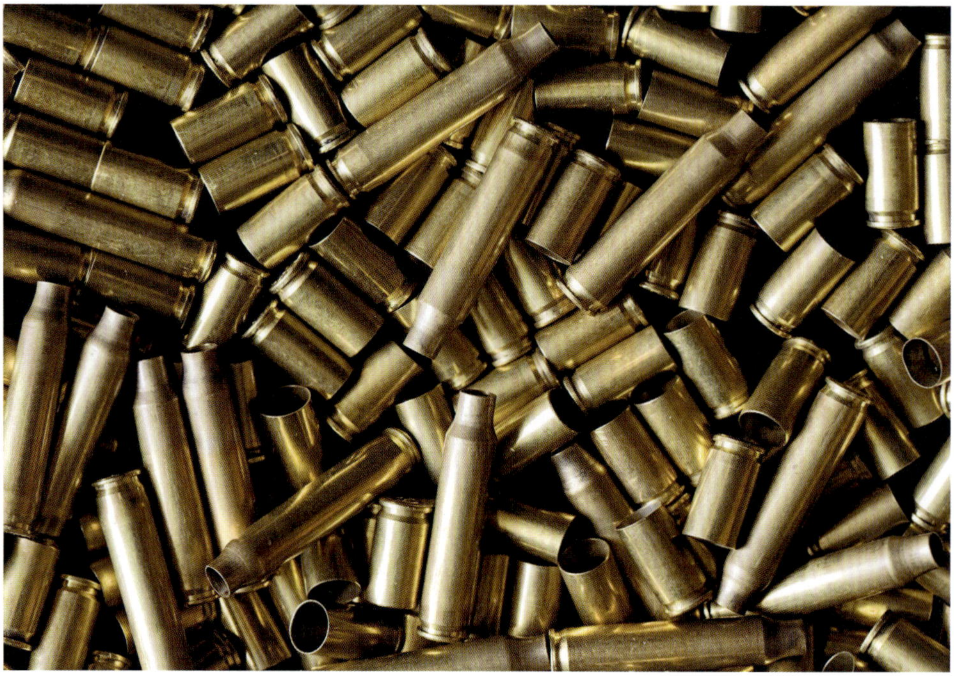

Trockenraining hilft nicht zuletzt, die Kosten zu reduzieren, u. a. für Munition.

Am Ende musste man die einstudierten Handlungen zu einem gesamten Handlungsablauf zusammensetzen und den scharfen Schuss als krönenden Abschluss anfügen. Als Argumentationsgrundlage gegenüber seinen Vorgesetzten für die Qualität seines Ausbildungskonzeptes schuf Westerhout Vergleichsgruppen. Soldaten, die traditionell ausgebildet wurden, traten im Vergleichsschießen an gegen Soldaten, die nach seinem Konzept ausgebildet wurden. Die Ergebnisse sprachen für den Rhodesier: Die Soldaten mit Trockentrainingausbildung erzielten nach der gleichen Ausbildungszeit der anderen Soldaten deutlich bessere Schießergebnisse als jene.

WAS BEDEUTET TROCKENTRAINING?

Zugegeben – „Trockentraining" klingt wenig attraktiv, dennoch ist es ein bedeutender Bestandteil der Trainingspraxis. Wie von Dave Westerhout bereits in den Grundsätzen gedacht, ist das Trockentraining die Ausführung einzelner Teilprozesse des Gesamtprozesses „Schießen". Ein Vorteil des Übens ohne Munition ist das Fehlen von Rückstoß, Geschossknall und sichtbaren Treffern. Durch den Wegfall dieser „Begleiterscheinungen" des Schießens kann man sich genau auf die Handlungen konzentrieren und intensiver darüber nachdenken.

Übliche Bestandteile des Trockentrainings

- ☐ Anschlag-Einnehmen und Halten des Anschlags
- ☐ Bewegungsabläufe (z. B.: Magazinwechsel, Ziehen der Waffe, Griff, Abkrümmen)
- ☐ Schießrhythmusübungen
- ☐ Trainieren von Haltekraft
- ☐ Verbessern Materialeinstellungen, Anpassen der Ausrüstung
- ☐ Vorteile Kosten- und Zeitersparnis

„Repetition is the key to muscle memory. For a shooter, repetition can represent a considerable amount of ammunition to perfect a trigger squeeze. With the skyrocketing costs of ammo, dry-firing represents an affordable training alternative." (Wiederholungen sind der Schlüssel zum Muskelgedächtnis. Für einen Schützen können Wiederholungen bis zur Perfektionierung der Schussauslösung mit einer großen Menge an Munition verbunden sein. Angesichts der explodierenden Munitionskosten ist das Trockenschießen eine erschwingliche Trainingsalternative; Laser Ammo, 2020)
Trockentraining bietet viele Vorteile:

Faktor Kosten Trockentraining verursacht keine Fahrtkosten zum Schießstand, keine Munitionskosten und keine Schießstandgebühren.

Faktor Zeit Trockentraining kann überall durchgeführt werden, sodass es der meisten Menschen kostbarstes Gut einspart, nämlich Zeit.

TROCKENTRAINING FÜR EIN MUSKELGEDÄCHTNIS

Der wichtigste Aspekt des Trockentrainings ist aber die Entwicklung eines Muskelgedächtnisses durch aufmerksames Wiederholen von Handlungsabläufen. Bei der Entstehung eines Muskelgedächtnisses werden einzelne Fertigkeiten verinnerlicht und sowohl auf bewusster und unbewusster Ebene in der Muskulatur gespeichert. Häufig wird davon gesprochen, dass eine unterbewusste Automatisierung bestimmter Handlungsabläufen nach 3000 bis 5000 Wiederholungen eintritt. Muskelgedächtnis bedeutet, wenn man nicht mehr über das Ausführen einer Handlung nachdenken muss, sondern sie unterbewusst ausführt.
Was Sie beim Autofahren (s. Kasten) schaffen, schaffen Sie idealerweise auch beim Schießen. In Stresssituationen – auch Wettkämpfe können Stress hervorrufen – haben Sie nämlich nicht die Zeit, jeden Handlungsablauf zu durchdenken, das muss Ihr Muskelgedächtnis für Sie übernehmen.

MUSKELGEDÄCHTNIS

Muskelgedächtnis? Das kennen auch Sie: Denken Sie noch über den Gangwechsel beim Auto- oder Motorradfahren nach? Nach unzähligen Schaltvorgängen, die Sie in Ihrem Leben bereits ausgeführt haben, weiß Ihr Körper, wann geschaltet werden muss. Selbst nach einer längeren Fahrpause können Sie Ihr Muskelgedächtnis abrufen und müssen das Fahren oder Schalten nicht erneut lernen.

UNTER STRESS

Stressreaktionen entstehen, wenn plötzliche oder starke Reize von außen auf einen Menschen einwirken. Spielen wir das Ganze doch mal anhand des Beispiels einer Autofahrt durch. Stellen Sie sich vor, dass Sie mit Ihrem Auto auf dem täglichen Weg zur Arbeit sind – die gleiche Strecke und ähnliche Verkehrsverhältnisse wie tags zuvor. Plötzlich läuft aber ein Tier über die Straße und Ihr Vordermann geht voll in die Eisen. Die erste Reaktion ist meist eine Art Schockstarre. In dieser Phase können Sie nicht mehr darüber nachdenken, was zu tun ist. Alle Kreislauf- und Stoffwechselfunktionen werden von Ihrem Gehirn auf ein Minimum reduziert – Nachdenken ist nicht mehr möglich.
Jetzt folgt die Alarmreaktion des Körpers. Die Nebennieren schütten Stresshormone (Adrenalin) in den Blutkreislauf aus, Kreislauf und Muskulatur werden auf Hochtouren gebracht und der Körper ist nun bereit, auf die Gefahr zu reagieren. Dann erfolgt die Gefahrenabwehr. Da Sie das Bremsen in der Fahrschule und danach in der Fahrpraxis permanent geübt haben, leiten Sie ebenfalls eine Vollbremsung ein. Während der

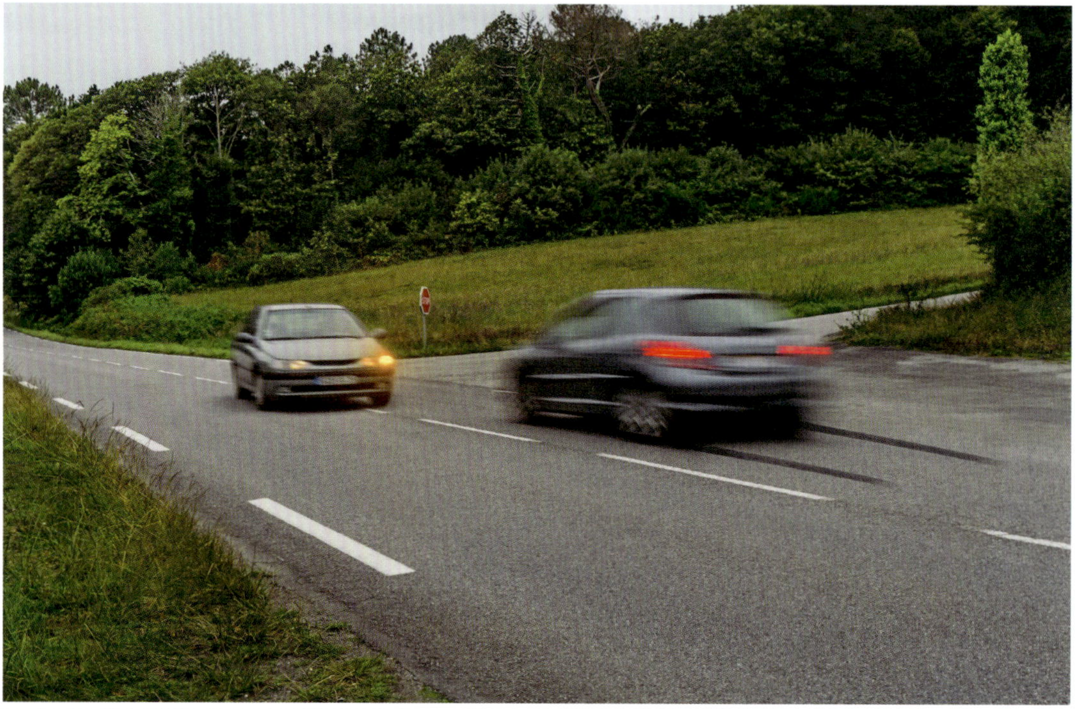

Vollbremsung in einer Gefahren- und somit Stresssituation. Das Muskelgedächtnis „weiß", was zu tun ist.

Gefahrenabwehrphase baut der Körper das Adrenalin wieder ab und es folgt eine Erholungsphase, wenn die Gefahr gebannt ist.
In der Erholungsphase spürt man häufig große Euphorie, wie z. B. nach einem gelungenen Wettkampf.
Auch bei einem Wettkampf und der Schussabgabe auf der Jagd können Sie diese Veränderungen in Ihrem Körper spüren, denn es sind ebenfalls Situationen mit erhöhter Anspannung. Jetzt müssen Sie Handlungsabläufe, ohne darüber nachzudenken, abrufen können. Dies gelingt nur, wenn psychomotorische Fähigkeiten ein Teil Ihres Muskelgedächtnisses wurden.
Zusammenfassend lässt sich konstatieren, dass Trockentraining nicht nur beim Training von Handlungsabläufen hilft, sondern vielmehr auch der zielgerichteten Vorbereitung auf Stresssituationen dient, um stets „Herr der Lage" zu sein. Trockentraining ist damit ein großer Bestandteil des Trainingsprozesses, hilft Ihnen, besser zu schießen, und unterstützt Sie als Teil eines ganzheitlichen Trainingsplans, Jagd- oder Wettkampfstress besser zu bewältigen.

TIPP

Im Trockentraining können Sie auch Stress simulieren. Wir nennen das „sanften Druck ausüben". Sie können den Stress im Trockentraining erhöhen, indem Sie engere Zeitvorgaben wählen, sich von anderen beobachten oder auch filmen lassen.

TROCKENTRAININGS-ÜBUNGEN/-DRILLS

Wie man ein Trockentraining aufbauen kann, soll am Bespiel einiger ausgewählter Übungen zur Vorbereitung auf die Drückjagdsaison verdeutlicht werden. Beginnend mit einer leichten Übung, dem Einnehmen des Anschlags, steigert man das Niveau bis zu komplexen Handlungsabläufen. Zweck ist eben die Verankerung der Bewegungen im Unterbewusstsein bzw. der Aufbau eines Muskelgedächtnisses. Dabei entscheidet nicht die Dauer des Trainings, sondern die Häufigkeit der Wiederholung über den Trainingseffekt. Deshalb empfehlen wir, diese Übungen nicht länger als 15 Minuten am Tag und maximal dreimal in der Woche durchzuführen. Beginnen Sie sechs Wochen vor dem Beginn der Drückjagdsaison mit dem Training. Neben den verschiedenen Trockenübungen sind allerdings auch zwei bis drei Schießstandbesuche zur Vorbereitung obligatorisch.

ÜBUNG ANSCHLAG EINNEHMEN

Material Jagdwaffe, Pufferpatrone
Zielscheibe Kostenlose Targets der Akademie für Jäger und Sportschützen, Schusspflaster
Distanz zum Ziel Ca. 3 m
Ausgangsposition Der Schütze steht im jagdlichen Voranschlag oder mit geschulterter Waffe vor dem Ziel, sein Körper ist dabei korrekt auf das Ziel ausgerichtet. Auf den Signalton oder einen selbst gewählten Impuls hin geht er langsam und kontrolliert in den Anschlag und zielt auf die Zielscheibe etc. an der Wand.
Zeitbegrenzung Keine
Abwandlung Diese Übung kann auch mit geschlossenen Augen durchgeführt werden. Sobald der Schütze der Meinung ist, den korrekten Anschlag eingenommen zu haben, öffnet er die Augen und prüft, ob er auf dem Ziel liegt, sprich seinen Körper richtig zum Ziel ausgerichtet und dazu die richtige Kopfhaltung hat.

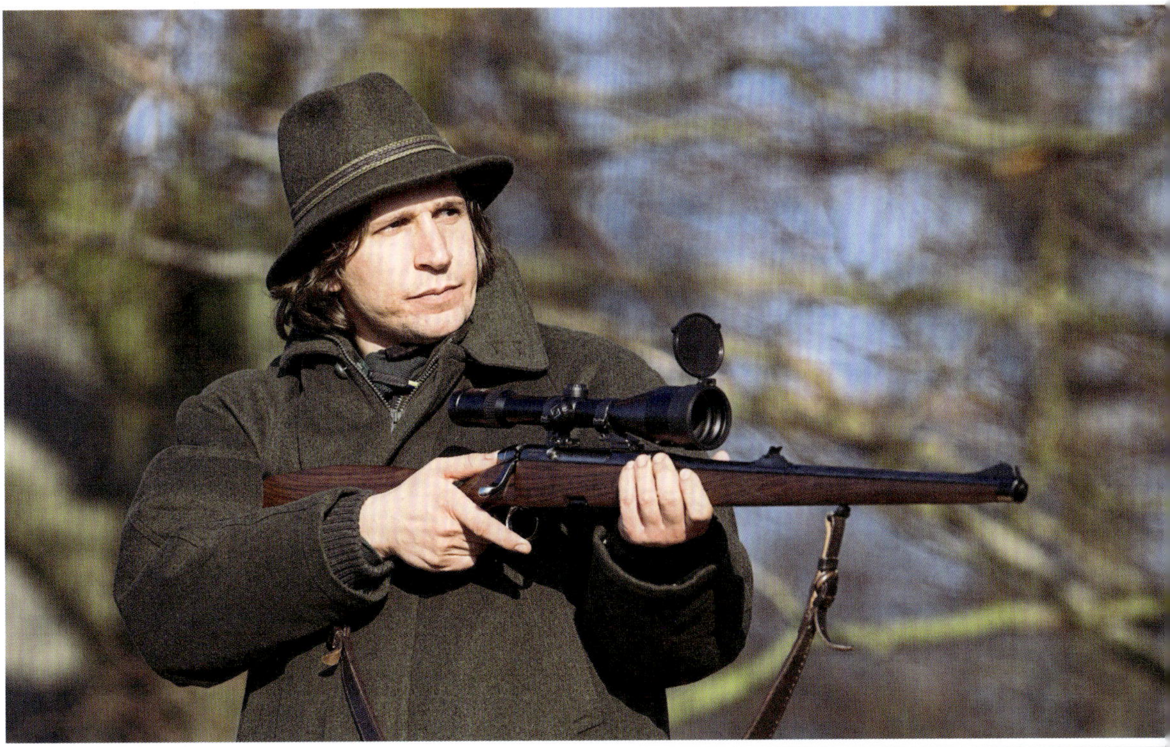

Ist der korrekte Anschlag durch viele Wiederholungen in Fleisch und Blut übergegangen, sind Jägerinnen und Jäger auf die Praxis vorbereitet.

Fokus Bei dieser Übung soll der Schütze bewusst den richtigen Anschlag einnehmen und mit Erreichen des endgültigen Anschlags das Absehen auf dem Ziel haben.
Ziel Das Ziel der Übung ist es, unterbewusst den Anschlag korrekt einzunehmen.
Bemerkung Diese Übung stellt die fundamentalste Übung zur Vorbereitung für die Drückjagd dar. Sobald Ermüdungserscheinungen auftreten, sollte die Übung unterbrochen werden.

ÜBUNG ABKRÜMMEN

Material Jagdwaffe, Pufferpatrone
Zielscheibe Targets, Schusspflaster
Distanz zum Ziel Ca. 5 m
Ausgangsposition Der Schütze steht im jagdlichen Voranschlag oder mit geschulterter Waffe vor dem Ziel, sein Körper ist dabei korrekt auf das Ziel ausgerichtet. Auf den Signalton oder einen selbst gewählten Impuls hin geht er in den Anschlag und zielt auf die Zielscheibe etc. an der Wand. Sobald der Schütze das Ziel im Visier hat, krümmt er ab.
Zeitbegrenzung Keine
Abwandlung Mit zunehmender Routine kann der Schütze nach jedem Abkrümmvorgang repetieren.
Fokus Bei dieser Übung soll der Schütze unterbewusst den richtigen Anschlag einnehmen und einen kontrollierten „Trockenschuss" abgeben.
Ziel Das Ziel der Übung ist es, unterbewusst den Anschlag korrekt einzunehmen in Verbindung mit dem richtigen Abkrümmverhalten.
Bemerkung Diese Übung unterstützt den Schützen dabei, das richtige Abkrümmverhalten nach dem Einnehmen des korrekten Anschlags zu schulen. Die Übung kann sehr gut durch elektronische Hilfsmittel unterstützt werden, sodass der Schütze ein visuelles Feedback zu seiner tatsächlichen Trefferlage erhält. Zudem kann man die Übung steigern, indem man nach dem Abkrümmen die Waffe repetiert, um auch diesen Vorgang in das Unterbewusstsein zu bekommen.

SCHWUNGÜBUNG TEIL I

Material Jagdwaffe, Pufferpatrone
Zielscheibe Für diese Übung sucht sich der Schütze eine gerade Linie im Haus oder spannt ein Flatterband im Raum. Auf der Linie/dem Flatterband bringt der Schütze ein DIN A3-Blatt an, das als Ziel dient. Mit zunehmender Routine kann das Ziel verkleinert werden.
Distanz zum Ziel Ca. 5 m
Ausgangsposition Der Schütze steht im jagdlichen Voranschlag oder mit geschulterter Waffe vor dem Ziel, sein Körper ist dabei korrekt auf dasselbe ausgerichtet. Auf den Signalton oder einen selbst gewählten Impuls hin geht er in den Anschlag und fährt mit der Waffe entlang der Linie/des Flatterbandes und krümmt in der „Trefferzone" ab. Anschießend repetiert er im Anschlag und geht wieder in die Ausgangsposition.
Zeitbegrenzung Keine
Abwandlung Diese Übung kann auch im Revier, idealerweise von einem Drückjagdbock aus, stattfinden. Der Zielaufbau kann entsprechend angepasst werden. Zudem kann nach dem Repetieren die Schwungübung so lange fortgesetzt werden, bis keine Patronen mehr im Patronenlager sind.
Fokus Bei dieser Übung soll der Schütze bewusst den richtigen Anschlag einnehmen, korrekt abkrümmen, richtig schwingen – nicht stoppen! – und richtig repetieren.
Ziel Das Ziel der Übung ist es, unterbewusst den Anschlag korrekt einzunehmen und ohne Stoppen zu schwingen und repetieren.
Bemerkung Bei dieser Übung liegt das Hauptaugenmerk auf dem richtigen Schwingen, ohne zu stoppen. Mit zunehmender Routine soll auch das Repetieren im Anschlag und Weiterschwingen trainiert werden. Zu Beginn darf das Ziel nicht zu klein gewählt werden, da zu kleine Ziele das Durchreißen begünstigen.

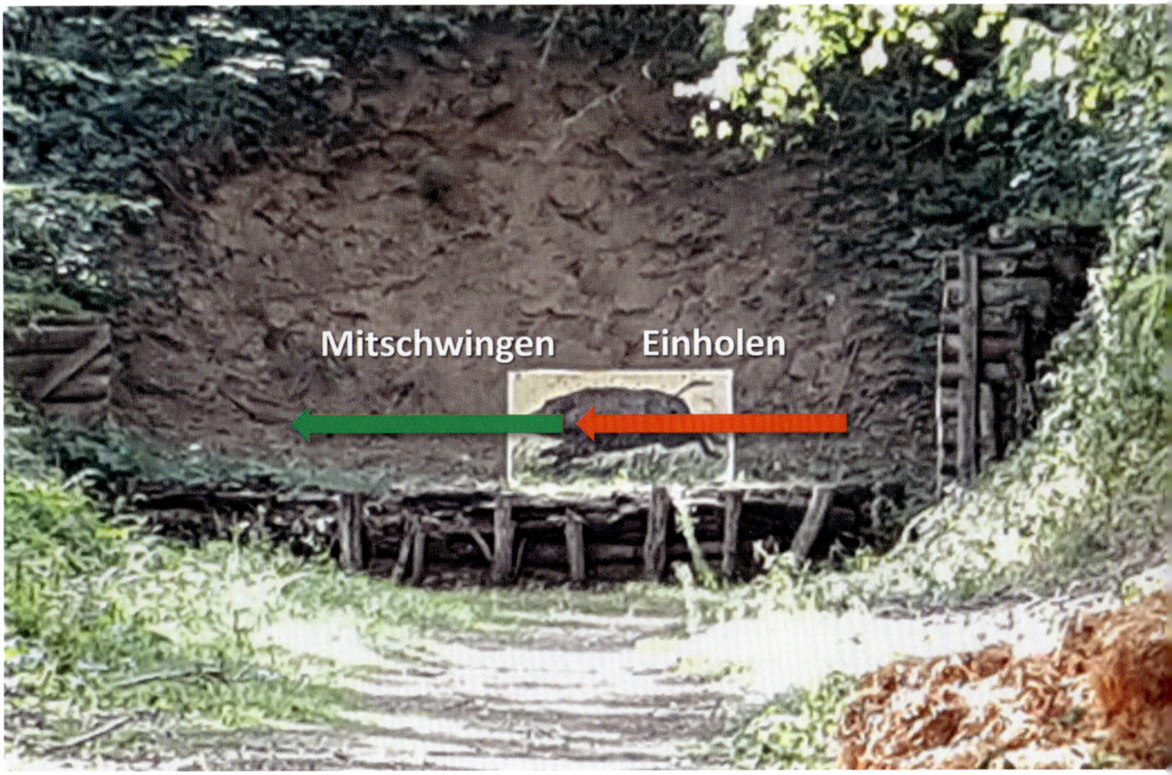

Die meisten Schwingmethoden lassen sich in die Phasen „Einholen des Ziels" und „Mitschwingen auf dem Vorhalt" einteilen.

SCHWUNGÜBUNG TEIL II

Material Jagdwaffe, Pufferpatrone, Tennisball, Tennisball am Pendel

Zielscheibe Für diese Übung empfiehlt es sich, zusammen mit einem Partner zu trainieren. Der Schütze stellt sich in einem Abstand von ca. 5 m von seinem Partner auf. Der Trainingspartner lässt auf Kommando oder ohne Vorankündigung schwingen. Ist kein Pendel vorhanden, kann der Trainingspartner den Ball auch in einem Bogen werfen.

Distanz zum Ziel Ca. 5 m

Ausgangsposition Der Schütze steht im jagdlichen Voranschlag oder mit geschulterter Waffe vor dem Ziel, sein Körper ist dabei korrekt auf dasselbe ausgerichtet. Auf Kommando des Schützen oder ohne Vorankündigung wird der Ball losgelassen, der Schütze geht in den Anschlag und folgt mit der Waffe dem Pendel bzw. dem Ball.

Zeitbegrenzung Keine

Abwandlung Diese Übung kann auch draußen im Revier stattfinden, idealerweise geschieht dies möglichst praxisnah von einem Drückjagdbock aus.

Fokus Bei dieser Übung soll der Schütze bewusst mit dem Ball schwingen und dabei möglichst auf dem Ziel bleiben. Hierbei trainiert man auch das Schießen mit beiden Augen geöffnet. Hierdurch kann man den Ball im peripheren Sichtfeld immer wahrnehmen.

Ziel Das Ziel der Übung ist es, unterbewusst den Anschlag korrekt einzunehmen und ohne Stoppen zu schwingen.

Bemerkung Bei dieser Übung liegt der Fokus auf dem richtigen Schwingen, ohne zu stoppen. Mit zunehmender Routine soll auch das Repetieren im Anschlag und Weiterschwingen trainiert werden.

PSYCHOLOGIE DES BÜCHSENSCHUSSES

Aus unserer Ausbildungspraxis wissen wir, dass Schießen bzw. Spitzensport auch zu einem großen Teil mit dem Kopf zu tun haben. Die häufig erwähnte Tagesform oder der Gesundheitszustand sind Geisteszustände, die den Sport bzw. das Schießen negativ beeinflussen. Umgekehrt gibt es auch positive Faktoren, die einen guten Schuss begünstigen können, z. B. Ausgeruht-Sein, eine positive mentale Vorbereitung auf die Jagd oder den Wettkampf etc.

Jeff Cooper hat in seinem bereits erwähnten Buch versucht, die Komplexität psychologischer Vorgänge auf ein einfaches Farbenmodell zu reduzieren. Man kann es nutzen, um sich bewusst in verschiedene Geisteszustände zu versetzen. Ausgehend von dem Jeff Cooper-Modell werden wir in den folgenden Abschnitten auf das psychologische Moment beim Schießen bzw. der Jagd eingehen und zeigen, welche Auswirken die mentale Vorbereitung hat.

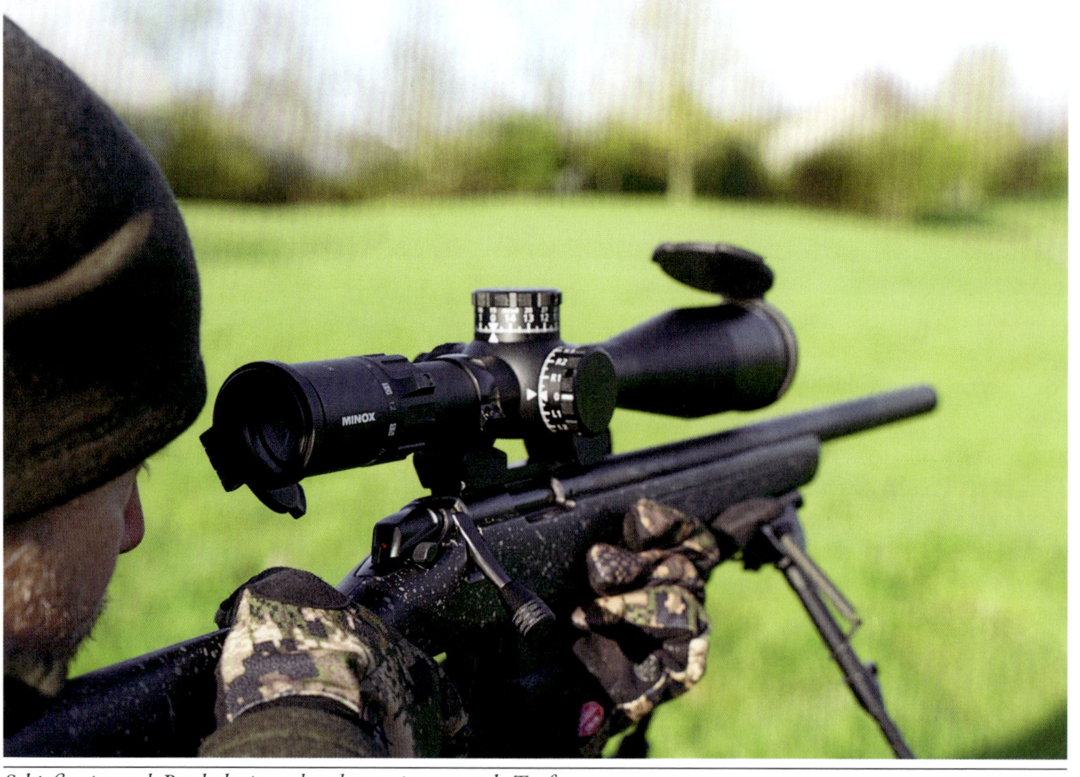

Schießen ist auch Psychologie und verlangt eine mentale Topform.

JEFF COOPERS FARBENMODELL

Am Anfang jedes Schießtrainings sollte die mentale Vorbereitung und psychische Konditionierung auf den Schuss stehen. Unserer Erfahrung nach ist eine konditionierte Psyche eine wesentliche Voraussetzung für einen erfolgreichen Schuss. Deshalb werden wir hier beschreiben, wie Sie sich selbst mental konditionieren und auf eine Schussabgabe vorbereiten können. Das Model von Jeff Cooper übertragen wir dabei auf die Jagd.

BEWUSSTSEINSBILDUNG

Viele Jäger sind der Meinung, dass keine besonderen psychischen und charakterlichen Voraussetzungen für den Einsatz einer Büchse oder Flinte notwendig sind. Das ist jedoch falsch. Der Einsatz einer Flinte und mehr noch der Einsatz einer Büchse kann verheerende Folgen auf die Umgebung haben und im schlimmsten Fall Mitmenschen gefährden. Deshalb ist es unabdingbar, in der Schießausbildung ein Bewusstsein für den Schuss und der möglichen Konsequenzen zu schaffen.

Ein weiterer wichtiger Aspekt der Schießausbildung eines Jägers besteht darin, im Schützen ein kritisches Urteilsvermögen zu entwickeln, damit er die eigenen Leistungen selbstkritisch einzuschätzen vermag und sich von äußeren Einflüssen nicht aus dem Konzept bringen lässt.

WELCHE JAGDART IST FÜR MICH DIE RICHTIGE?

Bei dieser Frage scheiden sich die Geister, da nur wenige Jäger bereit sind, sich selbst Schwächen einzugestehen. Stellt man sich jedoch bewusst die Frage: „Reichen meine jagdlichen Fähigkeiten aus, um auf die Pirsch zu gehen?“, kommen vielleicht schon die ersten Zweifel auf.

Jede jagdliche Situation erfordert ein anderes Maß an Schießfertigkeiten und jagdli-

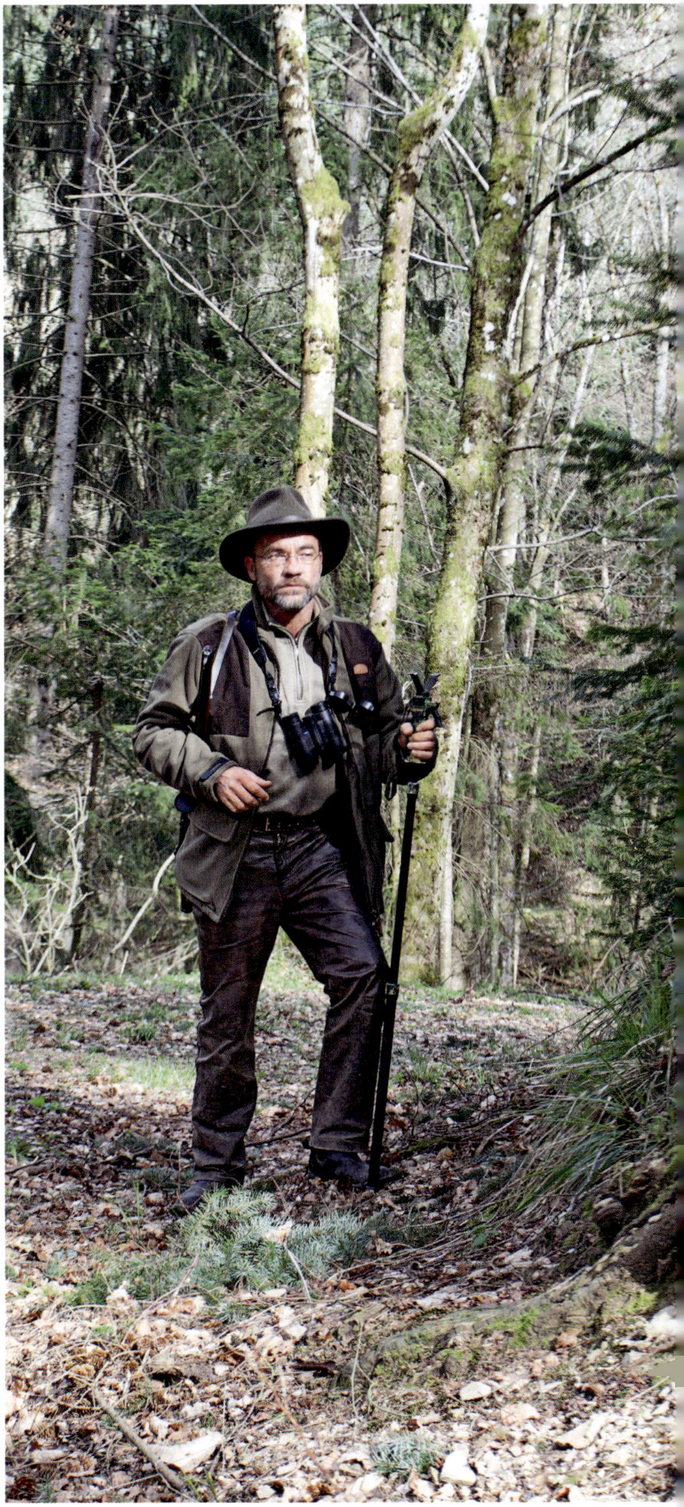

Pirschen liegt manchen mehr, manchen weniger.

chem Geschick, und diese Fähigkeiten variieren zwischen verschiedenen Jägern. Ein Jäger mit jahrelanger Auslands- und Schießerfahrung wird sich auf der Pirsch wahrscheinlich leichter tun als jemand, der gelegentlich ansitzt. Doch woran liegt das und wie kann ich mich selbst mental konditionieren, um besser auf jagdliche Situationen vorbereitet zu sein?

DIE GEDANKEN ÜBERSCHLAGEN SICH

Für die meisten ist es schwer, jagdliche Situationen richtig einzuschätzen, denn es gibt viele Faktoren, die bereits vor dem Schuss bedacht werden müssen. Stellen Sie sich vor, ein starker Keiler taucht urplötzlich vor Ihnen auf. In dieser Situation laufen Hunderte Prozesse in Ihrem Kopf ab, denn neben der Waffenhandhabung haben Sie noch viele andere Dinge zu bedenken: In welcher Entfernung stehe ich zu dem Stück? Wie steht das Wild? Habe ich einen geeigneten Kugelfang? Woher kommt der Wind? Welchen Anschlag soll ich wählen? Visierbild? Wie spreche ich das Stück an? Um nur einige Beispiel zu nennen ... In der Realität ist das richtige Einschätzen dieser Faktoren schwerer als gedacht, da man unter einem subjektiven Zeitmangel leidet, der in der Regel auf mangelnder Ausbildung und schlechter mentaler Vorbereitung beruht.

JAGEN, WENN MAN JAGD!

Jeff Coopers durchaus zutreffendes Farbenmodell für die mentale Bereitschaftshaltung eines Menschen in Situationen geistiger Anspannung hat noch heute seine Berechtigung. Mithilfe dieser theoretischen Grundlage kann man sich selbst in dem Einnehmen von Beobachtungsbereitschaft und einem situationsbezogenen mentalen Bereitschaftsgrad schulen. Nur mit diesem mentalen Grad kann man während der Jagd jederzeit auf unerwartete Situationen reagieren, lässt sich also nicht mehr bei bestimmten Situationen überraschen, sondern ist stets bereit, geeignete Maßnahmen zu ergreifen.

TIPP

Wenn man auf die Jagd geht, dann darf nichts anderes eine Rolle spielen. Man muss seinen Geist freimachen von Problemen des Alltags und sollte auf keinen Fall mental geschwächt in das Revier gehen.

FARBEN UND ZUSTÄNDE

Auf Seite 29 oben sehen Sie eine abgewandelte Darstellung der Jeff Cooper-Farbskala mit den Stufen WEISS bis ROT. Wir haben mit Absicht die Darstellungsform einer Pyramide gewählt, da die einzelnen Stufen nicht chronologisch durchlaufen werden müssen. Einige Phasen können schneller durchlaufen werden als andere, um auf die höchste Eskalationsstufe zu gelangen. Viel wichtiger ist es, sich der Eskalationsstufen bewusst zu sein und diese aktiv in die Jagd und das Training für die Jagd zu integrieren.

WEISS Dieser Zustand herrscht in Situationen ohne Anspannung und eigener Beobachtungen vor. Man ist nicht darauf vorbereitet, eine Handlung zu vollziehen, sondern mit Dingen beschäftigt, die nichts mit der Jagd zu tun haben. In diesem geistigen Zustand kann man sich eigentlich nur in den eigenen vier Wänden befinden – sobald man die Büchse aus dem Schrank holt und in das Revier fährt, muss bereits der Zustand GELB herrschen.

GELB Dies ist der Zustand geistiger Auseinandersetzung mit der Umwelt. Man achtet aufmerksam auf Signale und Beobachtungen in der Umgebung. In den Zustand Gelb muss man sich versetzen, sobald man auf dem Weg zur Jagd ist. In der Gelb-Phase wird Wild allerdings noch nicht bewusst wahrgenommen.

ORANGE Nimmt man Hinweise auf Wild wahr oder beobachtet dasselbe, wechselt der Zustand von GELB zu ORANGE. In dieser Phase ist es wichtig, weiterhin das gesamte Umfeld zu beobachten, ohne dabei das Wild aus den Augen zu verlieren. In der ORANGE-Phase sind auch bewusst Schussvorbereitungen und die wichtigsten Fragen dazu zu stellen. Gleichwohl muss sich eine Situation noch nicht sicher als idealer Jagdmoment erweisen: Bei näherer Betrachtung kann man zu dem Schluss kommen, dass die Entfernung zum Wild zu groß oder kein Kugelfang vorhanden ist, oder dass das Stück einfach nicht richtig steht oder nicht geschossen werden sollte. In diesem Fall kehrt man wieder zum Zustand GELB zurück. Somit ist auf der Jagd ein ständiger Wechsel zwischen GELB und ORANGE die Regel.

ROT Die Situation hat sich geändert: Man hat ein Stück angesprochen, Kugelfang ist gegeben, eine Gefährdung der Umwelt kann ausgeschlossen werden, man hat den richtigen Anschlag gewählt, das Zielbild stimmt und man konzentriert sich auf den Schuss. Jetzt sollte Ihr Zustand im Bereich ROT, der Phase der Schussabgabe, sein. Nur in diesem Zustand der geistigen und körperlichen Ausrichtung auf einen bevorstehenden Schuss können Sie sich sicher sein, einen sicheren Treffer zu platzieren. Ob Sie tatsächlich schießen, ist natürlich Ihre Entscheidung. Unter Umständen lässt Sie auch eine

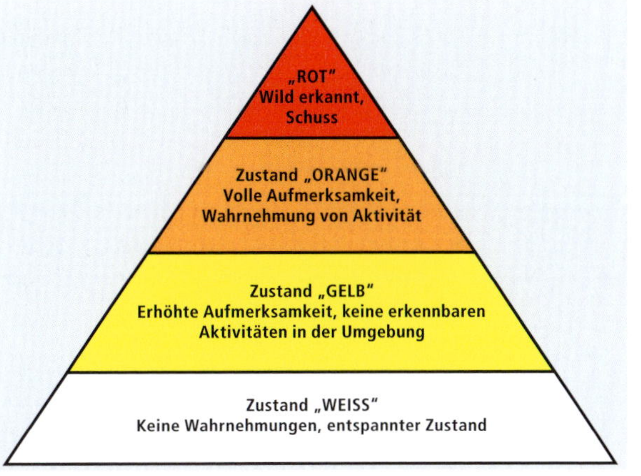

Farbenmodell der Anspannungszustände (in Anlehnung an Jeff Coopers Modell)

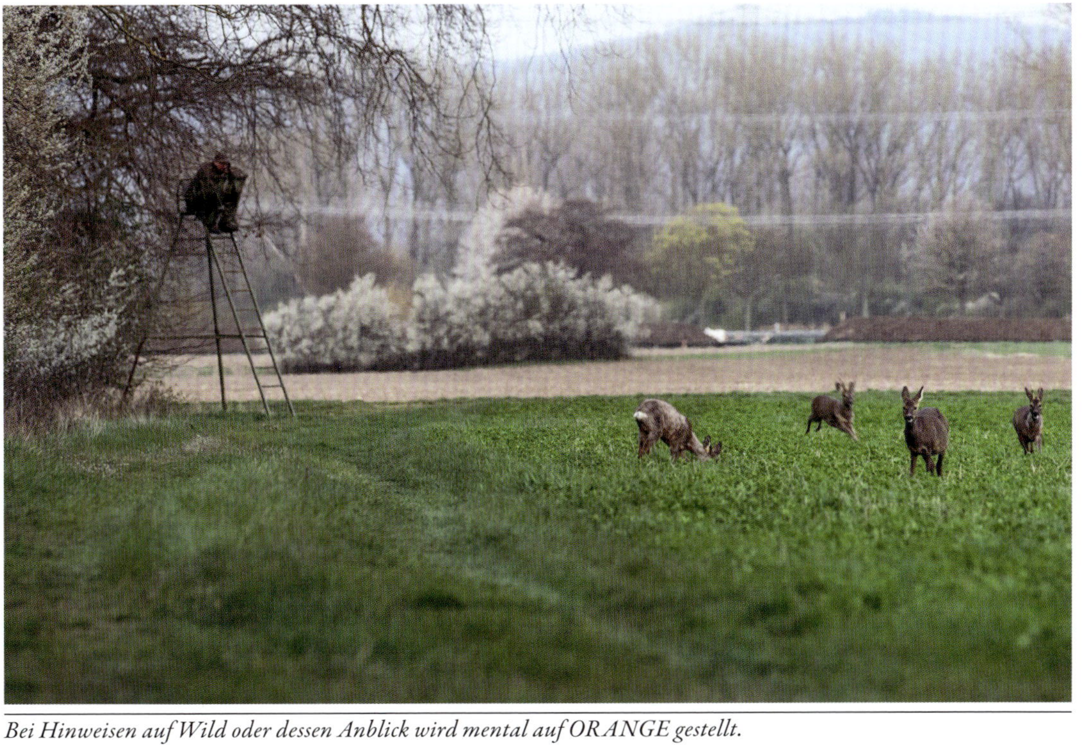

Bei Hinweisen auf Wild oder dessen Anblick wird mental auf ORANGE gestellt.

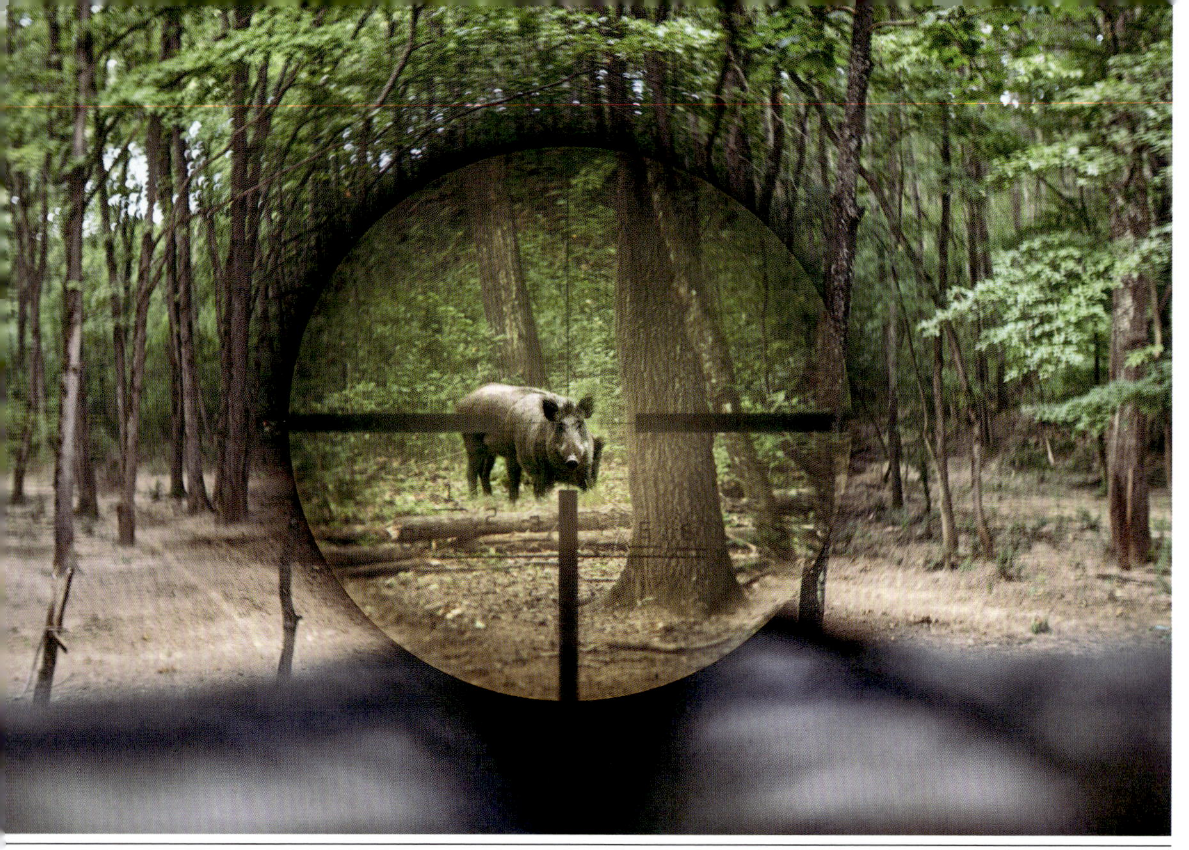

Bewusstseinszustand ROT!

plötzliche Veränderung des Umfelds, z. B. auftauchende Jogger oder ein vorbeifahrendes Auto, aus der Phase ROT wieder zu ORANGE oder gar GELB zurückzukehren.
Eine häufige Kritik an Coopers Farbenmodell ist „mangelnder Praxisbezug“ bzw. „Fehlen konkreter Handlungsanweisungen“ in den verschiedenen Eskalationsstufen. Das Modell hat jedoch gar nicht das Ziel, konkrete Handlungsanweisungen für Stresssituationen zu liefern – es ist vielmehr eine Abstraktion der Realität und soll dabei unterstützen, im Training gezielt Geisteszustände einzunehmen, die auf der Jagd nützlich sind. Das Modell lässt sich auch auf andere und auf Alltagssituationen übertragen. Beim Autofahren z. B. sollte sich niemand unterhalb des Zustandes GELB befinden, da ständig mit Gefahren zu rechnen ist, schon in einer Baustelle ist der Zustand ORANGE gefordert, danach wechselt man in der Regel wieder zu GELB oder ist fallweise gezwungen – kommt es in der Baustelle etwa zu einem Unfall –, in den Zustand ROT zu wechseln.

WELCHE SCHLUSSFOLGERUNGEN ERLAUBT DAS MODELL?

Ein Grund für Fehlschüsse ist häufig eine falsche mentale Haltung! Probleme beim Schuss liegen meistens im Kopf: Bewegungen, die vermeintlich in Fleisch und Blut übergegangen sind, werden vergessen, weil man von plötzlich eintretenden Umständen überrascht wird und nicht reagieren kann. Der Jäger hat jedoch meist nur einen Schuss und unter diesem Aspekt sollte man auch trainieren. Nur wer in der Ausbildung viele Bilder gesehen hat, kann diese in die Realität übertragen: Dazu gehört an erster Stelle auch die mentale Vorbereitung. Häufiges und gezieltes Training führt zu einer Automatisierung von Handlungsabläufen und schafft Platz im Kopf, sodass anderes bewusster wahrgenommen werden kann. Wer zu sehr mit seinem Körper, der Waffe und der Beurteilung der Umgebungsbedingungen beschäftigt ist, wird oft jagdlich erfolglos bleiben.

DRÜCKJAGD-PSYCHOLOGIETEST

Aufgrund des fehlenden Praxisbezugs von Jeff Coopers Farbenmodell und der Kritik daran entschlossen wir uns, diesen Bezug herzustellen und das Modell mittels eines Pulsmessgeräts und dem Multi-Moment-Verfahren auf zwei Drückjagden nahe Dresden und Wiesbaden zu überprüfen und zu verifizieren. Unserer Theorie nach würde der Puls eines Jägers in den Momenten höchster mentaler Anspannung ansteigen müssen. Ziel war es, aus den im Versuch gewonnenen Daten Schlüsse für das eigene Training zu ziehen. Schauen wir uns einmal an, wie es uns und einem Mitjäger bei dem Selbstversuch ergangen ist.

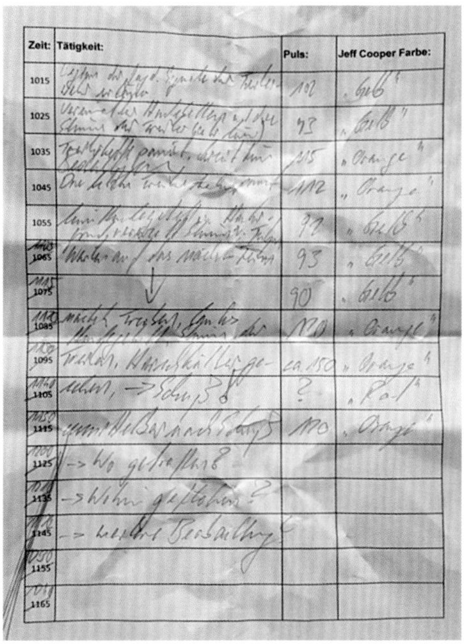

Zeit:	Tätigkeit:	Puls:	Jeff Cooper Farbe:
1015	[illegible]	102	„Gelb"
1025	[illegible]	93	„Gelb"
1035	[illegible]	115	„Orange"
1045	[illegible]	112	„Orange"
1055	[illegible]	97	„Gelb"
1065	[illegible]	93	„Gelb"
1075	↓	90	„Gelb"
1085	[illegible]	110	„Orange"
1095	[illegible]	ca. 150	„Orange"
1105	[illegible] → Schuss!	?	„Rot"
1115	[illegible]	110	„Orange"
1125	→ Wo getroffen?		
1135	→ Wohin geflohen?		
1145	→ welche Beobachtung?		
1155			
1165			

Protokoll des Praxisversuchs zur Überprüfung des Farbenmodells

Zur abschließenden Auswertung der Daten haben wir eine Tabelle erstellt, die Sie im Foto unten sehen. In der Spalte „Zeit" ist der Drückjagdverlauf in Zehn-Minuten-Schritten festgehalten. In der Spalte „Tätigkeit" wird kurz eben diese zum betreffenden Zeitpunkt beschrieben. Die Spalte „Puls" ist wohl selbsterklärend und in der Spalte „Jeff Cooper-Farbe" haben wir den mentalen Bereitschaftsgrad eingetragen, in dem sich der Schütze nach eigener und äußerer Einschätzung befand. Die Pulswerte zeichnete während des ganzen Versuchs der Pulsmesser auf, was wir später am Computer auswerten konnten.
Die Drückjagd dauerte in unserem Fall von 10.15 bis 13.15 Uhr. Wir trafen uns bereits um 9.00 Uhr und der Jagdleiter informierte uns über die Regularien. Nach anschließendem Marsch zu den Ständen wurden wir vor Ort noch mal in die jeweiligen Stände eingewiesen, konnten diese beziehen und dann schon Entfernungen nehmen sowie das Gelände hinsichtlich der Schussmöglichkeiten beurteilen (Kugelfang, mögliche Wechsel, woher kommt der Wind? etc.). Nachdem wir damit fertig waren, ging die Drückjagd auch schon los.

VERSUCHSABLAUF UND -ERGEBNISSE

Wir haben uns einen Jäger ausgewählt, der schon einige Drückjagden mitgemacht hat und routiniert ist. Auf der Jagd war überwiegend Schwarzwild zu erwarten. Man sollte meinen, dass dies keine besonders außergewöhnliche Situation ist.
Die Abbildung S. 32 oben zeigt den Verlauf des Pulses unseres Probanden während der gesamten Jagd. Der Jäger hat normalerweise einen Ruhepuls von 70 und lag schon vor Beginn der eigentlichen Jagd darüber. Dies mag zum einen an der körperlichen Belastung auf dem Weg zum Schützenstand gelegen haben, aber auch die klaren Ansagen des Jagdherrn und der generelle Respekt vor

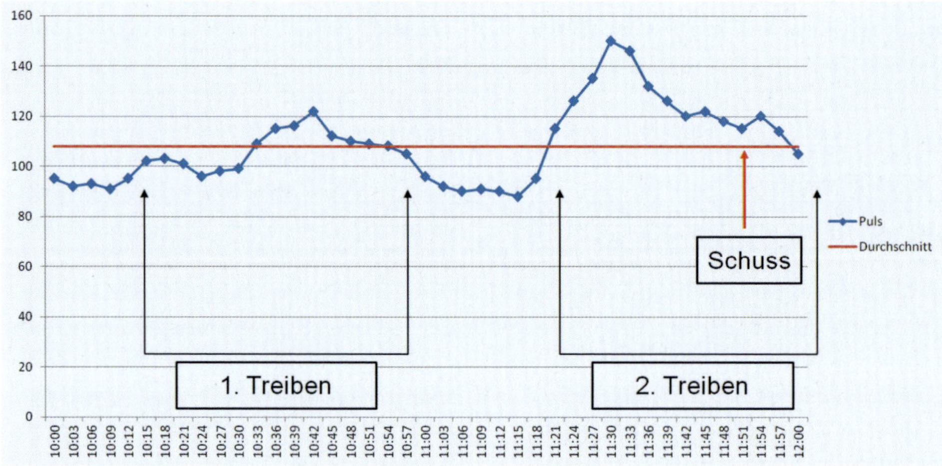

Der Pulsverlauf des Probanden im Verlauf der gesamten Drückjagd

Drückjagden trugen nach Aussage des Jägers zu einer erhöhten Anspannung bei. Während des gesamten Messzeitraums lag der Durchschnittspuls bei 108. Das entspricht einem um 67 % höheren Puls als dem für den Schützen üblichen.

Während des gesamten ersten Treibens pendelt der Jäger immer zwischen dem geistigen Zustand GELB und ORANGE nach der Jeff-Cooper-Farbskala. Auf dem linken Bild ist zu erkennen, dass der Puls schon etwas ansteigt, als man die Treiber hören kann (ca. 10.00 bis 10.27 Uhr), und dann wieder kurz abflacht, weil kein Wild auftaucht. Bei dessen Anblick aber steigt der Puls sofort (10.30 Uhr). Im ersten Treiben sinkt er danach vermutlich wieder stark (10.57 Uhr), weil die Stücke nicht freigegeben waren.

Die Abbildung unten gibt den Pulsverlauf des Jägers in den Minuten vor und nach dem Schuss wieder. Auf das Wahrnehmen der Treiberwehr reagiert der Jäger erneut und sein Puls steigt an (ab 11.18 Uhr). Hier befindet sich der Jäger nach eigener Einschätzung im Zustand ORANGE. Mit dem Anblick der ersten Rotwildkälber wechselt der Jäger bewusst auf ROT und sein Puls schnellt nach oben (ab 11.24 Uhr). Bis zum Schluss sinkt der Puls jedoch wieder, um nach dem Schuss nochmals kurz anzusteigen. Nach eigener Aussage hat der Jäger mit Anblick des Wildes ein kurzes Hochgefühl gehabt, jedoch bewusst versucht, sich zu beruhigen und die Waffen in den Anschlag zu bringen. Nachdem der Schuss gefallen war, kam es erneut zu einem Hochgefühl aber weniger aus Freude, sondern mehr aus der Erwartung eines sauberen Treffers.

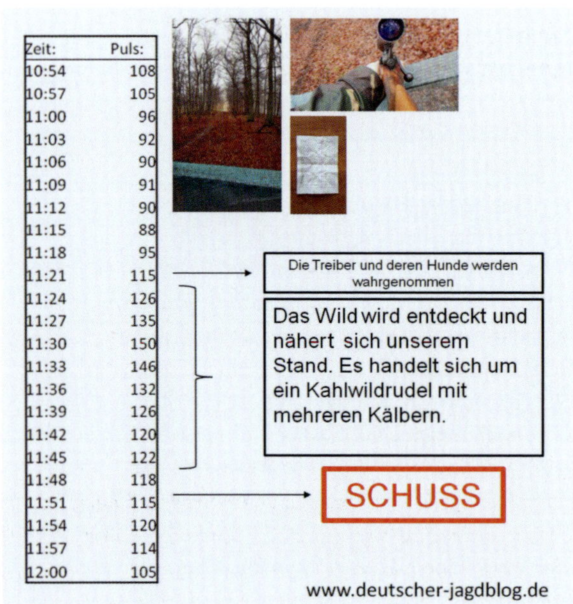

Die Pulsfrequenzen des Versuchsteilnehmers vor und nach dem Schuss

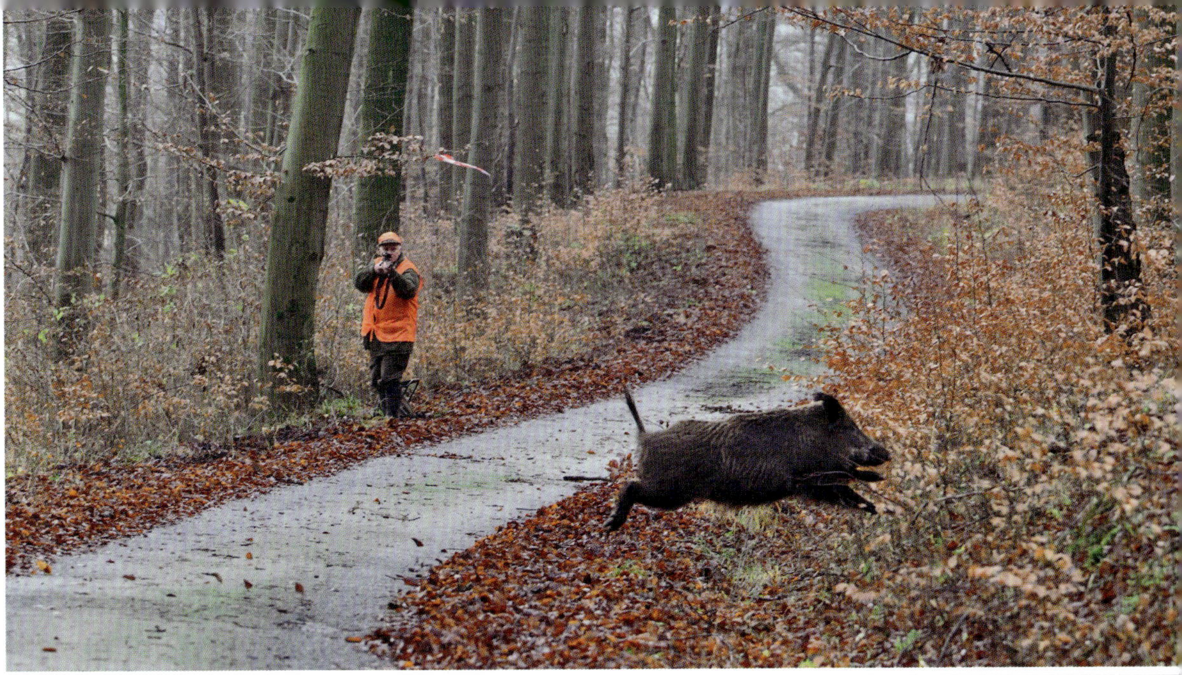

Auch mentales Training kann darauf vorbereiten, im entscheidenden Moment „cool“ zu bleiben und richtig zu reagieren.

SCHLUSSFOLGERUNGEN

Wir erkennen, dass der Jäger während der gesamten Jagd unter erhöhter Anspannung stand. Wahrscheinlich wäre ein unerfahrener Jäger noch nervöser gewesen. Die Ungewissheit über die Richtigkeit des eigenen Handelns erhöht den Spiegel des Stresshormons Adrenalin im Körper. Unsere Umgebung hat unmittelbare Auswirkungen auf das eigene Handeln und die eigene geistige und körperliche Verfassung.

Das Beispiel unseres Probanden lässt sich mit Sicherheit auf weitere Jäger übertragen. Jeder Jäger steht auf der Jagd unter Anspannung. Wir alle lassen uns beeinflussen und sprechen ungern darüber. Jeder muss sich jedoch selbst treu bleiben und das eigene Handeln hinterfragen.

Unsicherheit und der verständliche Respekt vor der Situation können verheerende Folgen haben. Alle Einflüsse auf unsere Gefühlslage addiert führen zu einem Emotionsgemenge, das bei einer ungeübten Person dazu führen kann, Situationen falsch einzuschätzen, Standardabläufe plötzlich nicht mehr zu beherrschen und im schlimmsten Fall dazu, dass der Körper nicht mehr auf den Geist hört. Mancher nennt dies Jagdfieber.

Ist es möglich, sich davor zu schützen? Genau können wir diese Frage nicht beantworten – wir haben aber die Erfahrung gemacht, dass ein gezieltes mentales Training, kombiniert mit einem ausgiebigen Schießtraining viele Bilder im Kopf erzeugt, die dann in Stresssituationen nur noch abgerufen werden müssen. Ist man auf unterschiedliche Situationen mental vorbereitet, weil man sie im Training in abgeschwächter Form bereits „durchlebt“ hat, fällt es leichter, richtig zu reagieren.

DRÜCKJAGDTRAINING – ZUSAMMENFASSUNG DER GRUNDLAGEN

Mit der Beschreibung des Selbstversuchs möchte ich gern den Abschnitt „Training“ beenden. Das Farbenmodell von Jeff Cooper soll Ihnen einen Eindruck davon vermitteln, wie man sich mental konditionieren und auf die Jagd vorbereiten kann.

Alle im vorangegangenen Abschnitt dargestellten Sachverhalte und Anleitungen können Sie auf einfache Weise zu Hause oder zusammen mit einem Trainingspartner umsetzen. Aus unserer Sicht lohnt es sich, die Zeit zu investieren und ein solches regelmäßiges Training zu planen.

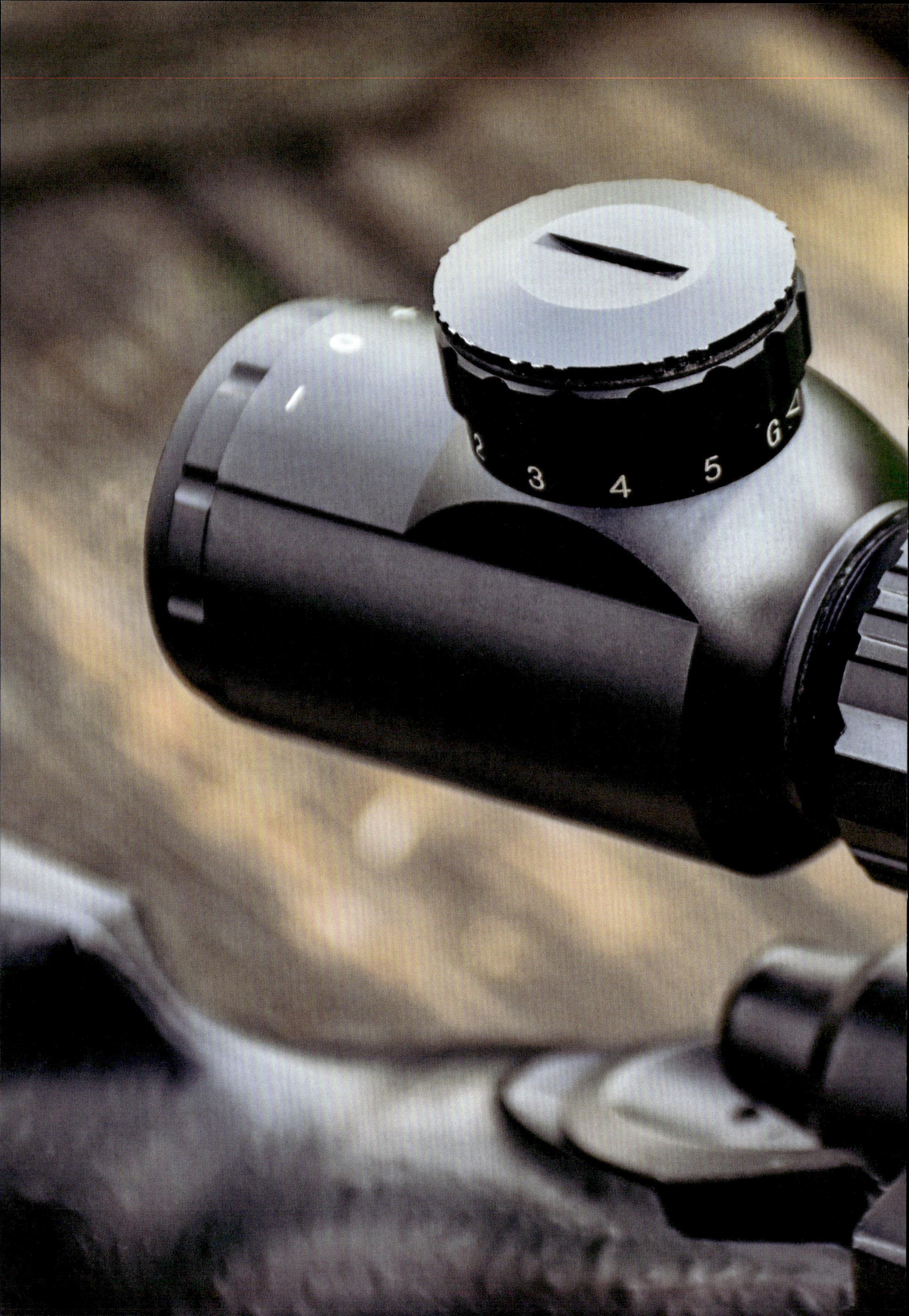
2 3 4 5 6

AUSRÜSTUNG FÜR DAS BÜCHSENSCHIESSEN

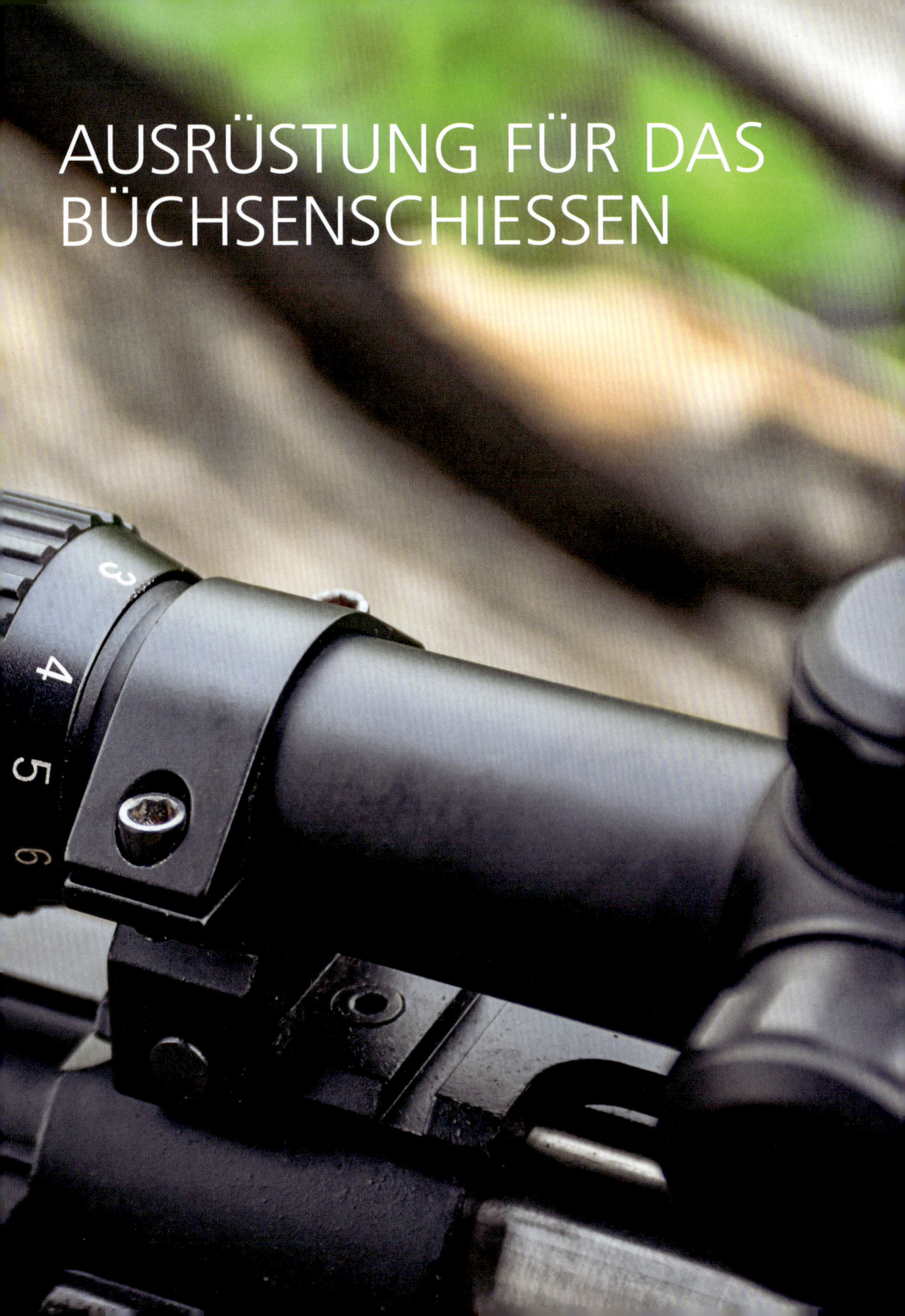

DIE OPTIK FÜR DEN JÄGER

Dieses Kapitel wird einen Überblick über die wichtigsten Verbindungsglieder der Waffe zum Menschen geben: die Optik und den Schaft. Eine sorgfältig ausgewählte Optik ist die Grundvoraussetzung für gutes Treffen – auch auf weite Distanzen. Um sich für eine solche entscheiden zu können, muss man die Grundprinzipien der Optik und deren Funktionsweise verstanden haben. Später werden die Details dargelegt, die hinsichtlich der Optik für die jeweilige Schießdisziplin relevant sind.

Ein weiteres Verbindungsglied Waffe – Menschen ist der Hinterschaft. Passt er nicht, wird es unnötig schwierig, gut zu wtreffen. Wir werden daher den Aufbau und die Konstruktionsweise eines Schaftes vorstellen und die Grundsätze bei der Schaftwahl erklären.

Die Zieloptik allein bietet die Möglichkeit, einen Schuss präzise anzutragen. Es gibt unzählige Formen von Optiken und zugehörigen Absehen. Die wichtigsten sollen hier vorgestellt werden und dazu einige

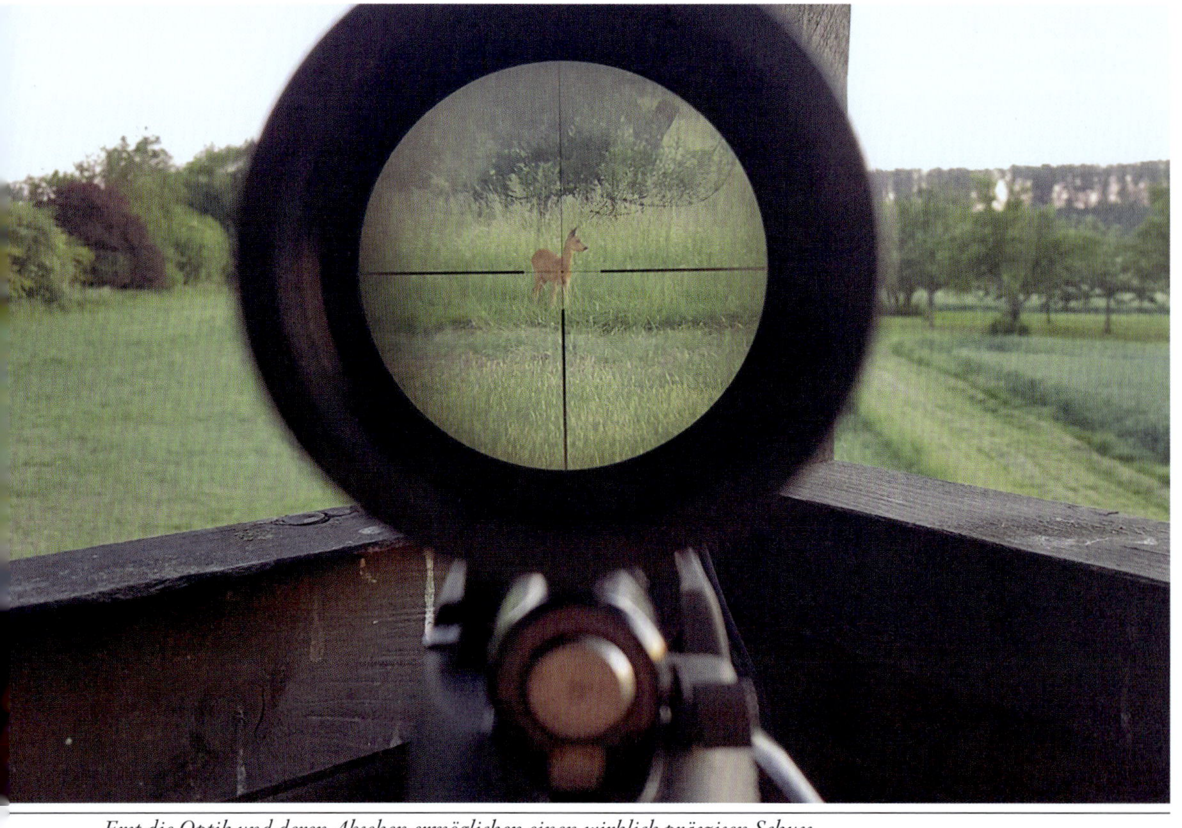

Erst die Optik und deren Absehen ermöglichen einen wirklich präzisen Schuss.

spezielle Drückjagd-Absehen, die Sie so wahrscheinlich noch nicht kennen.
Jede Optik und jedes Absehen hat eine Daseinsberechtigung. Zum besseren Verständnis werden wir zunächst die Entwicklungsgeschichte von Optiken und Absehen im Allgemeinen darstellen. Die Entwicklungen vieler moderner Absehen gehen mit Schießtechniken einher, die wir in den jeweiligen Abschnitten zu den unterschiedlichen Disziplinen erläutern werden.

ABSEHEN

Ein entscheidender Bestandteil der Optik ist das Absehen. Es ist das visuelle Verbindungsglied zwischen Schütze und Optik und damit eben auch der Waffe. Mithilfe des Absehens entscheidet der Schütze, wo er die Kugel platzieren will. Das Absehen hilft ihm, in schwierigen Schusssituationen richtig zu handeln. Die Geschichte der Absehen und moderne Absehenentwicklungen können Ihnen die Entscheidung für eines der zahllosen Varianten an Absehen erleichtern.

WAFFE UND OPTIK IN DER BALANCE

Warum sollte man sich mit der Optik und den dazugehörigen Absehen beschäftigen? Nun, die Optik ist in der Regel das schwächste Glied in der am Schuss beteiligten Glieder, sprich Elemente einer Waffe, und doch sind die Optik und deren Absehen entscheidend für das Gelingen eines Schusses. Mit der Wahl einer schlechten Optik und des falschen Absehens verringern Sie ganz schnell den Nutzwert Ihrer teuren Jagdwaffe und umgekehrt können Sie können durch die Wahl einer guten, richtigen Optik die Nutzentauglichkeit Ihrer Waffe erheblich steigern. So nutzen wir häufig die „alten“ Jagdwaffen der Generationen vor uns, versuchen aber, diese Waffen durch zweckmäßige Optiken aufzuwerten.
Um die Brücke zu guten Optiken und deren richtigem Einsatz zu schlagen, wollen wir die verschiedenen Absehen vorstellen.

HISTORISCHE ENTWICKLUNG

Die Entwicklung von Absehen geht eng mit der Entwicklung von Zielfernrohren einher. Daher möchten wir diese kurz darstellen. Die geschichtlich markanten Punkte gibt das Schaubild unten wieder.
Die ersten Versuche mit optischen Hilfsmitteln, das Zielen mit Waffen zu erleichtern, werden 1750 erwähnt. Damals versuchte man, durch das Anbringen von einfachen optischen Hilfsmitteln wie Brillen oder anderen geschliffenen Gläsern das Zielen zu erleichtern. 140 Jahre später wurden im Jahr 1890 die ersten ernst zu nehmenden Zielfernrohre von der Firma Hecke in Berlin gefertigt. Weitere Hersteller folgten Heckes Vorbild und stellten nun ebenfalls zylindrische Zielfernrohre her. Die Entwicklung von Prismen-Zielfernrohren verlief dagegen im Sande.

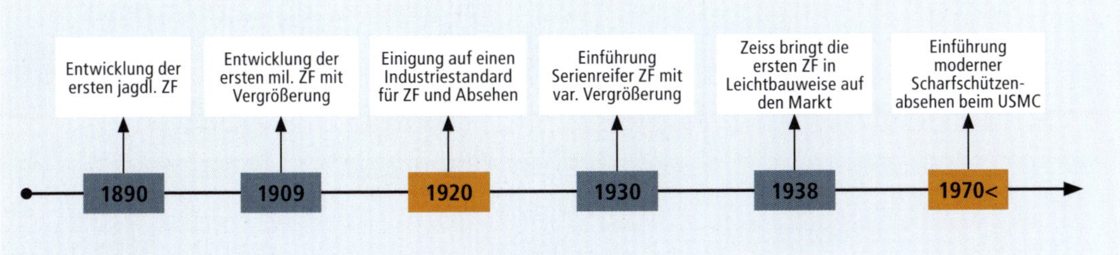

Zeitstrahl der historischen Entwicklung von Zielfernrohren

Kurz vor Beginn des Ersten Weltkrieges kamen die ersten Zielfernrohre mit variabler Vergrößerung auf den Markt. Diese wurden verstärkt für das Militär produziert. Mit den Erfahrungen aus dem „Scharfschützenwesen" des Ersten Weltkrieges entschlossen sich Vertreter der Industrie am 1. Oktober 1920 im Berliner Hotel Continental zu einer Vereinheitlichung im Optikbau. Dabei wurden nachfolgende Standards festgelegt.

Normalmodelle Mindestlänge 26 cm, Mittelrohr 26,5 mm, Okular 38 mm, Objektiv je nach Vergrößerung 30, 35, 46 oder 56 mm.

Zwergmodelle bis 4-fach: Mindestlänge 26 m, Mittelrohr 22 mm, Okular 30/35 mm, Objektiv je nach Vergrößerung 26,5 oder 30 mm.

Absehenverstellschraube Für das in der ersten Bildebene liegende Absehen sollte die Verstellschraube rechtsgängig sein.

Normalabsehen Das damalige Absehen 17 – heute Absehen 1 – definierte man als Normalabsehen, der Abstand zwischen den beiden waagerechten Drähten sollte 70 cm auf 100 m entsprechen.

Augenabstand Der Abstand zwischen Zielfernrohr und Zielauge wurde auf einheitlich 8 cm bestimmt.

Ebenfalls im Jahr 1920 wurden die ersten Versuche mit beleuchteten Absehen unternommen und der Optikhersteller Josef & Jan Fric war einer der ersten Produzenten von Leuchtabsehen weltweit. Ab dem Jahr 1930 kamen die ersten serienreifen Zielfernrohre in die Massenproduktion und eroberten den Markt. 1970 kam es dann zur Einführung moderner MilDot-Absehen beim US Marine Corps und anderen Streitkräften.

OPTIKEN FÜR ANSITZ UND LONG RANGE

ZIVILE ABSEHEN

Das Schema unten ist eine Möglichkeit, die unzähligen Absehen und deren Unterformen zu kategorisieren. Grundsätzlich kann man zwischen zivilen und militärischen Absehen unterscheiden: Beide Gruppen wurden aus unterschiedlichen Beweggründen und zu verschiedenen Zwecken entwickelt. Zivile Absehen sind in der Regel bewusst einfach gehalten, da auch ihr Einsatzzweck meist sehr einfach ist. Ein Jäger und viele Sportschützen schießen auf Entfernungen von bis zu 200 Metern, ausnahmsweise, z. B. im Hochgebirge, vielleicht 300 Metern.

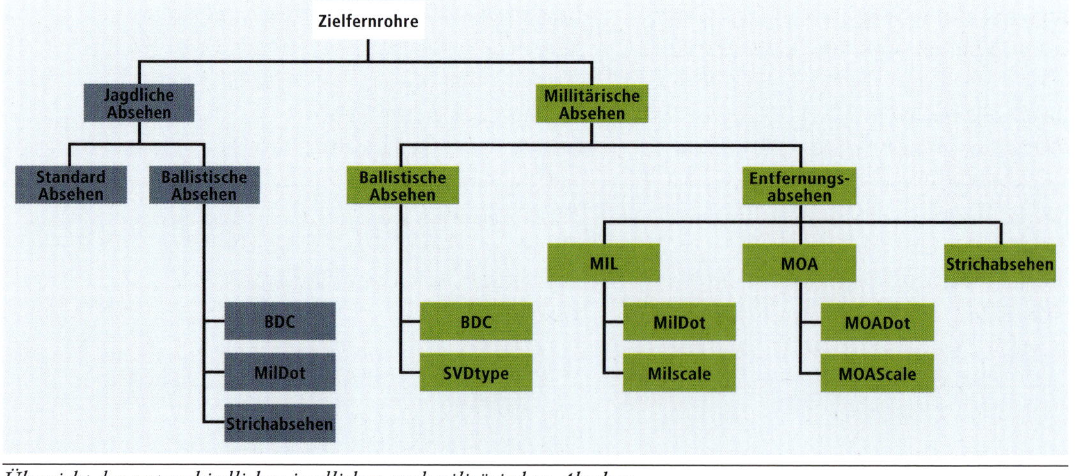

Übersicht der unterschiedlichen jagdlichen und militärischen Absehen

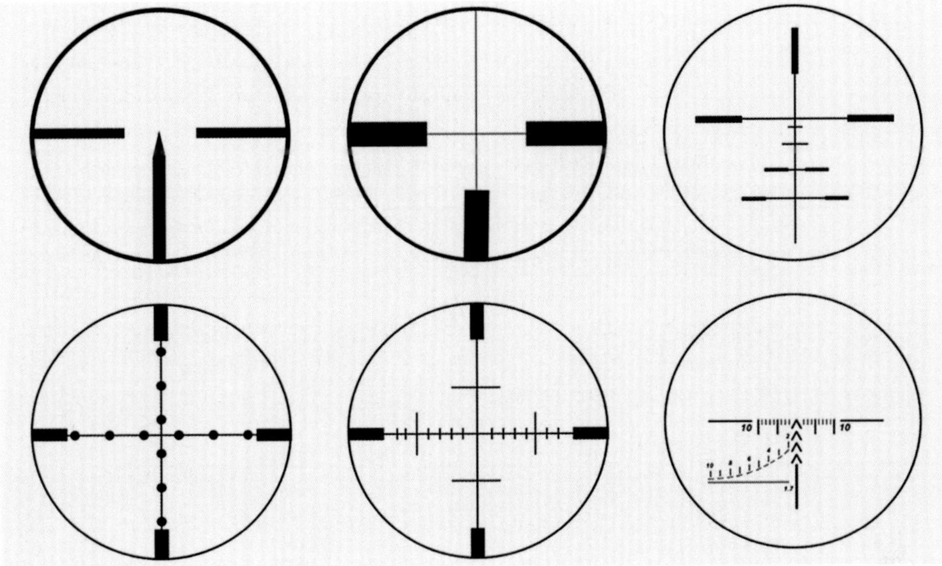

Nur eine kleine Auswahl – die Zahl ziviler (o. l. und o. M.) und militärischer Absehen ist fast unüberschaubar.

Hierfür wird ein einfaches Absehen benötigt, das ein unkompliziertes und sicheres Zielen auf diese mittleren Entfernungen gewährleistet. Die gängigsten Standard-Absehen für die Jagd in deutschen Revieren sind das Absehen 1 und 4.

Seit mehreren Jahren ist auf dem Markt der Sportschützenoptiken und seit Kurzem auch der Jagdoptiken aber auch ein gewisser Trend zu BDC-, Strich- oder Mil-Absehen zu beobachten. So bietet die Firma Horus ein sehr aufwendiges Absehen an, das sehr leistungsfähig, aber auch komplex ist.

TAKTISCHE ABSEHEN

Die andere große Kategorie der Absehen sind die taktischen Absehen für den behördlichen und militärischen Einsatz. Auf diesem Feld steht man vor einer schier unüberschaubaren Vielfalt an Absehen. Grundsätzlich hat man zwei Kategorien:

— Ballistische Absehen und

— Entfernungsabsehen

Die Namen der Kategorien stammen von uns – es gibt natürlich unzählige Möglichkeiten, diese Absehen zu kategorisieren.

Bei ballistischen Absehen sprechen wir von den BDC-Absehen (Ballistic Drop Compensation) und den SVD type-Absehen (z. B. Dragunov-Absehen). Letztere sind primär für Schüsse auf große Distanzen und zum Ausgleich des Windeinflusses konzipiert. Die Entfernungsabsehen wurden konstruiert, um Entfernungen schätzen und auf große Entfernungen wirken zu können. Bei den Absehen zur Entfernungsschätzung unterscheidet man nach MIL-, MOA- und Strichbasierten Absehen und hier nochmal nach Dot- oder Scale-Absehen. „Mil“, „MOA“ bzw. „Strich“ steht hierbei für die der Einstellung des Absehens zugrunde liegenden Maßeinheit (MOA: Minute of Angle, MIL: Milliradiant, Strich: Schweizer Artilleriepromill). Was diese im Einzelnen bedeuten und welche Maßeinheiten bzw. Einteilungen ihnen zugrunde liegen, werden wir später noch eingehender erläutern.

WELCHES ABSEHEN FÜR MICH?

Um diese Frage zu beantworten, müssen Sie sich des Einsatzzwecks Ihres Absehens bewusst werden. Schießen Sie üblicherweise

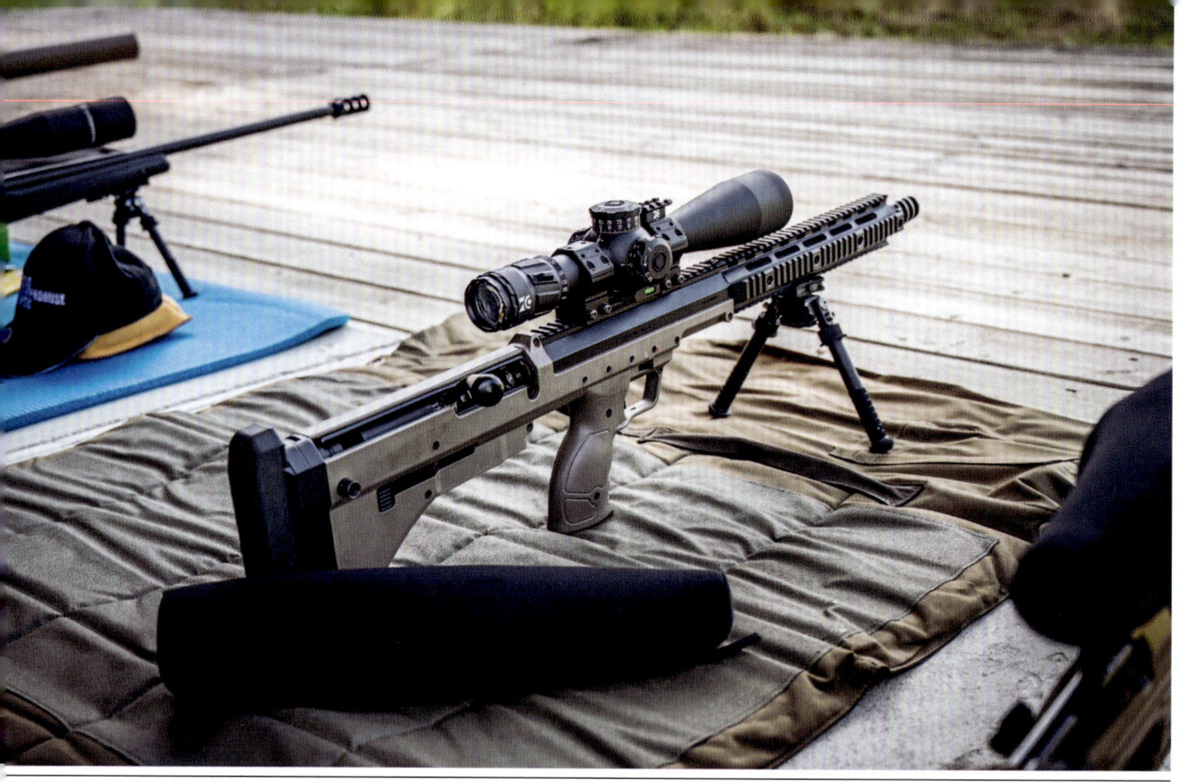

Taktische Absehen werden vor allem von Behörden und dem Militär eingesetzt.

802
zum Film:
Entfernungs-
schätzung
mit Absehen

auf bekannte Distanzen, d. h. nicht weiter als die GEE Ihrer Patrone, lohnt sich die Investition in BDC-, Dot- oder Scale-Absehen in der Regel nicht. Hier sollten Sie sich für ein einfaches Duplex- oder Crosshair-Absehen entscheiden, denn diese reichen vollkommen aus und sind zumeist bei jedem Hersteller zu haben.

Wenn Sie gern sportlich auf Distanzen über 300 Meter schießen möchten, so können Sie über den Kauf eines BDC- oder ähnlichen Absehens nachdenken. Haben Sie ein Revier, in dem Sie häufig gezwungen sind, Entfernungen zu schätzen, kann die Investition in Entfernungsabsehen behilflich sein. Alle Absehen, die es Ihnen ermöglichen, Entfernungen zu schätzen, können Sie zudem für Schüsse auf weite Distanzen einsetzen.

Bei der Wahl eines Entfernungsabsehens spielen mehrere Faktoren eine Rolle. Wir empfehlen, ein möglichst einfaches Mil-Absehen zu verwenden, das in der ersten Bildebene liegt. Das Maß Milliradiant lässt sich einfach auf das uns gebräuchliche metrische System anwenden und dank der Lage des Absehens in der ersten Bildebene müssen Sie bei einem Vergrößerungswechsel die Abmessungen des Absehens nicht jedes Mal neu berechnen.

BEISPIEL HORUS-ENTFERNUNGS-ABSEHEN

In einem Video haben wir verschiedene Absehen beschrieben und zeigen, wie man mit diesen Absehen arbeitet. Zudem wird in dem Video gezeigt, wie man mithilfe eines Entfernungsabsehens Entfernungen schätzen, Vorhalte berechnen sowie auf höhere Distanzen schießen kann und welche Anwendungen diese Absehen in der Praxis haben. Um einen kleinen Vorgeschmack zu geben und ein gewisses Verständnis für die Entfernungsabsehen zu wecken, seien hier kurz die Grundzüge des Horus Tremor 3-Absehens dargestellt.

Wie erwähnt, gibt es auf dem Markt eine Vielzahl unterschiedlicher Entfernungsabsehen. Unter ihnen erfreut sich die Tremor-Absehen-Serie der Firma Horus zunehmender Beliebtheit. Horus stellt Absehen her, die überwiegend auf dem System des Milli-

radiant aufgebaut sind. Sie sollen dem Schützen Vorhaltemarken bieten, die ihm zu einem schnellen Schuss verhelfen sollen, ohne die Absehenschnellverstellung nutzen zu müssen. Unten ist das Tremor 3-Absehen bildlich dargestellt. Es besteht aus vielen kleinen Strichen und Zahlen. Um nicht zu weit ausholen zu müssen, merken Sie sich, dass der Abstand zwischen zwei langen Strichen einem Mil und der Abstand zwischen zwei kurzen Strichen 0,2 Mil gleichkommt (0,1 Mil entspricht 1 cm auf 100 m und 0,1 Mil entsprechen 3 cm auf 300 m).
Um zu zeigen, wie man mit dem Absehen vorhalten kann, nehmen wir ein fiktives Beispiel einer Waffen-Munition-Kombination. Die Beispielwaffe wurde auf 100 m Fleck angeschossen und das Geschoss fällt auf 300 m um 30 cm. Nun möchten wir das Vorhaltemaß errechnen, um auf ein sich mit 20 km/h quer zur Geschossflugbahn bewegendes Ziel in 300 m Entfernung zu schießen:
20 km/h = 5,6 m/s
=> das Geschoss fliegt auf einer Strecke von 300 m 0,39 s,
=> das Ziel legt in diesen 0,39 s eine Strecke von 5,6 m/s × 0,39 s = 2,184 m zurück.

Daraus lässt sich für die Entfernung von 300 m das Vorhaltemaß wie folgt errechnen:

$$\frac{218\,\text{cm}}{30\,\text{cm}} = 7{,}3 \text{ Mil Vorhalt}$$

Wie lässt sich das Rechenbeispiel auf das Absehen übertragen? Um den Geschossabfall von 30 cm zu kompensieren, muss 30 cm höher angehalten werden. 30 cm entsprechen auf 300 m 1 Mil, d. h. der Haltepunkt wird um einen Mil nach oben verlegt (erster Pfeil). Vorgehalten wird wie berechnet 2,18 m also 7,3 Mil (zweiter Pfeil bei einem sich von rechts nach links bewegen Ziel).
Dieses zugegeben sehr konstruierte und jagdlich weniger relevante Beispiel soll die Anwendungsmöglichkeit eines Entfernungsabsehens verdeutlichen. Natürlich hat das Horus-Absehen noch deutlich mehr Funktionen.
Welches Entfernungsabsehen man verwenden möchten, ist eher eine philosophische Frage und kann nicht generell beantwortet werden. Wir empfehlen jedenfalls, vor dem Kauf einige Absehen anzuschauen und dann erst einmal zu entscheiden, ob so ein Absehen tatsächlich benötigt wird.

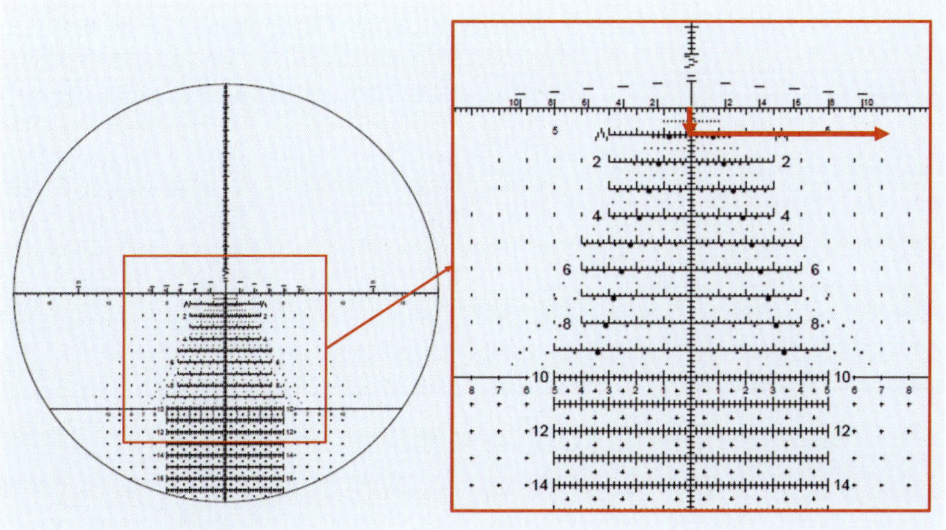

Absehen „Tremor 3" von Horus

☞ DRÜCKJAGDOPTIKEN IM VERGLEICH

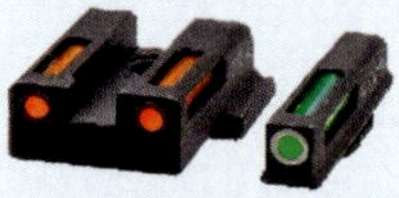

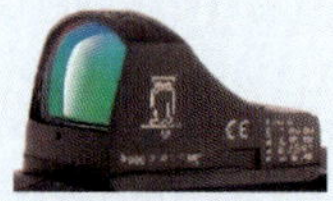

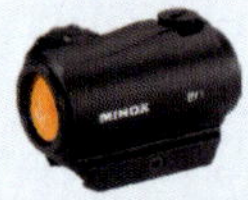

BEZEICHNUNG	OFFENES VISIER	ROTPUNKTVISIER LEICHTE BAUWEISE	ROTPUNKTVISIER RÖHRENBAUWEISE
Peripheres Sehen	+++	+++	+++
Zielerfassung	+++	+++	+++
Trainingsaufwand	hoch	mittel	mittel
Leuchtkraft Absehen	++	+++	+++
Parallaxenfreiheit	ja	ja	ja
Robustheit	sehr robust	weniger robust	hält jagdl. Belastungen stand
Anzahl Bildebenen	3	2	2
Batteriebetrieben, erforderlich?	nein	ja	ja
Vergrößerung	keine	keine	keine
Sehhilfe benötigt?	ja	ja	ja
Für alle Waffen?	ja	ja	nein
Witterungsbeständig?	+++	+	+
Versch. Absehen?	nein	nein	nein
Augenabstand var.?			
Andere Jagdarten?	stark eingeschränkt	eingeschränkt	eingeschränkt
Schussentfernung	40 m	50 m	50 m

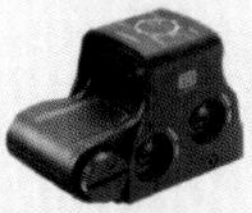
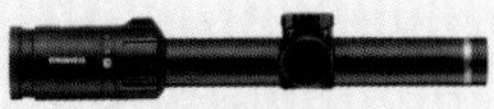
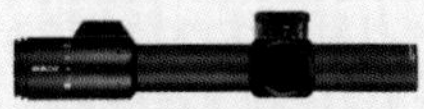

BEZEICHNUNG	HOLOSIGHT	DRÜCKJAGD-ZIELFERNROHR	DRÜCKJAGDZIEL-FERNROHR KOMBI-NIERTE OPTIK
Peripheres Sehen	+++	++	+
Zielerfassung	+++	++	++
Trainingsaufwand	mittel	mittel	mittel
Leuchtkraftabsehen	+++	+++	+++
Parallaxenfreiheit	ja	nur auf eine Entf. (i. d. R. 100 m)	nur auf eine Entf. (i. d. R. 100 m)
Robustheit	hält jagdl. Belastungen stand	robust	robust
Anzahl Bildebenen	2	2	2
Batteriebetrieben, erforderlich?	ja	nur bei aktiviertem Leuchtabs.	nur bei aktiviertem Leuchtabs.
Vergrößerung	keine	i. d. R. 1–5-fach	i. d. R. 1–8-fach
Sehhilfe benötigt?	ja	nein	nein
Für alle Waffen?	nein	nein	nein
Witterungsbeständig?	+	++	++
Versch. Absehen?	ja	ja	ja
Augenabstand var.?		nein	nein
Andere Jagdarten?	eingeschränkt		
Schussentfernung	50 m	100 m	100 m

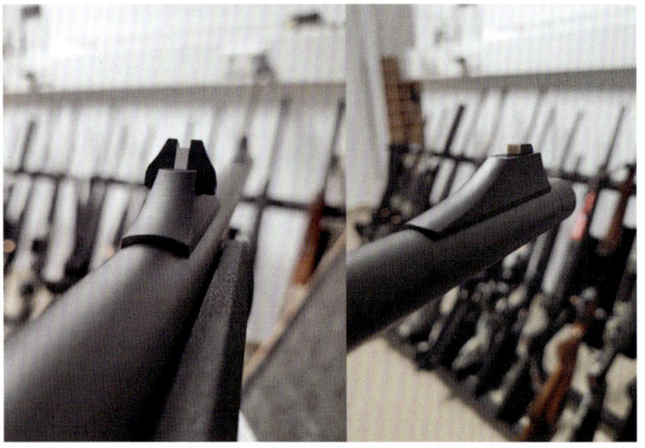

Kimme und Korn zählen zu den offenen Visierungen. Diese sind sehr robust, jedoch anfällig für Zielfehler.

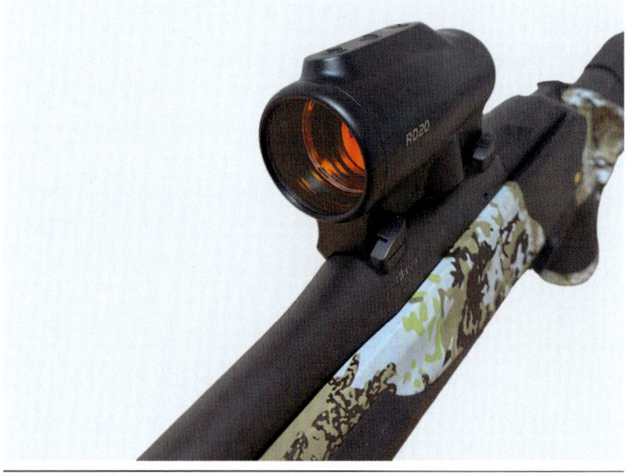

Rotpunktvisiere haben ein sehr gut zu erkennendes Absehen. Sie brauchen aber (noch halbwegs gefüllte!) Batterien.

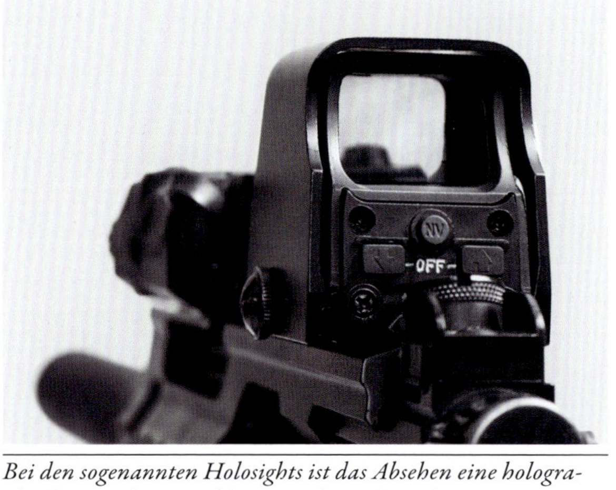

Bei den sogenannten Holosights ist das Absehen eine holographische Projektion und kein Leuchtpunkt auf einer Linse.

DRÜCKJAGD-OPTIK

Das hier aufgeführte Beispiel „Tremor 3" und die im Film gezeigten Varianten beziehen sich auf herkömmliche Absehen, wie sie im Long Range Shooting oder für den Ansitz benutzt werden können. Es gibt jedoch auch Absehen, die speziell für die Drückjagd entwickelt wurden. Diese Absehen beruhen auf dem gleichen Prinzip wie die Entfernungsabsehen, haben aber ein deutlich verändertes Design. Schauen wir uns zunächst verschiedene Bauformen von Optiken für die Drückjagd an und anschließend zwei Varianten von Absehen, die speziell für die Drückjagd entwickelt wurden.
Es gibt unterschiedliche Arten von Optiken für die Drückjagd. Sie unterscheiden sich in der Bauweise sowie in der technischen Umsetzung des Absehens und der Vergrößerungsbereiche. In der Tabelle auf Seite 42 und 43 haben wir alle Optiken zusammengestellt und deren Vorteile beurteilt. Die Übersicht soll eine Entscheidungshilfe bieten und die Verwendungsmöglichkeiten der unterschiedlichen Optiken verdeutlichen.

TYPEN

Grundsätzlich stehen folgende Optiken bzw. Visierungen für die Drückjagd zur Auswahl:
— Offene Visiere,
— Rotpunktvisiere in offener Bauweise,
— Rotpunktvisiere in Röhrenbauweise,
— Holosights,
— Drückjagdzielfernrohre

Offene Visierung Unter diesem Begriff werden alle Optiken/Visierungen zusammengefasst, die nicht über ein Gehäuse verfügen.
Rotpunktvisiere Hierunter verstehen wir alle Optiken, die mittels einer Diode einen roten Zielpunkt in das Sehfeld des Schützen projizieren.
Holosights Diese Optiken projizieren ebenfalls einen Rotpunkt, bei diesen Absehen handelt es sich aber um Hologramme.

Drückjagdzielfernrohre „Klassische“ Drückjagdzielfernrohre sind Optiken mit meist variabler Vergrößerung, im englischen Sprachraum sind sie auch als LPVO (Low Power Variable Optic) bekannt.

DRÜCKJAGD-SPEZIALABSEHEN

Man mag es kaum glauben, aber es gibt viele speziell für die Drückjagd konzipierte Absehen. Nachfolgend gehen wir auf die modernsten Entwicklungen ein und erläutern, welche Absehen man zur Auswahl hat.

Angefangen hat alles mit dem Absehen 1 und seinen Varianten 4 sowie 8. Diese Absehen sind so dimensioniert, dass der Abstand vom dickeren äußeren Balken zum Zielstachel bzw. der Absehenmitte dem Vorhaltemaß der 7 mm-Kaliber-Familie (Ausnahme Magnum-Kaliber) auf ein sich mit einer Geschwindigkeit von 3 m/s quer bewegendes Ziel entspricht.

Der Vorteil eines so gestalteten Absehens ist, dass man nur mit dem dicken Balken im Leben des Stücks anhalten muss und unabhängig von der Entfernung des Schützen zum Ziel immer den richtigen Vorhalt hat – wenn sich das Absehen in der ersten Bildebene befindet! Christian Volquardts, Autor des Buchs „Ballistik für den Jagdgebrauch“ und auch Michael, einer der beiden Verfasser dieses Buchs, haben sich diese Technik zunutze gemacht und eigene Absehen für die Drückjagd entwickelt.

Volquardts Absehen nennen sich „Dreipunktvisier CVI für Zielfernrohre“ und „Dreipunktvisier für offene Visierungen“. Beide Absehen respektive Visierungen arbeiten nach dem gleichen Prinzip, ihre Vorhaltemarken sind für die Geschwindigkeit „hoch flüchtig“ berechnet. Möchte man damit ein eben hoch flüchtiges Stück beschießen, muss man mit der äußeren Haltemarke anhalten, mitschwingen und abkrümmen. Volquardts Visierungen sind auf seine „Dreipunkt-Schießtechnik“ optimiert – eine Variante der Maintained-Lead-Schießtech-

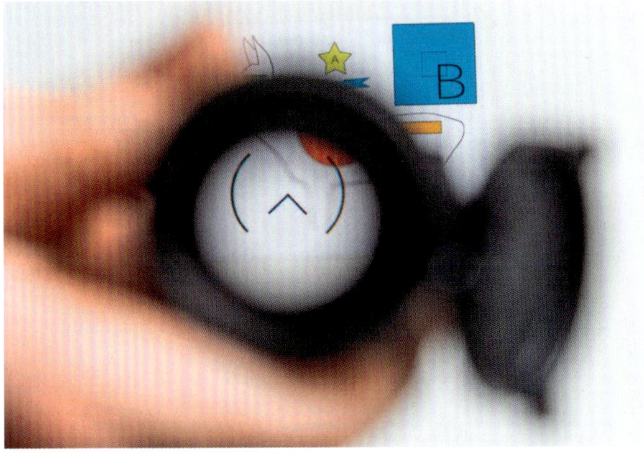

Absehen für die Dreipunkt-Schießtechnik nach Christian Volquardts

nik, einer Schwingtechnik. Diese Schwingtechniken und weitere werden wir im Abschnitt „Schwingtechniken“ (S. 99 ff.) näher erläutern. Zu dem von Michael konzipierten Absehen kommen wir ebenfalls später (s. S. 94 f.).

Bevor es zu der Entwicklung spezieller Absehen mit Vorhaltemarken kam, wurde das Absehen 2 entwickelt. Dieses Absehen ist ebenfalls eine Variante des Absehens 1, allerdings fehlen alle Vorhaltemarken. Anstelle ihrer hat man einen horizontalen Balken zur Überprüfung der Verkantung und für das horizontale Mitschwingen in das Absehen eingebaut.

ROTPUNKTABSEHEN

In Rotpunktoptiken sind üblicherweise sogenannte Rotpunktabsehen verbaut. Dabei handelt es sich um kreisrunde Leuchtpunkte, die über eine Diode auf eine beschichteten Scheibe projiziert werden und so das Zielen ermöglichen.

Diese Rotpunkte haben meist einen Durchmesser von zwei MOA. Zwei MOA decken auf 100 m eine Fläche von 5,8 cm ab. Deswegen sollten die Rotpunkte nicht größer als zwei MOA sein. Gelegentlich findet man Rotpunktvisiere mit vier MOA Deckmaß. Dies sind meist für Kurzwaffen konzipierte Rotpunktvisiere.

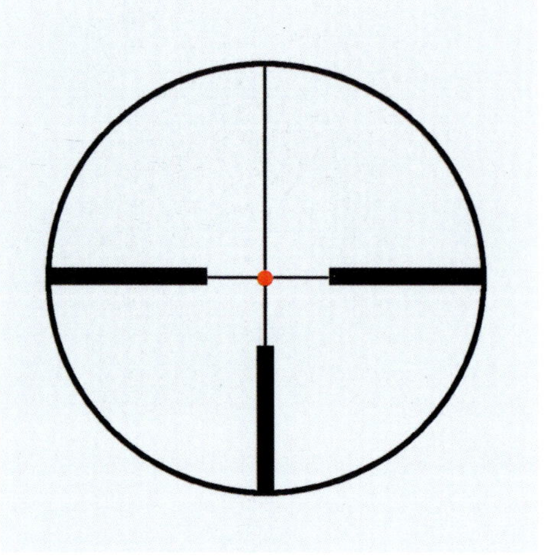

Rotpunkt- oder Leuchtabsehen

AUFBAU EINES ZIELFERNROHRS

Jetzt wollen wir uns einmal die allgemein gebräuchliche Optik für den Jäger anschauen. Das Zielfernrohr, auch Jagdoptik genannt, macht den präzisen Schuss überhaupt erst möglich. Deshalb sollte der Jäger viel Wert auf dessen Qualität legen. Eine präzise Optik kann sogar Präzisionsschwächen der Waffe wieder ausgleichen.

KÖRPER, LINSEN, UMKEHRSYSTEM UND ABSEHEN

Die Abbildung unten zeigt den grundsätzlichen Aufbau und den üblichen Strahlengang eines Zielfernrohrs. Sie ist eine vereinfachte Darstellung einer modernen Jagdoptik, bestehend aus einem Zielfernrohrkörper, einer großen Zahl von Linsen und einer schwenkbaren Röhre mit dem Umkehrsystem. Anders als in der Abbildung sind tatsächlich deutlich mehr Linsen in einem Zielfernrohr verbaut, um den Zielfernrohrkörper so kurz wie möglich zu halten. Das in der Abbildung rechte, dem Ziel zugewandte Ende des Zielfernrohrs ist das Objektiv und das linke, dem Auge zugewandte Ende das Okular. Verfolgen wir nun den Gang der Lichtstrahlen des Bildes auf die Netzhaut: Er geht durch die Objektivebene und wird in das Umkehrsystem geleitet. Dieses System ist dafür zuständig, das auf dem Kopf stehende Bild aus der Objektivebene wieder umzukehren und so für den Betrachter geeignet aufzubereiten. Bei modernen Gläsern ist das Umkehrsystem in einer schwenkbaren Röhre gelagert, deren Lage über die Justiertürme des Zielfernrohrs verändert werden kann. Nachdem die Lichtstrahlen das Umkehrsystem verlassen haben, treffen sie auf die Okularlinse. Die Okularlinse ist eine Lupe und sorgt dafür, dass der Betrachter das Bild vergrößert anblicken kann. Bei den meisten zivilen Optiken befindet sich das Absehen in der zweiten Bildebene, sprich der Okularbildebene. Immer mehr Premiumhersteller gehen aber dazu über, das Absehen in die erste Bildebene zu bauen.

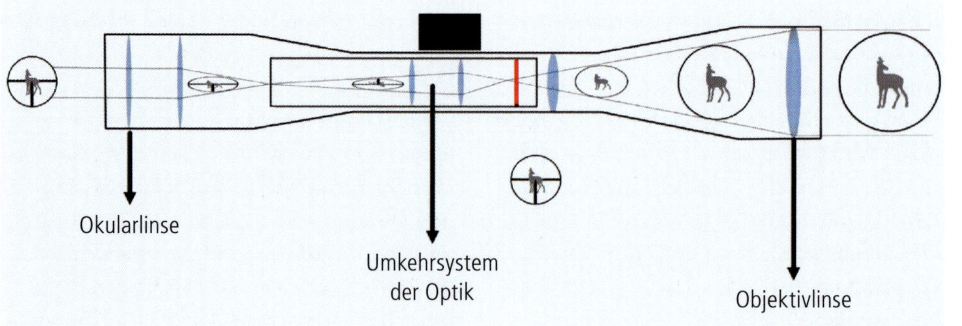

Zielfernrohr im Querschnitt

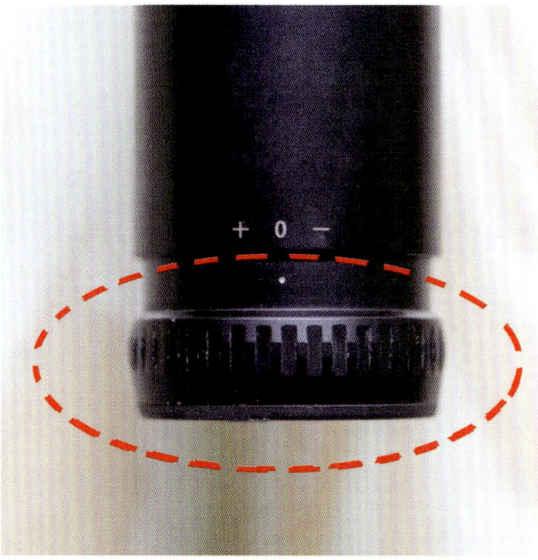

Der Dioptrienausgleich befindet sich am Okular.

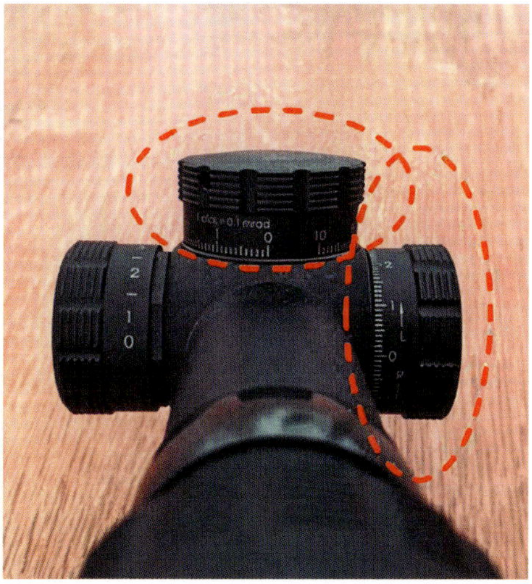

Verstelltürme für die Höhen- und Seitenverstellung

BRENNWEITENEINSTELLUNG

Der Dioptrienausgleich oder besser gesagt die Brennweiteneinstellung der Okularlinse befindet sich bei den meisten Zielfernrohren am Okularkorpus und ist durch die Zeichen „+" und „–" gekennzeichnet. Die Okularverstellung ist dafür zuständig, die Brennweite der Okularlinse auf das eigene Auge einzustellen. Hierzu nehmen Sie am besten Ihr Zielfernrohr und richten es gegen den Horizont. Dann drehen Sie den Dioptrienausgleich so lange, bis Sie das Absehen scharf sehen können.

ABSEHENSCHNELLVERSTELLUNG ODER HÖHEN- UND SEITENTRIEB

Der Begriff Absehenschnellverstellung (ASV) ist ein Kunstbegriff der Industrie. Gemeint ist die Verstelleinheit eines Zielfernrohrs, die meist in Form von Türmen (Abb. r. u.) mit Eichmarken auf der Höhe des Umkehrsystems angebracht sind. Profan ausgedrückt sind die Verstelleinheiten für das Absehen einfache Justierschrauben, die das zuvor beschriebene Umkehrsystem bzw. die Röhre, in der das Absehen gelagert ist, in der Position verschieben und somit dessen Lage verändern. Auf diese Weise kann man die Schusslage korrigieren bzw. die Optik auf das zu beschießende Ziel ausrichten. Diese Justierschrauben haben eine natürliche bauliche Grenze, sie wird Verstellbereich genannt. Normalerweise wird der Verstellbereich in Winkelminuten angegeben. Für eine einfache Jagdoptik sollte der Verstellbereich 40 MOA betragen. Für Long-Range- oder Scharfschützenzielfernrohre bzw. sehr langsame Geschosse wird ein deutlich größerer Verstellbereich benötigt. Hier sollte er bei 80 MOA liegen.

PARALLAXENAUSGLEICH

Unter dem sogenannten Parallaxenfehler versteht man eine Abweichung der Augenlinie von der Visierlinie (s. Kasten S. 48). Diesen Fehler können Sie durch das Justieren über den Parallaxenausgleich an modernen Zielfernrohren ausmerzen. Er befindet sich oft an deren linken Seite (Abb. 48 u.). Die meisten Justierschrauben für diesen Ausgleich sind mit Eichmarken für unterschiedliche der Schussdistanzen versehen. Diese Marken müssen nicht zwangsläufig mit der Realität übereinstimmen bzw. schießt man ja eher selten auf runde Entfernungen wie 100 m, sondern natürlich auch auf Zwischendistanzen. Ob Sie den Parallaxenfehler richtig korrigiert haben, können Sie kontrollieren, indem Sie Ihr Auge in der

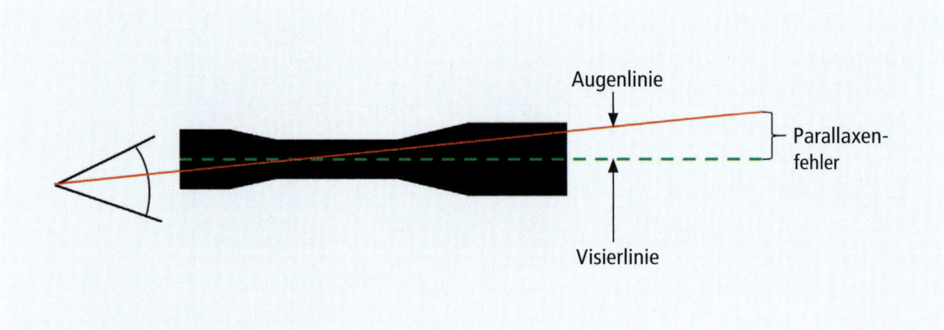

Parallaxenfehler: Augen- und Visierlinie weichen voneinander ab.

DER PARALLAXENFEHLER

Den Parallaxenfehler kann man sich auch anhand einer Skalenparallaxe vor Augen führen. Stellen Sie sich vor, Sie sitzen auf dem Beifahrersitz eines Autos. Der Fahrer sieht von seiner Position die Nadel der Geschwindigkeitsanzeige bei 100 km/h stehen. Für Sie als Beifahrer zeigt die Nadel allerdings auf 95 km/h. Die optische Verschiebung infolge unterschiedlicher Sitzpositionen beider Fahrzeuginsassen ist der Grund dafür. Ähnlich verhält es sich mit der Verschiebung der Augenlinien gegenüber der Visierlinie.

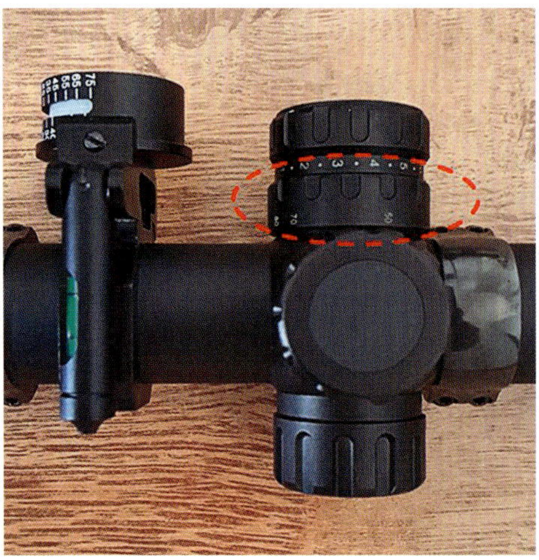

Parallaxenfehler kann bei modernen Zielfernrohren über den Parallaxenausgleich korrigiert werden.

Lage gegenüber dem Zielfernrohr verändern. Verschiebt sich das Absehen nicht auf dem Ziel, passt die Korrektur.

PARALLAXENAUSGLEICH OHNE PARALLAXENAUSGLEICH

Wer keinen Parallaxenausgleich an seinem Zielfernrohr besitzt, ist nicht verloren – der Parallaxenfehler ist auf den jagdüblichen Distanzen so gering, dass er in der Schützenstreuung untergeht. In der Regel sind Jagdoptiken konstruktionsbedingt auf 100 m parallaxenfrei.
Zudem lässt sich ein Parallaxenfehler durch einen 100%ig korrekten Anschlag, bei dem das Auge in einer Linie mit der Visierlinie befindet, ausschließen. Sie können dies kontrollieren, indem Sie Ihren Kopf im Anschlag nach vorn bzw. hinten bewegen. Der in der Optik entstehende schwarze Schatten sollte kreisrund sein und nicht, wie im linken Teil der Abbildung Seite 49, einseitig am Rahmen des Okular erscheinen. Haben Sie eine Position gefunden, in der der schwarze Schatten kreisrund ist, schieben Sie Ihren Kopf wieder so vor, dass der Schatten jetzt vollständig verschwindet. Merken Sie sich diese Position und versuchen Sie, sie bei jedem Anschlag wieder einzunehmen.

VERGRÖSSERUNGSEINSTELLUNG

Oft wird uns die Frage nach der richtigen Vergrößerungswahl gestellt, doch darauf

gibt es gibt leider keine pauschale Antwort. Bevor wir über die richtige Vergrößerung sprechen, sollte verstanden sein, worum es sich dabei überhaupt handelt.
Letztlich ist die Vergrößerung das Verhältnis des Sehwinkels mit Optik zum Sehwinkel ohne Optik, also:

$$\text{Vergrößerung} = \frac{\text{Sehwinkel mit Optik}}{\text{Sehwinkel ohne Optik}}$$

Der Sehwinkel wiederum ist das Verhältnis der Größe des anvisierten Objekts zur Distanz des anvisierten Objekts:

$$\text{Sehwinkel} = \frac{\text{Größe des anvisierten Objekts}}{\text{Distanz des anvisierten Objekts}}$$

Praktisch bedeutet das: Einen Bock von 70 cm Breite sieht man auf 100 m Entfernung bei 4-facher Vergrößerung so, als stünde er nur 25 m entfernt bzw. als wäre er 2,80 m breit.
Die zweite Formel lässt sich zu der sogenannte Spektivformel umwandeln, mit der berechnet werden kann, welche Vergrößerung nötig ist, um einen Gegenstand in einer gegebenen Entfernung zu sehen. Die Spektivformel lautet:

$$\text{Minimal notwendige Vergrößerung} = \frac{\text{Distanz des Objekts [m]}}{\text{Größe des Objekts [mm]}} \times 0{,}29$$

Eine hohe Vergrößerung bietet einige Vorteile:
— Die Dämmerungszahl erhöht sich,
— genaues Ansprechen ist auch auf hohe Distanzen möglich und
— man kann genauer schießen.
Die Nachteile dürfen aber nicht vergessen werden:
— Eine hohe Vergrößerung engt das Sehfeld ein und
— macht die Optik deutlich empfindlicher gegenüber Hitzeschlieren infolge aufsteigender heißer Luft.
Unter Berücksichtigung all dieser Faktoren gilt es nun, die für Sie geeignete Optik herauszufiltern.

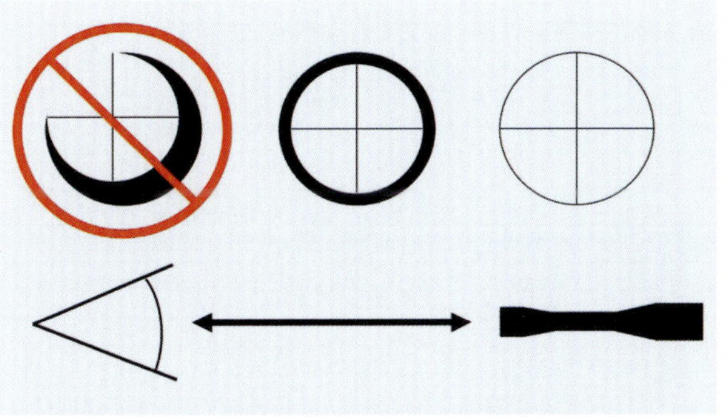

Der Parallaxenausgleich des „kleinen Mannes“ – ohne Verstellmöglichkeiten

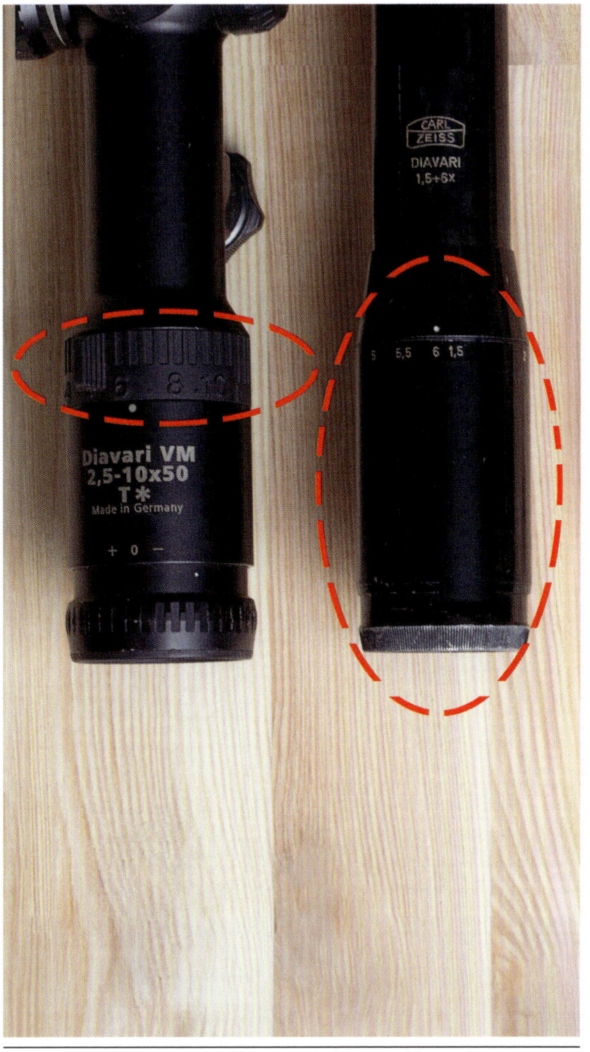

Die Vergrößerungseinstellung variabler Zielfernrohre sitzt hinter dem Dioptrienausgleich – heute (l.) wie früher.

OPTIKEN UND KENNZAHLEN

In den Produktheften der Hersteller kursieren viele Kennzahlen, doch nur die wenigsten wissen, was sie eigentlich bedeuten. Schauen wir uns diese Größen im Folgenden einmal an.

DÄMMERUNGSZAHL

Beginnen wir mit der Dämmerungszahl. Infolge der Vergrößerung ergibt sich eine gewisse Aufhellung des Bildes gegenüber dem bloßen Auge. Die Dämmerungszahl ist die Wurzel aus Vergrößerung multipliziert mit dem Objektivdurchmesser:

$$\text{Dämmerungszahl} = \sqrt{\text{Vergrößerung} \times \text{Objektivdurchmesser}}$$

Die beiden Angaben finden Sie auf dem Körper Ihres Zielfernrohrs. Allgemein gilt: Ab einer Dämmerungszahl von 20 spricht man von Nachtoptiken. Über die Dämmerungszahl lassen sich aber nur schwer Rückschlüsse auf die Nachttauglichkeit ziehen. Natürlich kann man die Dämmerungszahl durch große Objektivdurchmesser hervorrufen, allerdings erkauft man sich auf diese Weise den Wert auf Kosten der Randschärfe des Glases.

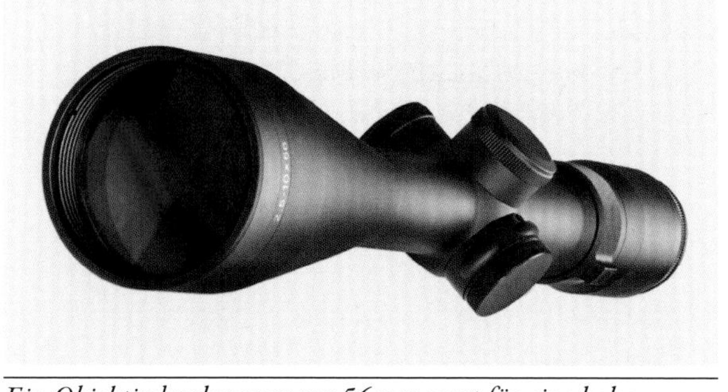

Ein Objektivdurchmesser von 56 mm sorgt für eine hohe Dämmerungszahl.

TIPP
Die Dämmerungszahl allein verrät wenig über die Nachtsichttauglichkeit eines Zielfernrohrs. Entscheidenden Einfluss darauf hat auch die Qualität der Linsenvergütung. Qualitativ hochwertige Vergütungen gewährleisten eine hohe Lichtdurchlässigkeit und damit eben gute Sicht bei nachlassendem Licht.

AUSTRITTSPUPILLE

Eine weitere häufig verwendete Kennzahl ist die Größe der Austrittspupille. Die Austrittspupille ist der Durchmesser des Lichtbündels, welches das Okular verlässt und in das Auge eintritt. Im Idealfall ist die Austrittspupille genauso groß wie die Pupille des Schützenauges. Die übliche Augenpupillengröße liegt bei 1,2 mm am Tag und 7 mm in der Nacht; ist der Unterschied zwischen Austrittspupille und Augenpupille zu groß, wird nicht das komplette Potenzial des Auges genutzt. Die Austrittspupille errechnet sich aus Objektivdurchmesser in mm geteilt durch die Vergrößerung.

$$\text{Austrittspupille} = \frac{\text{Objektivdurchmesser}}{\text{Vergrößerung}}$$

SEHFELD

Das Sehfeld ist ein Maß für den Bildausschnitt, der bei gegebener Vergrößerung zu sehen ist. Meisten geben die Hersteller das Sehfeld auf 100 m an. Das Sehfeld errechnet sich folgendermaßen: (0,6–1,7) mal Austrittspupille mal Distanz:

$$\text{Sehfeld} = 0{,}6 \text{ bis } 1{,}7 \times \text{Austrittspupille} \times \text{Distanz}$$

LAGE DES ABSEHENS

De Frage Absehen in der ersten oder zweiten Bildebene wird immer wieder heiß diskutiert. Was sind denn da die Unterschiede? Betrachten wir Thema hinsichtlich der Konstruktion von Zielfernrohren und klären dann anhand der wichtigen Kriterien, ob man ein Zielfernrohr mit dem Absehen in der ersten oder zweiten Bildebene kaufen sollte.

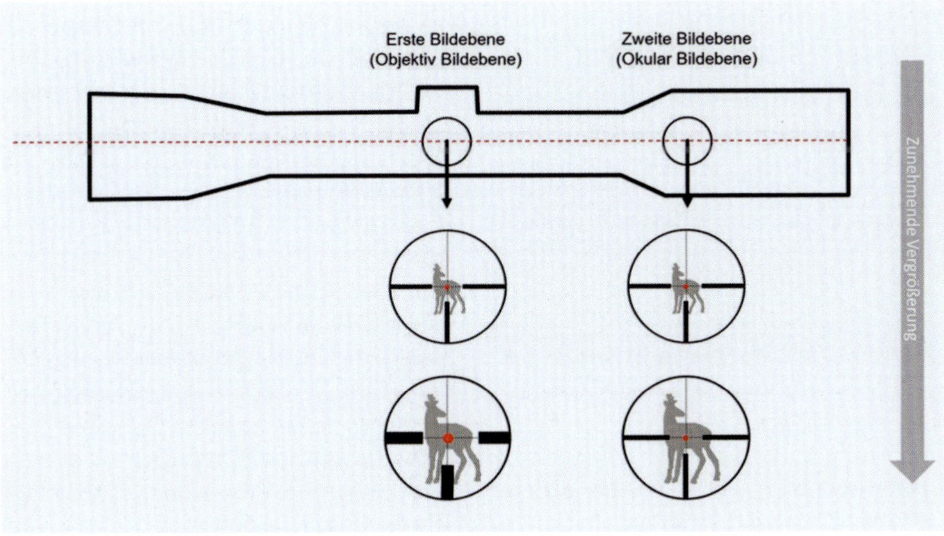

Absehen in der ersten und zweiten Bildebene bei Vergrößerungswechsel

BAULICHE UNTERSCHIEDE

Was bedeutet also Absehenlage in der ersten oder zweiten Bildebene? Bei Zielfernrohren unterscheidet man zwischen der europäischen und amerikanischen Bauart. Zielfernrohre europäischer Bauart haben das Absehen überwiegend in der ersten Bildebene, der Objektivbildebene. Zielfernrohre amerikanischer Bauart werden überwiegend mit einem Absehen in der zweiten Bildebene, der Okularbildebene, gefertigt. Dieser vermeintlich nur kleine Unterschied hat tatsächlich große Auswirkungen auf den Verwendungszweck, die Produktion und die Qualitätsanforderungen des Zielfernrohrs.

Absehen in der ersten Bildebene Hier befindet sich der Absehendraht oder die Linse, auf die das Absehen geätzt wurde, vor dem Umkehrsystem des Zielfernrohrs. Die meisten Umkehrsysteme haben einen Abbildungsmaßstab größer/gleich eins, sodass das Bild eines Objektes aus der ersten Bildebene vergrößert in die zweite Bildebene projiziert wird. Gleichzeitig wird auch das Absehen aus der ersten Bildebene entsprechend vergrößert in die zweite Bildebene übertragen.

Absehen in der zweiten Bildebene Bei einem Absehen in der zweiten Bildebene befindet sich die geätzte Linse hinter dem Umkehrsystem. Hier wird also nur das Bild vergrößert in die zweite Bildebene projiziert, das Absehen selbst aber verändert sich nicht, wird also nicht mitvergrößert.

PRAXISRELEVANZ

Grundsätzlich ergeben sich daraus zwei in der Praxis offensichtliche Unterschiede für den Verbraucher zwischen beiden Bauarten. Liegt das Absehen in der ersten Bildebene

- — wird es leicht vergrößert, erscheint also nicht so fein wie ein Absehen in der zweiten Bildebene und verdeckt vielleicht teilweise das Ziel;
- — haben Produktionsmängel, wie z. B. Staubeinschlüsse in der ersten Bildebene, gravierendere Auswirkungen auf das Bild der Optik. Qualitätsmängel sind schnell erkennbar.

Durch moderne Fertigungsverfahren kann man diese Fehler jedoch ausgleichen. Heute ist es möglich, Absehen in der ersten Bildebene zu produzieren, die genauso fein sind wie Absehen in der zweiten Bildebene, und dank moderner Produktionsbedingungen sind Staubeinschlüsse in der Optik nahezu ausgeschlossen.

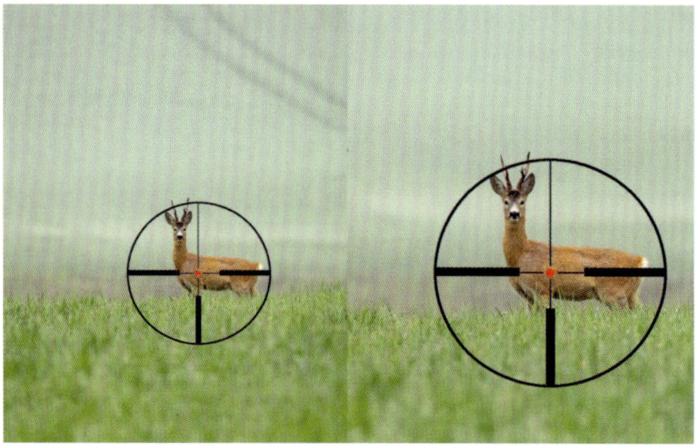

Liegt das Absehen in der ersten Bildebene, kann dessen Mitvergrößerung fallweise nachteilig sein.

VARIABLE MIT ABSEHEN IN DER ZWEITEN BILDEBENE

Auch bei Zielfernrohren mit variabler Vergrößerung, deren Absehen sich in der zweiten Bildebene befindet, muss man zwei wichtige Qualitätskriterien beachten:

1. Durch den Mechanismus des Vergrößerungswechsels der Optik kommt es zu einer Verlagerung des Visierpunktes, wenn das Absehen in der zweiten Bildebene nicht 100%ig zentriert wurde. Bei günstigen Militäroptiken haben wir die Erfahrung gemacht, dass so Abweichungen von bis zu 10 cm auf 100 m entstehen können.
2. Bei einer nachlässig ausgeführten Zentrierung des Absehens in der zweiten Bildebene kann es zu einer Veränderung der parallaxenfreien Beobachtungsstrecke kommen.

Zu diesen beiden Fehlern kann es bei Zielfernrohren mit dem Absehen in der ersten Bildebene nicht kommen. Zielfernrohre mit dem Absehen in der zweiten Bildebene sollten deshalb nur von Markenherstellern erworben und nicht auf günstige Produkte zurückgegriffen werden. Bei Markengläsern sind durch moderne Produktionsverfahren und moderne Montagen diese Fehler nahezu ausgeschlossen.

Die genannten Nachteile von Absehen in der zweiten Bildebene lassen sich auch durch eine entsprechende Optik mit Parallaxenausgleich und Absehenschnellverstellung ausgleichen. Grundsätzlich braucht man hier aber eine genaue Kenntnis über die Funktionsweise des Zielfernrohrs und Übung, um diese feinen Instrumente richtig anwenden zu können.

WELCHE ABSEHENLAGE FÜR WELCHEN ZWECK?

Absehen in der ersten Bildebene werden häufig für folgende Zwecke verwendet:
- MIL- oder Ballistische Absehen für Schüsse auf große Distanzen
- Entfernungsschätzung mittels des MIL- oder Strichplattenabsehens
- Erleichtertes Vorhalten bei Wind und sich quer zur Geschossflugbahn beweglichen Zielen mittels MIL- oder Strichplattenabsehen
- Schnelle Haltepunktkorrektur

Aus den eben aufgezeigten Anwendungsfeldern ist leicht zu erkennen, dass die Vorteile und Anwendungsfelder von Absehen in der ersten Bildebene in unseren Revieren wenig jagdliche Relevanz haben. Zudem können die Vorteile solcher Absehenlagen nur mit einem entsprechenden MIL- oder Strichplattenabsehen vollkommen ausgeschöpft werden. Lediglich das Schätzen von Entfernungen kann in einem Revier sehr hilfreich sein.

Absehen in der zweiten Bildebene werden meistens für folgende Anwendungsfelder benutzt:
- Sportschießen
- Jagd, denn durch das feine Absehen wird sehr wenig vom Ziel verdeckt

Möchte man Absehen in der zweiten Bildebene zum Entfernungsschätzen benutzen, benötigt man ebenfalls ein MIL- oder Strichplattenabsehen, jedoch verändern sich die Abstände zwischen den Strichmarkierungen des Absehens mit dem Wechsel der Vergrößerung. Meistens hat man bei voller Vergrößerung die vom Hersteller angegebenen Maße. Diese halbieren oder verdoppeln sich beim Wechsel zur kleinsten bzw. größten Vergrößerung. Das Berechnen von Ablagen, Vorhaltemaßen oder die Haltepunktkorrektur wird hierdurch maßgeblich erschwert und verlangt ein hohes Maß an Übung.

Das Schätzen von Entfernungen funktioniert auf die in der Jagdpraxis üblichen Schussdistanzen auch mit einem konventionellen Absehen in der zweiten Bildebene, wenn man die Maße seines Absehens genau kennt.

WELCHE ABSEHENLAGE FÜR MICH?

Bei der Wahl des Zielfernrohres kommt es nicht allein auf die Lage des Absehens an. Vielmehr muss man sich genau des Einsatzzwecks einer Optik in Verbindung mit der Waffe bewusst sein. Sieht man von einigen speziellen Feldschussdisziplinen ab, benötigt man kein MIL-, Strichplatten-, Ballistisches- oder Horus-Absehen in der ersten Bildebene. Für den jagdlichen Gebrauch ist eines der unzähligen Standardabsehen vollkommen ausreichend. Hierbei entscheidet nur der persönliche Geschmack darüber, ob das Absehen in der ersten oder zweiten Bildebene liegen soll.

Kaufen Sie eine etwas günstigere Optik, empfiehlt es sich, auf das Absehen in der ersten Bildebene zurückzugreifen, da hier Produktionsmängel (Absehenzentrierung) nicht so starke Auswirkungen haben. Verwenden Sie ein Zielfernrohr mit einem Absehen in der zweiten Bildebene, sollten Sie nicht, wie oben erwähnt, an der Optik sparen. Zielfernrohre aus dem mittleren Preissegment der bekannten Markenhersteller sind bereits sehr gut geeignet.

Für integrierte Leuchtpunktabsehen empfehlen wir die zweite Bildebene für das Absehen, da der Leuchtpunkt bei einem Wechsel der Vergrößerung seine Größe nicht ändert, also den Wildkörper nicht in Teilen abdeckt.

Auf die Frage „Absehen in welcher Ebene?“ geht auch ein Film in der KOSMOS-PLUS-App ein.

803
Zum Film: Absehen in erster und zweiter Bildebene

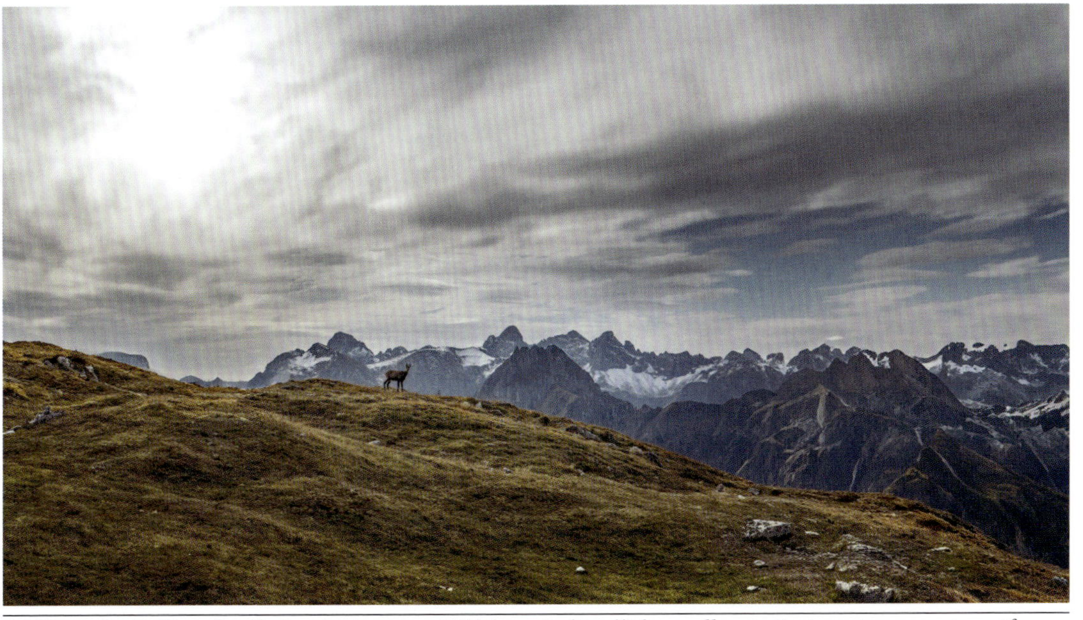

MilDot- oder Ballistische Absehen in der ersten Bildebene sind jagdlich vor allem in Revieren interessant, wo öfter Entfernungen geschätzt werden sollen.

SCHAFTANPASSUNG

Der Schütze schießt, der Schaft trifft. Diesen Spruch hört man oft, aber trifft er wirklich zu? Im Grunde genommen ja. Auf die Flinte vielleicht etwas mehr als auf die Büchse, doch auch bei dieser Waffe kann dem Schützen über eine individuelle Schaftanpassung zu besseren Ergebnissen verholfen werden. Die Abbildung unten zeigt die wichtigsten Faktoren bei der Schaftanpassung – sei die Waffe eine Büchse oder eine Flinte.

WINKEL DES GRIFFARMS UND AUGENABSTAND

Der Griffarm sollte mit ungefähr 90° am Ellenbogen abgewinkelt sein (Nr. 1 in Abb.). Ist er größer, müsste der Hinterschaft gekürzt werden. Ist der Winkel kleiner, kann man den Hinterschaft mithilfe von Schaftkappen zu verlängern. Manche Schäfte lassen sich auch mittels Herstellerzubehör in der Länge verändern.
Die Länge des Hinterschafts bestimmt bei Festmontagen auch den Augenabstand. Bei Ringmontagen besteht meist nicht viel Spielraum zum Verändern des Augenabstandes; hat die Waffe eine Picatinny-Schiene, kann man etwas variieren.

SCHAFTERHÖHUNG

Der zweite wichtige Punkt ist die Höhe des Hinterschafts Nr. 2 in Abb.. Ein normaler Büchsenschaft ist für das Schießen mit offener Visierung konzipiert und nicht für das Schießen mit einer Optik. Durch die Montagehöhe der Optik ist der Schütze gezwungen, seinen Kopf vom Schaft zu lösen und

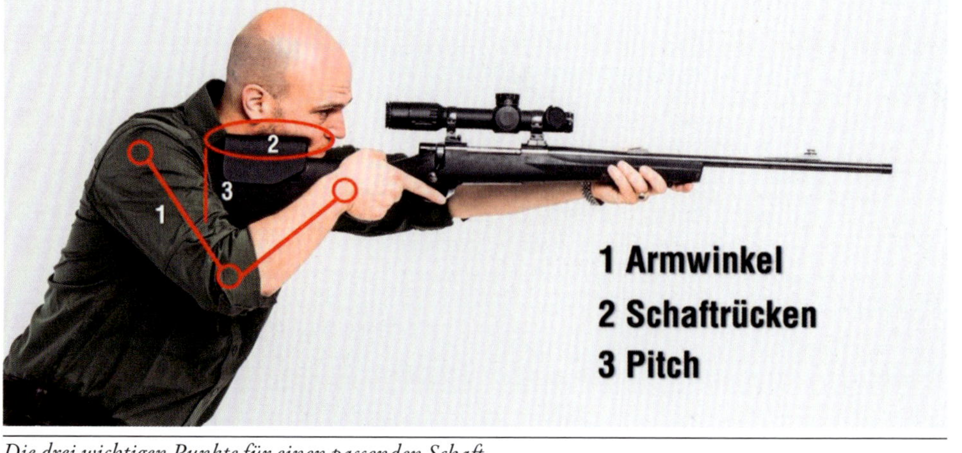

Die drei wichtigen Punkte für einen passenden Schaft

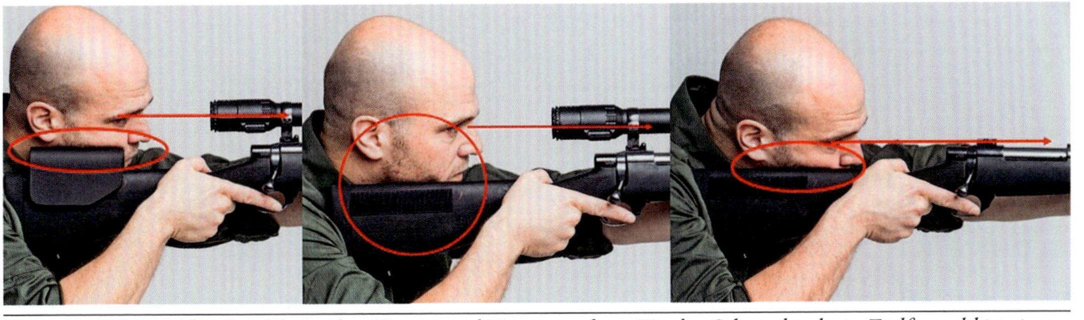

Büchsenschäfte sind für den Schuss über Kimme und Korn ausgelegt. Für den Schuss durch ein Zielfernrohl ist eine Schafterhöhung sinnvoll.

zu heben und die ideale Haltung aufzugeben, um gerade durch die Optik blicken zu können. Die Abbildung oben zeigt die Anschläge mit Unterstützung einer Schaftbacke und ohne.

PITCH

Der dritte Punkt der Schaftanpassung ist der Pitch (Nr. 3 in Abb. S. 54), sprich die Schräge der Schaftkappe. Hier ist es wichtig, dass die Schaftkappe in voller Länge an der Brust anliegt. Je steiler Sie den Pitch wählen, desto eher neigt die Waffe zu einem Hochschlagen. Häufig gibt es kaum Möglichkeiten, den Pitch zu verändern; gelegentlich liefern Hersteller Schaftkappen zur Verlängerung des Schaftes mit, die auch geeignet sind, dass man sie ändern kann.

Zusammenfassend können wir nur dringend empfehlen, dass Sie sich bereits beim Neukauf einer Jagdbüchse für eine Waffe mit einem variabel einstellbaren Schaft entscheiden. Die Ultimate Modelle der Firma BLASER z. B. können optional mit einem variablen Schaftrücken ausgestattet werden und bieten alle Anpassungsmöglichkeiten, die man sich wünschen kann. Weiterhin findet man hervorragende Lösungen spezialisierter Hersteller wie z. B.GRS, MDT oder WOOX. Aus unserer Sicht ist ein variabel einstellbarer Schaft bei modernen Jagdwaffen „State of the Art“ und darf nicht fehlen. Richtig angepasst bzw. eingestellt, sorgt so ein Schaft für einen wiederkehrend gleichen und passenden Anschlag mit entsprechend schneller Schussbereitschaft.

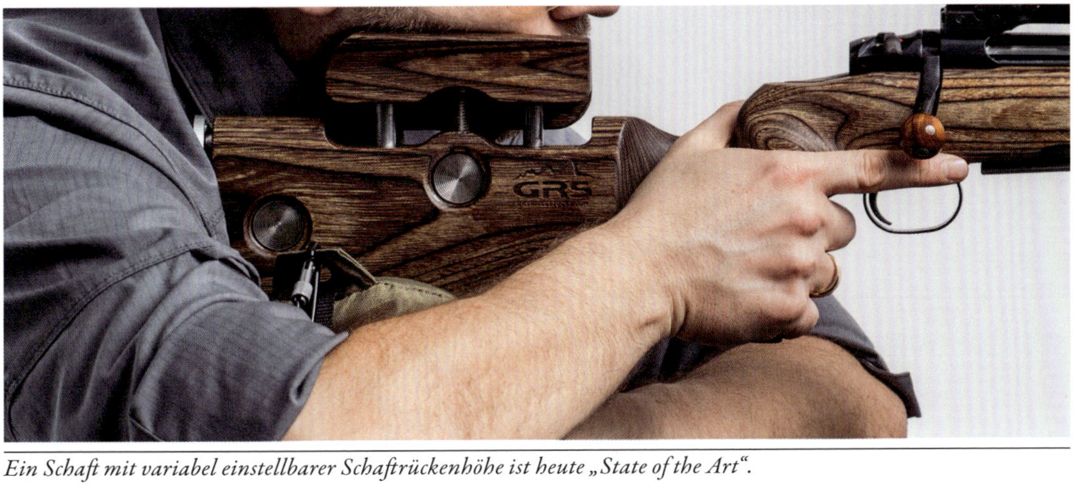

Ein Schaft mit variabel einstellbarer Schaftrückenhöhe ist heute „State of the Art“.

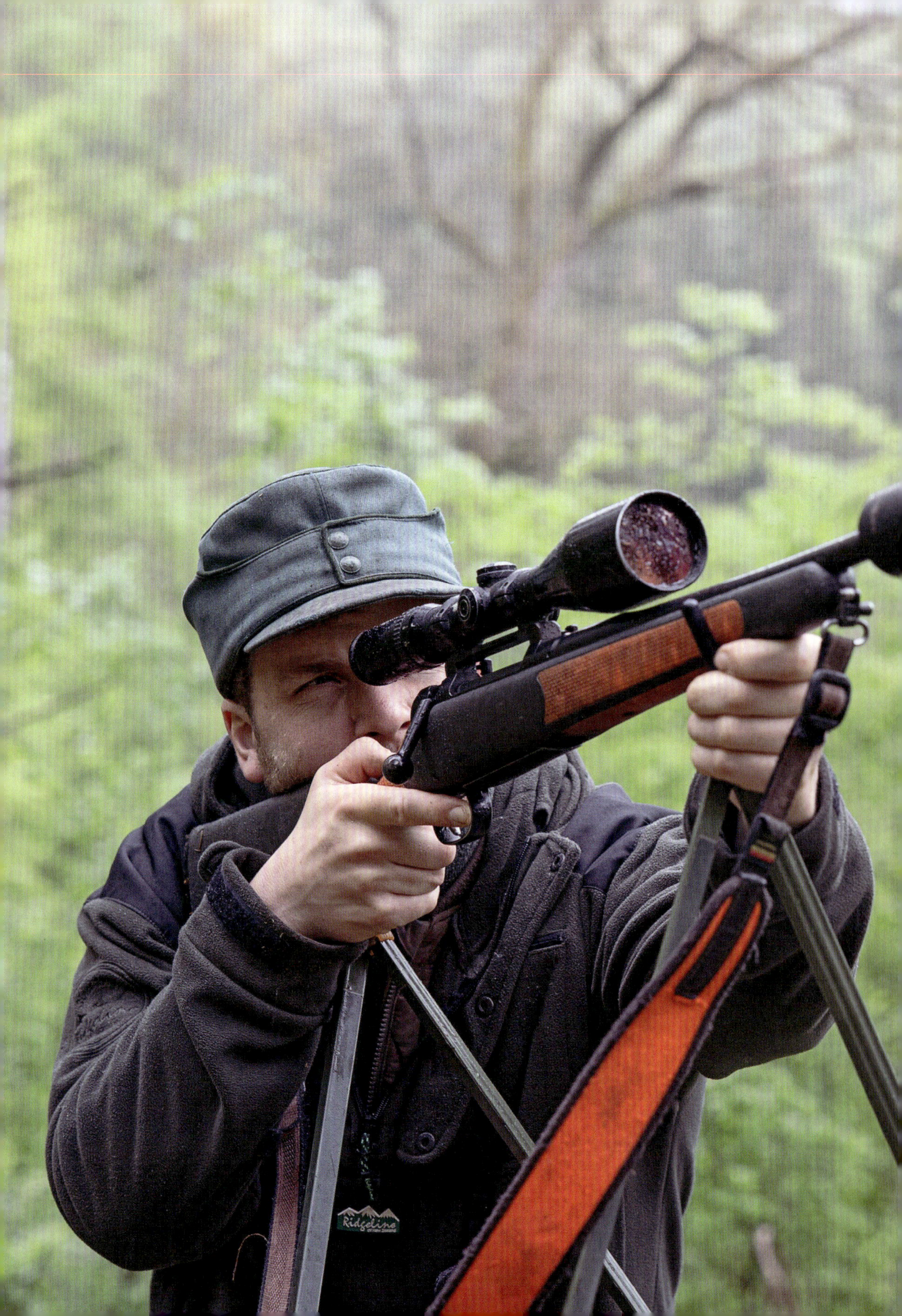
Ridgeline

DER PRÄZISE SCHUSS AUF 100 METER

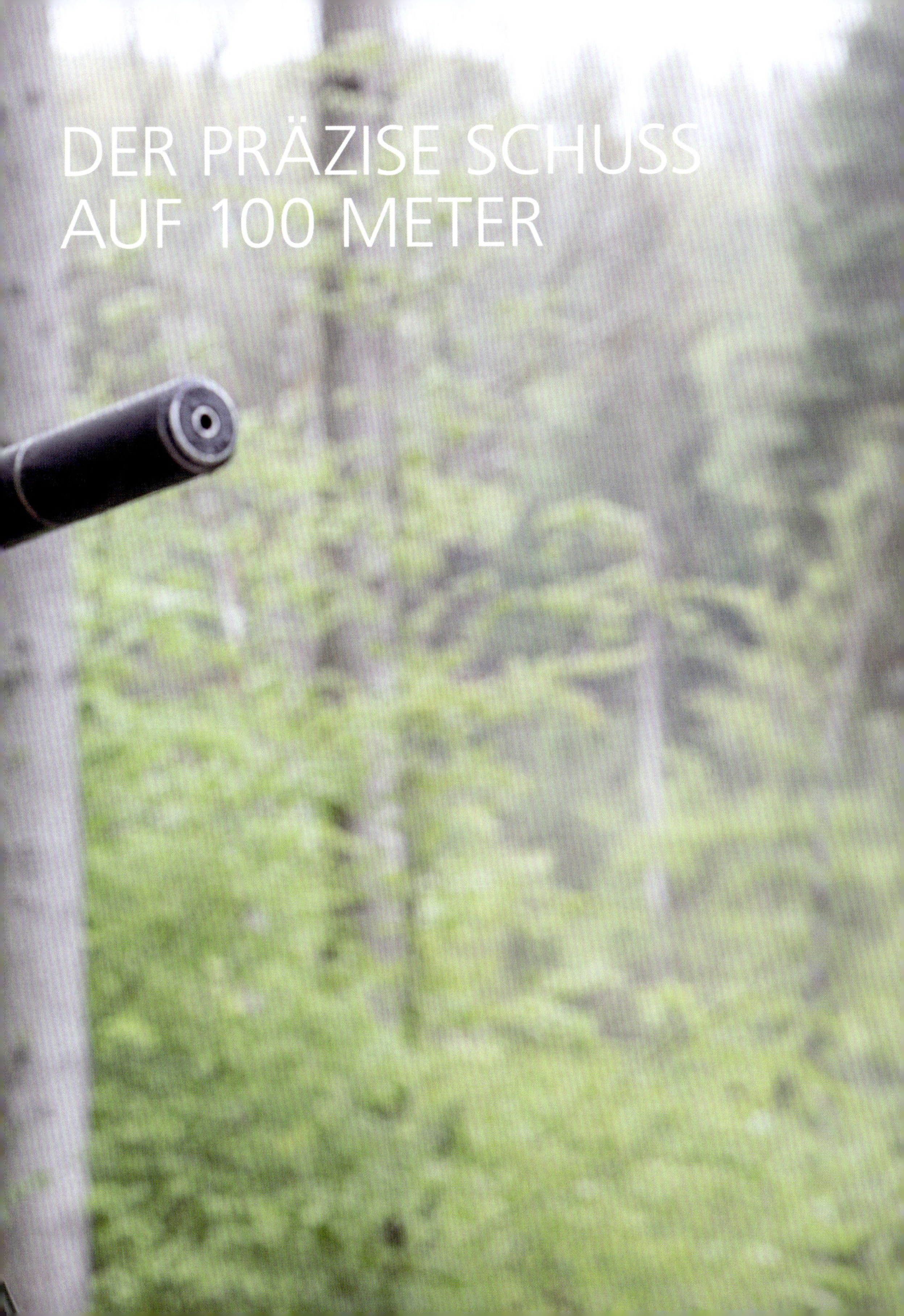

BALLISTIK FÜR DEN JÄGER

Der präzise Schuss auf 100 m ist der Ausgangspunkt für alle weiteren Überlegungen und Schießdisziplinen, die es innerhalb der Jagd mit der Büchse gibt. Deshalb legen wir auf dieses Kapitel und dessen Informationen großen Wert. Sie sollten zunächst die Inhalte dieses Kapitels verstanden haben, um danach erweiterte Disziplinen anzugehen. Unserer Auffassung nach setzt der präzise Schuss auf 100 m das grundlegende Wissen zur Ballistik für den Jäger und das Beherrschen der statischen Disziplinen voraus. Um alle Inhalte praktisch umsetzen zu können, benötigen Sie das notwendige Grundlagenwissen zum Einschießen, zur Trefferplatzierung und eine Anleitung zur praktischen Umsetzung der Inhalte. Das möchten wir in diesem Kapitel vermitteln.

DAS VISIER-/AUGENLINIENMODELL

Die Grundlage für das Verständnis der Ballistik ist die Begriffsdefinition in diesem Zusammenhang. Hierzu benutzen wir das sogenannte Visier-/ oder Augenlinienmodell. Die Abbildung zeigt einige für den Schuss wichtiger Größen. Wir werden noch häufiger Bezug auf sie nehmen und sie hier erläutern.

Augenlinie Linie von der Netzhautmitte durch die Pupillen- und Zielfernrohrmitte, ab Okular deckungsgleich mit der Visierlinie
Visierlinie Gerade zwischen Okularmitte durch die Objektivmitte bis ins Unendliche
Visierhöhe Abstand zwischen Visierlinie und Mündungslinie
Mündungslinie Gerade von der Büchsenlaufmündung bis ins Unendliche
Kurzdistanz Erster Schnittpunkt der Visierlinie mit dem Geschoss
Schussdistanz Distanz von der Büchsenlaufmündung bis zum Ziel
Laufseelenachse Mittig durch den Lauf bis ins Unendliche verlaufende Gerade
Zielwinkel Winkel zwischen Visier- und Mündungslinie
Visierwinkel Winkel zwischen Laufseelenachse und Visierlinie
Schusswinkel Winkel zwischen Mündungslinie und Laufseelenachse

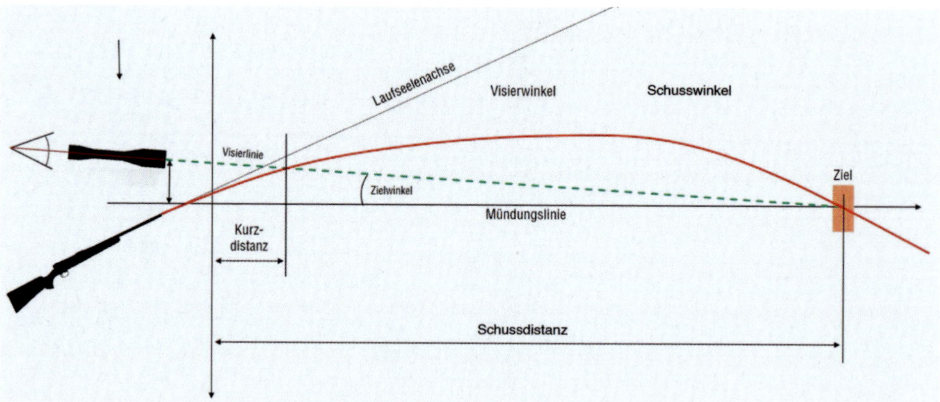

Das Visier-/Augenlinienmodell ist die Basis für das ballistische Verständnis.

DAS EINSCHIESSEN VON JAGDWAFFEN

Das korrekte Einschießen der Jagdwaffe ist die Grundvoraussetzung für den präzisen Schuss. Aus diesem Grund werden wir im Folgenden auf unterschiedliche Aspekte des Einschießens einer Büchse eingehen und darstellen, welche technischen Lösungen moderne Jagdoptiken bieten. Zunächst erläutern wir den theoretischen Hintergrund für das korrekte Einschießen einer Waffe, sodass Sie mit diesen Informationen die Optik ohne Probleme auf Ihrer Waffe justieren können.

EINSCHIESSEN MIT SCHIESSLEHRER

Die beste Büchse ist wertlos, wenn sie nicht richtig eingeschossen wurde! Haben Sie keine Erfahrung im Einschießen von Waffe, können Sie einen Schießlehrer beauftragen, Ihre Waffen zusammen mit Ihnen einzuschießen, denn jeder Schütze hat einen kleinen individuellen Schießfehler, der beim Einschießen der Waffe berücksichtigt werden muss. Zudem muss eine Büchse in regelmäßigen Abständen und angepasst auf die jagdliche Situation eingeschossen werden.

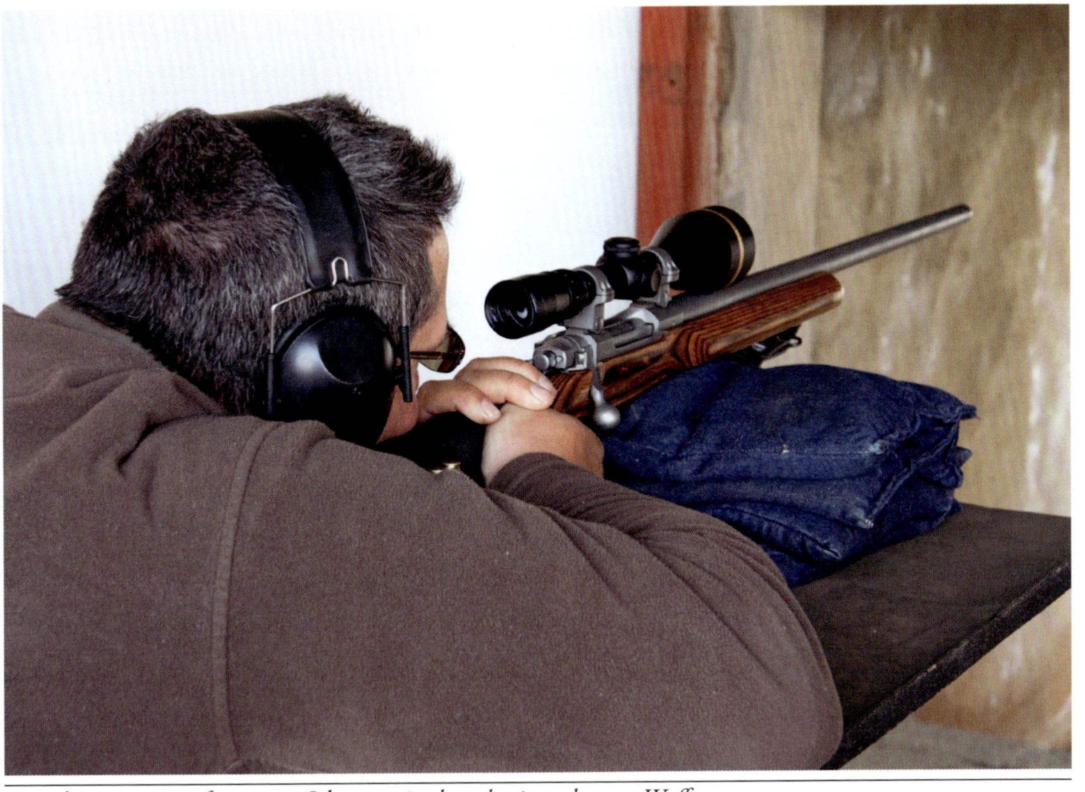

Grundvoraussetzung für präzise Schüsse – eine korrekt eingeschossene Waffe

JUSTIERMETHODEN

Wir beginnen mit dem Einschießen einer Sportwaffe, die lediglich auf eine Entfernung justiert wird – das ist hier einfach. Ein Sportschütze justiert seine Waffe auf eine zuvor festgelegte Entfernung, da beim sportlichen Schießen die Entfernungen nicht variieren bzw. vorher bekannt sind. Auf der Jagd schießen wir nicht auf fest vorgegebene Entfernungen. Das bedeutet: Wir provozieren immer einen „Fehlschuss", wenn wir nicht auf die justierte Distanz schießen. Um aber nicht danebenzuschießen, muss der Jäger die abweichende Treffpunktlage kompensieren. Hierzu gibt es drei verschiedene Methoden:

1. Inkaufnahme einer definierten Abweichung
2. Schätzen oder Messen der Entfernung mit anschließender Korrektur der Treffpunktlage durch Verlegen des Haltepunktes
3. Schätzen oder Messen der Entfernung mit anschließendem Einstellen des Visiers auf die Entfernung

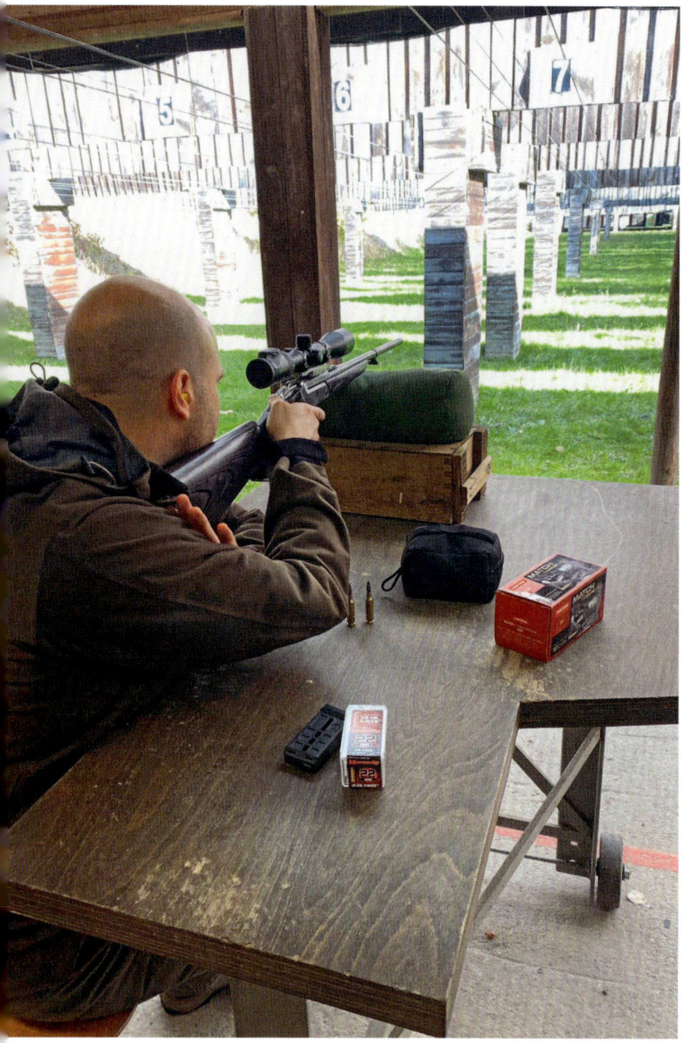

Bei Jagdwaffen werden vordefinierte Abweichungen beim Einschießen in der Regel „programmiert".

Für das praktische Schießen auf der Jagd ist die erste Methode üblich, also eine zuvor definierte Abweichung in Kauf zu nehmen. Die beiden anderen Möglichkeiten, Abweichungen zu definieren und die Waffen entsprechend zu justieren, sind das sogenannte „Battlefield Zero" und das Justieren der Waffe auf die „günstigste Einschießentfernung (GEE)". Methode 2 und 3 setzen eine zuvor justierte Waffe, entsprechende Optiken und eine genaue Kenntnis der ballistischen Eigenarten der eigenen Waffe voraus. Grundsätzlich verfolgen diese beiden Methoden den gleichen Gedanken, bedeuten aber ein anderes Vorgehen. Das sogenannte „Battlefield Zero" oder auch „Einschießen nach halber Zielhöhe" ist eine militärische Justiermethode, die GEE hingegen eine überwiegend jagdliche genutzte Justiermethode.

BATTLEFIELD ZERO

Beim Battlefield Zero justiert man die Waffe so, dass über eine möglichst große Entfernung lediglich eine Visiereinstellung bzw. ein Haltepunkt genutzt werden kann und das Projektil während der gesamten Flugbahn nicht über die halbe Zielhöhe hinaussteigt. Die halbe Zielhöhe ist die Hälfte der gesamten Ausdehnung einer letalen Trefferzone des Tiers, das man erlegen möchte. Gehen wir von der letalen Trefferzone bei einem Reh (ca. 15 cm) aus, entspricht die halbe Zielhöhe 7,5 cm. Setzt man nun die halbe Zielhöhe mit der maximalen Scheitelhöhe gleich, erhält man das Battlefield Zero.

GÜNSTIGE EINSCHIESS-ENTFERNUNG

Im jagdlichen Bereich ist das Einschießen der Waffe auf die GEE die gebräuchliche Methode, da der Jäger mit dieser Methode die volle ballistische Leistungsfähigkeit seiner Laborierung ausnutzen kann.
Diese GEE entspricht einer Angabe, die vom Munitionshersteller abhängig ist. In der Regel gibt sie die Entfernung an, bei der das Projektil bei einem maximalen Hochschuss von 4 cm oberhalb der Visierlinie auf seiner Flugbahn das zweite Mal die Visierlinie schneidet. Um eine Waffe auf GEE einzuschießen, ist es daher gängige Praxis, die Optik so zu justieren, dass man einen Hochschuss von 4 cm auf 100 m erhält. Die GEE-Methode muss daher nicht zwangsläufig die exakte Justierung auf GEE zur Folge haben, aber da in Deutschland überwiegend 100 m-Schießstände vorhanden sind, ist dieses Vorgehen eine praxisnahe Lösung. Zu bedenken ist auch, dass die Munitionshersteller die GEE unter Laborbedingungen mit einer genormten Visierhöhe ermitteln. Dies bedeutet, dass Sie die Angaben des Herstellers nicht eins zu eins auf Ihre Waffenkonfiguration übertragen können.

DURCHGEHENDER VISIERBEREICH

Unabhängig von der Justierung können Sie individuell den durchgehenden Visierbereich (im Englischen „point blank range") Ihrer Waffen-Munition-Kombination bestimmen. Der durchgehende Visierbereich beschreibt den Bereich der Geschossflugbahn, innerhalb dessen das Geschoss nicht tiefer fällt als die maximale Scheitelhöhe. Genauer gesagt definiert sie die Strecke, auf der man mit demselben Haltepunkt auf eine vordefinierte Trefferzone wirken kann und die Treffer immer innerhalb der Trefferzone liegen. Die genaue Kenntnis des durchgehenden Visier-

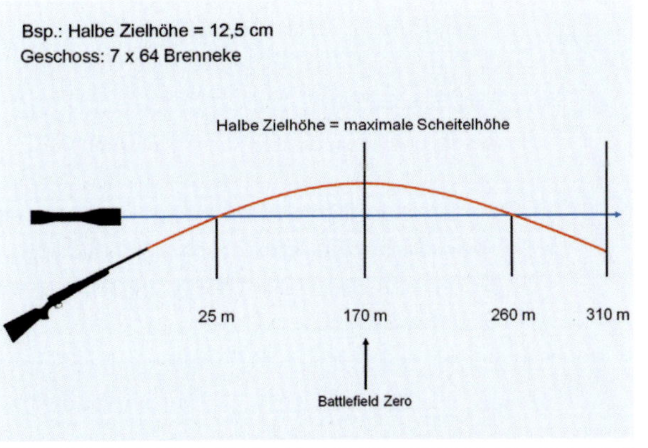

Battlefield Zero

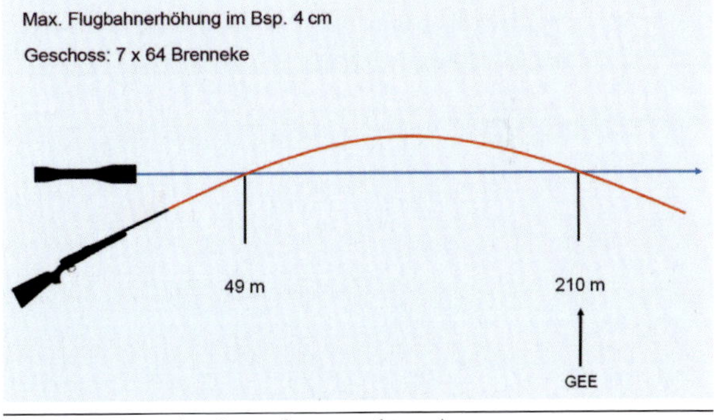

Günstige Einschieß-Entfernung (GEE)

TIPP

Die GEE-Methode des Einschießens kann exakt die gleichen Ergebnisse liefern wie das Einschießen nach der Battlefield Zero-Methode! Der maßgebliche Unterschied der beiden Methoden liegt in der Definition.

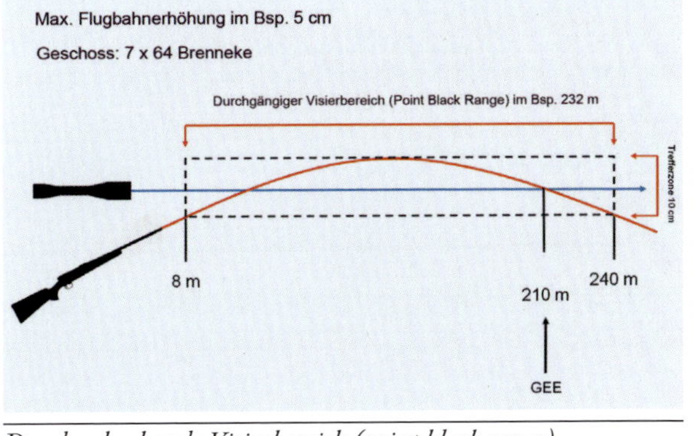

Der durchgehende Visierbereich (point black range)

bereichs ist unserer Meinung nach unerlässlich, um einen waidgerechten Schuss antragen zu können.
Da das Einschießen der Waffen nach der GEE die übliche Justiermethode von Jagdwaffen ist und jeder die GEE der Verpackung seiner Munition entnehmen kann, werden wir im weiteren Verlauf das Justieren auf die GEE beschreiben.

EINSCHIESSEN – VORBEREITUNG

Damit Sie nicht für jedes Einschießen Ihrer Waffe einen Schießlehrer beauftragen müssen (s. Kasten S. 59), soll nachfolgend erklärt werden, wie Sie das selbst tun können.
Wahrscheinlich benötigen Sie etwas Training auf dem 100 m-Stand, bis die Büchse zufriedenstellend schießt, aber jeder Trainingsschuss verringert das Risiko einer Nachsuche. Und das sind wir dem Wild schuldig!
Immer muss eine Waffe in folgenden Fällen ein- oder günstigenfalls vielleicht nur kontrollgeschossen werden:

— Erstmaliges „In-Betrieb-Nehmen" einer Waffe zur Feststellung der Treffpunktlage!
— Nach der Montage eines neuen Zielfernrohrs
— Nach dem Neukauf von Munition. Schon die Verwendung eines neuen Munitionsloses kann, selbst bei gleichem Fabrikat, zu einer Abweichung der Treffpunktlage führen.
— Nach einer Schlageinwirkung auf die Visierung

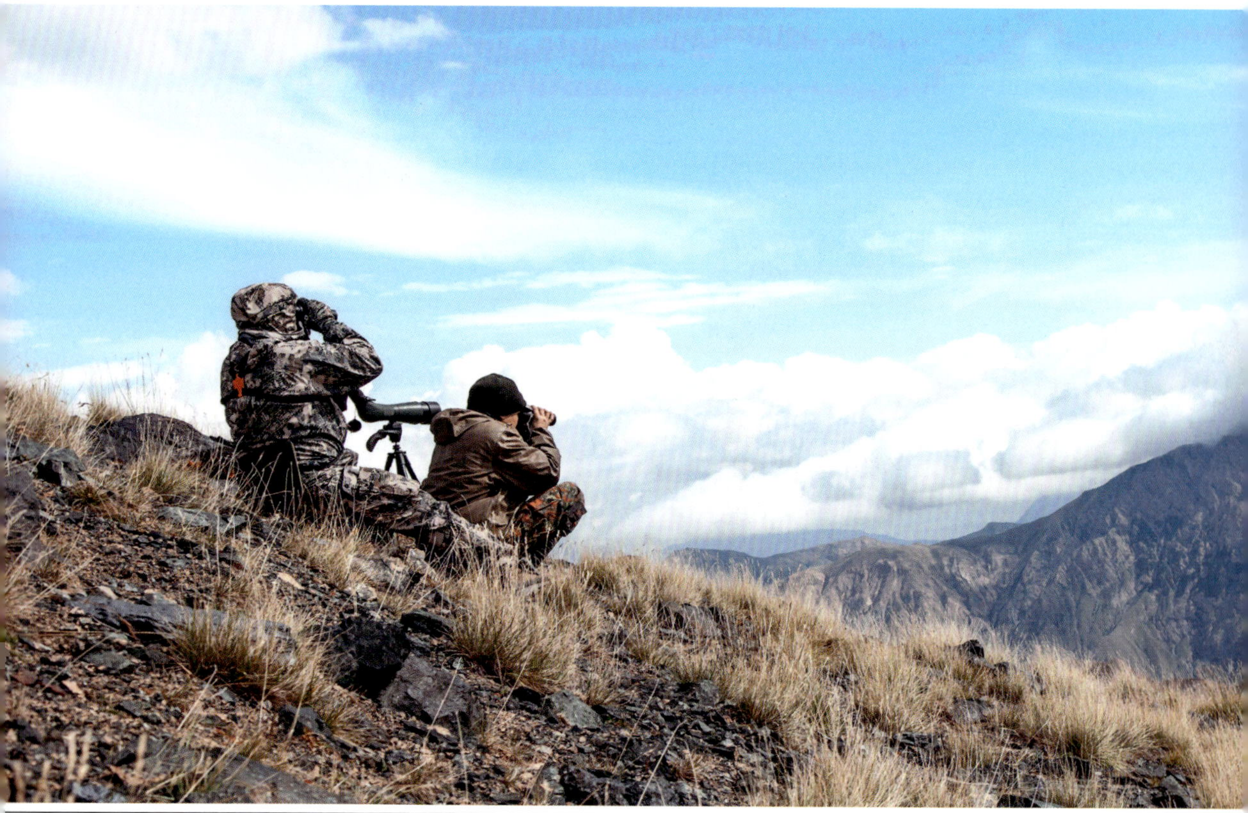

Wer im Ausland und/oder in größerer Höhe jagt, muss die Waffe vor Ort einschießen.

- Auf der Auslandsjagd zur Einstellung der Waffe auf das Jagdland und die Höhenlage des Jagens
- Nach starker Beanspruchung des Schaftes, infolge derer sich die Waffe verzogen haben kann oder der Schaft das Schwingungsverhalten des Laufs beeinflusst
- Nach der chemischen Reinigung einer Waffe

KEIN TRAINING, SONDERN JUSTIERUNG

Beim Einschießen einer Waffe geht es nicht darum, jagdliche oder sportliche Situationen zu simulieren, sondern lediglich um die exakte Justierung der Visierung auf die Waffe. Hierzu ist es notwendig, alle Faktoren auszuschließen, die Einfluss auf die Präzision der Waffe haben. Das Einschießen der Waffe ist nicht schwer, allerdings kommt es häufig zu Fehlern der Schützen, die eine Justierung der Zieloptik unmöglich machen. Mögliche Fehlerquellen sind:

- Eine falsche Waffenauflage
- Ein falscher Anschlag oder eine falsche Haltung des Schützen
- Eine schlechte Schießtechnik

BETTEN DER WAFFE

Auf den meisten deutschen Schießständen sind Schießgestelle vorhanden, ein solches sollten Sie nach Möglichkeit immer benutzen. Steht kein Schießgestell zur Verfügung, benutzen Sie einfach eine sogenannte Benchrest (mit Sand gefüllte Ledersäcke/justierbare Waffenauflagen), um die Waffe richtig zu betten. Am besten geeignet sind mit möglichst feinem Sand gefüllte Säcke, die am

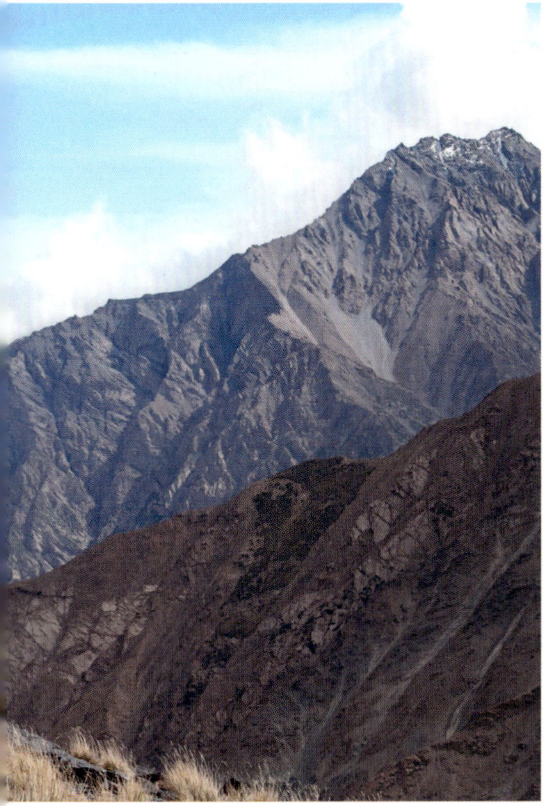

TIPP

Wir haben festgestellt, dass die sogenannten Harris-Zweibeine nicht besonders gut für das Anschießen von Waffen geeignet sind, da der Schaft der Waffe die Vibrationen des Schusses auf das Zweibein überträgt und der Schuss somit unpräziser wird.

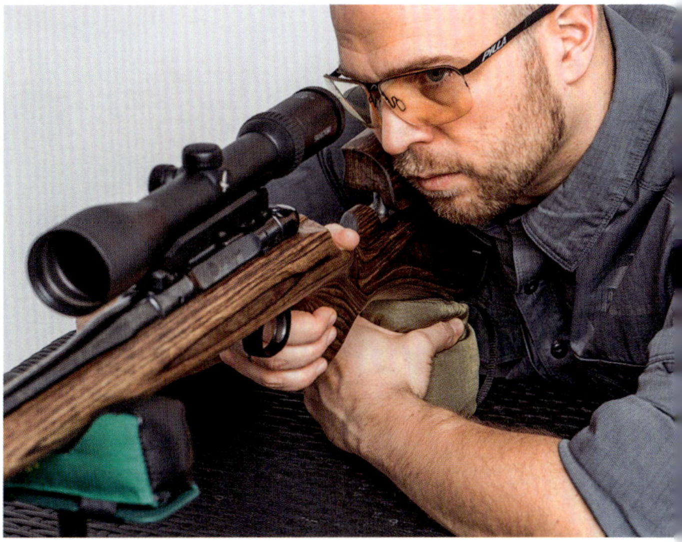

Beim Einschießen ist eine stabile Waffenbettung unabdingbar.

Vorderschaft auf der Höhe der Fischhaut platziert werden.
Zusätzlich sollten Sie ein weiteres Säckchen benutzen, um die Schulterstützen zu stabilisieren. Durch das Zusammendrücken dieses Säckchens können Sie eine Höhenkorrektur der Waffe im Anschlag durchführen.

ANSCHLAG

Der Anschlag ist so zu wählen, dass Sie entspannt hinter der Waffe sitzen, die Füße einen stabilen Stand haben und Ihre Körperhaltung nicht nach jedem Schuss verändert wird – besser noch ist Anschlag im Liegen. Ihre rechte Hand umfasst unverkrampft den Griff der Waffe, der Daumen kann dabei auf den Schaft oder den Zeigefinger gelegt werden. Ihre linke Hand benutzen Sie zum Zusammendrücken oder Lockern des hinteren Sandsäckchens. Falsch wäre es, zur Höhenkorrektur mit der linken Hand Druck auf die Visierung oder den Lauf auszuüben, denn dies verändert die Präzision bei Schüssen über 50 m.
Ob Sie den richtigen Anschlag eingenommen haben, können Sie ähnlich kontrollieren, wie im Kapitel „Trockentraining“ beschrieben (s. S. 18), indem Sie im Anschlag das Absehen auf die Zielmitte der Scheibe bringen. Schließen Sie dann die Augen und atmen Sie drei Mal tief ein und aus, um Ihren Puls runterzufahren. Beim letzten Atemzug entleeren Sie Ihre Lunge – aber nicht vollständig –, halten den Atem an und öffnen die Augen. Liegt Ihr Absehen jetzt immer noch auf der Zielmitte, haben Sie einen korrekten Anschlag. Ist dies nicht der Fall, korrigieren Sie Ihren Anschlag und wiederholen das beschriebene Verfahren, bis das Absehen nach dem Öffnen der Augen auf der Zielmitte liegt. Bei Sportschützen nennt man dieses Vorgehen „Auspendeln“. Es kann bei jedem erdenklichen Anschlagen angewendet werden.

ABKRÜMMEN

Beim Abkrümmen legen Sie das vordere Glied Ihres Zeigefingers auf den Abzug und führen diesen in einer gleichbleibenden Bewegung gerade nach hinten, bis der Schuss bricht. Die meisten Schießlehrer sagen, Sie sollen sich von dem Schuss überraschen lassen. Das ist unserer Meinung nach falsch. Sie müssen ihre Waffe so gut beherrschen, dass Sie wissen, wann der Schuss bricht. Dies erfordert viel Übung, macht Sie aber schnell und gibt Ihnen Sicherheit. Wer Angst vor dem Schuss hat, soll versuchen,

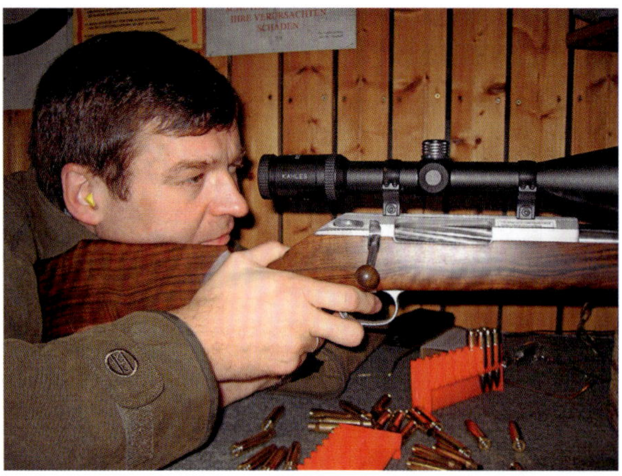

Der Anschlag muss gerade auch beim Einschießen der Waffe von Schuss zu Schuss korrekt und immer gleich sein.

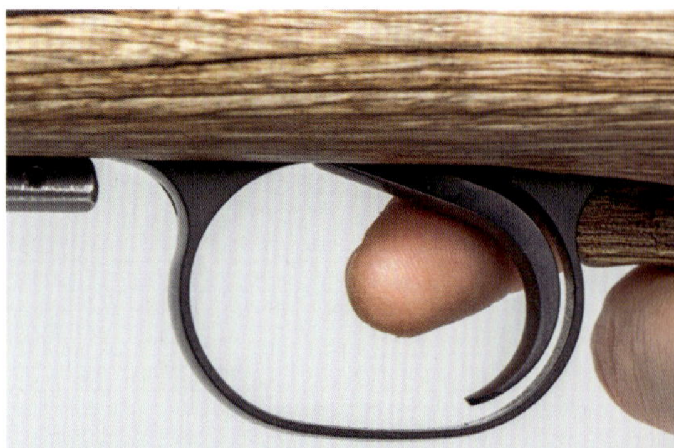

Der Finger wird an den Abzug geführt, danach langsam und kontrolliert abgekrümmt.

sich in den Schuss hineinsprechen, z. B. indem man zu sich selbst sagt: „Laaangsaaam“. Die Stimme dient vielen als Hilfe zur Konzentration auf den Abkrümmvorgang.

DIE TREFFPUNKTLAGE

Haben Sie alle Voraussetzungen für einen guten Schuss getroffen, geben Sie nacheinander drei oder fünf Schuss auf die Scheibe ab. Es ist wichtig, dass Sie eine ungerade Anzahl von Schüssen auf die Scheibe abgeben, da nur so der mittlere Treffpunkt ermittelt werden kann. Zwischen den Schüssen sollten Sie dem Lauf die Gelegenheit geben abzukühlen. Gerade bei kombinierten Waffen führt die Laufererwärmung zu einer Veränderung der Treffpunktlage.

ERMITTLUNG

Um den mittleren Treffpunkt bei einer Gruppe von fünf Schuss zu ermitteln, ziehen Sie eine waagerechte Gerade durch den dritten Schuss von unten und eine senkrechte Gerade durch den dritten Schuss von links. Der Schnittpunkt der beiden Geraden ist der mittlere Treffpunkt. Bei Gruppe aus nur drei Schüssen liegt der mittlere Treffpunkt im sogenannten Flächenschwerpunkt: Er ist der Schnittpunkt aller Winkelhalbierenden des von den Einschüssen gebildeten Dreiecks. Haben Sie so den mittleren Treffpunkt Ihrer Waffe ermittelt, justieren Sie Ihre Zieloptik entsprechend der Verstellmöglichkeiten, die zumeist in Schritten von 1 cm auf 100 m pro Klick an der Absehenverstellung vorgenommen werden.

KORREKTUR

Wohin aber korrigieren wir die Treffpunktlage? Wie bereits erwähnt, können Sie die volle ballistische Leistungsfähigkeit Ihrer Laborierung nur ausnutzen, wenn Sie die Waffe nach der GEE einschießen. Dies ist in der Regel gegeben, wenn Sie das mit einem Hochschuss von 3 bis 4 cm auf 100 m tun. Auf der Seite des Deutschen Jagdblogs stehen Ihnen hierfür kostenlose Anschussscheiben zum Download zur Verfügung. Abweichende Angaben entnehmen Sie bitte der Aufschrift Ihrer Munitionspackung.

Eines sei noch gesagt: Beträgt der Streukreis der Schussgruppen über sechs Zentimeter, sollte man vor einem Justieren der Waffe prüfen, warum die Streuung so groß ist. Liegt es am Schützen, ist es gut, denn diesen Fehler kann man aberziehen. Liegt es jedoch

804
Zum Download: Anschussscheiben

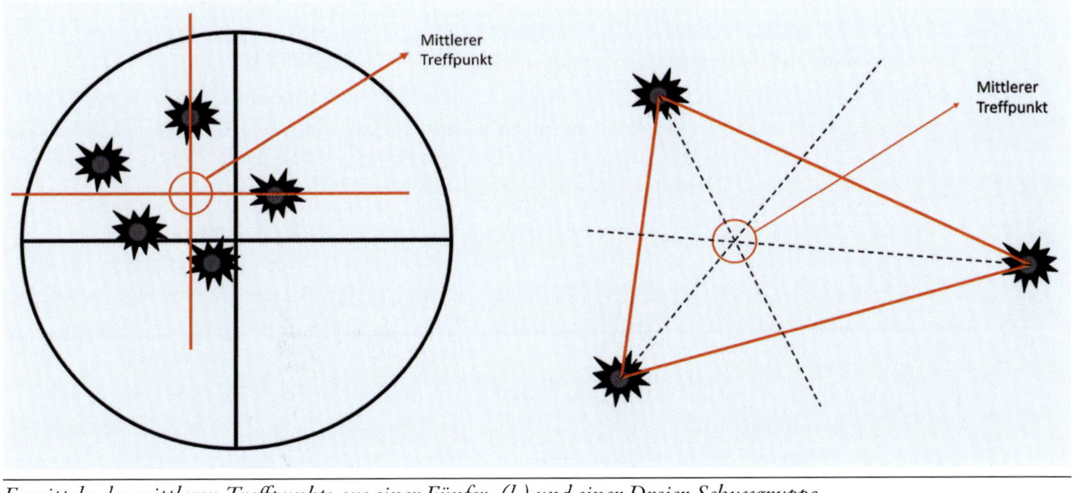

Ermitteln des mittleren Treffpunkts aus einer Fünfer- (l.) und einer Dreier-Schussgruppe

an der Waffe, sollte dieselbe zu einem Büchsenmacher gebracht werden.

ABSEHENSCHNELLVERSTELLUNG (ASV)

Nahezu jeder Hersteller von Jagd- und Sportoptiken führt mittlerweile Optiken mit Verstelltürmen bzw. einer sogenannten Absehenschnellverstellung (ASV) in sämtlichen Varianten in seinem Sortiment. Bei vielen Sportschützen ist der Trend zum Long-Range-Schießen bereits seit mehreren Jahren zu beobachten, unter Jägern ist das Schießen auf weite Distanzen meist nur im Gebirge oder bei der Auslandsjagd ausgeprägt.

Gleichwohl bemerken wir seit einigen Jahren eine stärkere Nachfrage nach Weitschussseminaren bzw. den Wunsch, auf weite Distanzen schießen zu können. Dazu benötigt man eine dementsprechend leistungsfähige Optik. Ein wesentlicher Teil solcher Zielfernrohre ist eine ASV, die nicht nur für den präzisen Büchsenschuss auf Distanzen jenseits der GEE Anwendung findet.

ANWENDUNGSBEREICHE

Viele Jäger vertreten die Meinung, dass insbesondere bei der deutschen Revierjagd keine ASV notwendig ist. Begründet wird dies ausschließlich mit fehlenden Distanzen innerhalb der deutschen Reviere. Diese Argumentation greift allerdings zu kurz, denn sie lässt außer Acht, dass der Weitdistanzschuss nicht die einzige Einsatzmöglichkeit einer ASV ist. Sie kann für deutlich mehr Zwecke genutzt werden:

— Schießen auf Distanzen jenseits der GEE
— Schießen mit unterschiedlichen Patronen (Munitionswechsel)
— Schießen mit/ohne Schalldämpfer oder dessen Wechsel
— Präzisiere Schüsse in der Entfernungsspanne der GEE

TIPP
Grundsätzlich gilt: Je präziser justiert werden soll, desto kleiner müssen die Verstelleinheiten eines Absehens sein. Welche Maßeinheiten das sind, hängt meistens vom Hersteller ab. Üblich sind: ½ MOA, ¼ MOA, 0,1 MIL.

WAS MACHT EINE ASV AUS?

Um ein Zielfernrohr (ZF) auf die eigene Waffe zu justieren, muss man das im ZF befindliche Absehen in der Seiten- und Höhenlage verstellen können. Hierauf sind wir im Ausrüstungskapitel bereits eingegangen.

Bei jagdlichen Optiken ist die Feinmechanik zum Verstellen der Lage des Absehens meist durch Schutzkappen abgedeckt. Sportoptiken hingegen haben meist keine Schutzkappen, sondern sehr hohe Verstelltürme, die mit einer Skala entsprechend der Verstelleinheiten des ZF versehen sind. Ähnlich verhält es sich bei taktischen Optiken, jedoch sind im Gegensatz zu sportlichen Optiken die Verstelltürme meist sehr flach und in robuster Bauweise gefertigt.

Bei einer ASV – eben einem Kunstbegriff der Hersteller – handelt es sich um eine Absehenverstellung, die nicht mit einer Schutzkappe versehen ist, sondern jederzeit betätigt werden kann.

ASV-VARIANTEN

Die einfachste Variante der Absehenverstellung ist eine Rastenverstellung mit herstellerabhängigen Verstelleinheiten. Hier gibt es unterschiedliche Varianten von Verstelltürmen: kleine flache Türme mit einfachen Skalen entsprechend der Verstelleinheiten. Einige Hersteller bieten extra für die eigene Waffen-, Munitions- und Optikkombination eigens abgestimmte Verstelltürme an. Die persönliche ballistische Kurve des Jägers wird auf dem Verstellturm graviert, sodass dieser die Zielentfernung direkt am Verstellturm einstellen kann. Solche Türme erleich-

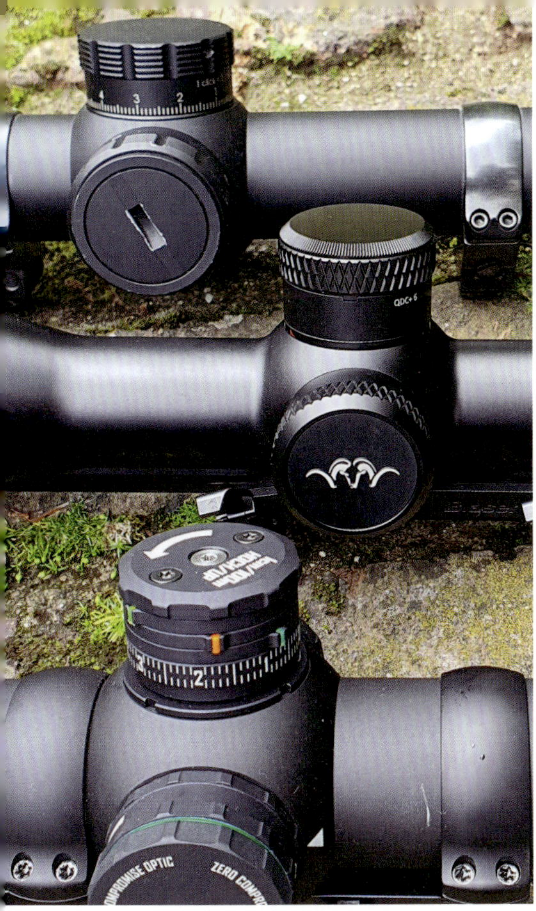

Es gibt unterschiedlich hohe und mit verschiedenen Skalen versehene Verstelltürme für Optiken.

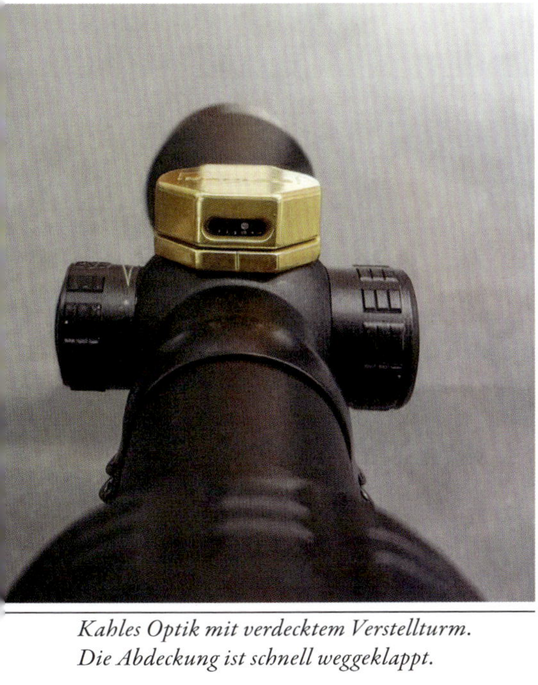

Kahles Optik mit verdecktem Verstellturm. Die Abdeckung ist schnell weggeklappt.

tern insbesondere schießtechnisch unerfahrenen Jägern den Einsatz der ASV, haben aber den Nachteil, nur in der expliziten Waffen-, Munitions- und Optikkombination zu funktionieren. Wechselt der Jäger seine Patrone, die Waffe oder nutzt die Kombination in einer deutlich anderen Umgebung (Luftdruck, Temperatur, Höhe, ...) wird sich das deutlich auf seine Zielgenauigkeit auswirken, d. h. es wird zu Abweichungen zu der vorher bestimmten und „einprogrammierten" ballistischen Kurve kommen. Neben den personalisierten ASV bieten beispielsweise Swarovski und Zero Compromise Verstelltürme mit mehreren einstellbaren Rasten an, zwischen denen man auf einfache Weise wechseln kann. Dort können entweder relevante Entfernungen einer Patrone oder eine bestimmte Zielmarke (beispielsweise GEE) unterschiedlicher Laborierungen vermerkt werden.

Eine weitere interessante Variante hat Blaser auf der IWA 2018 mit der Baureihe 1 vorgestellt. Die Blaser Baureihe 1 bietet die Möglichkeit, einfach und stressfrei zwischen Fleck und GEE zu wechseln, darüber hinaus kann man das Absehen noch weiter verstellen, um auch auf weite Distanzen schießen zu können. Die Skala auf dem Verstellturm entspricht den Verstellschritten der Optik.

MERKMALE VERSCHIEDENER ASV

Der ursprüngliche Einsatzzweck einer ASV kommt aus dem militärischen Bereich. Das Militär hat Scharfschützenoptiken mit Verstelltürmen ausgerüstet, um dem Schützen eine schnelle und präzise Verstellmöglichkeit seines Absehens zu bieten. Scharfschützen korrigieren die Absehenlage entweder über die ASV oder nutzen ein ballistisches Absehen, um die Ablage zu korrigieren.

Die Blaser-Optiken wurden konzipiert, um schnell zwischen GEE und Fleckschuss wechseln und im Bedarfsfall auch über die GEE hinaus die Ablage korrigieren zu können. Die ASV von Swarovski und Zero Compromise

hingegen wurde gebaut, um einem Jäger die Möglichkeit zu bieten, zwischen fest vordefinierten Distanzen oder Patronen zu wechseln.
Im Gegensatz zu militärischen und sportlichen Optiken ermöglichen es jagdliche Optiken dem Jäger, ausschließlich die Höhenverstellung des Turmes zu nutzen. Die Seitenverstellung ist weiterhin meist durch eine Schutzkappe abgedeckt. Seitliche Ablagen (bspw. Winddrift bei Schüssen auf weite Distanzen) lassen sich mit solchen ASV nicht ausgleichen.

ASV, SCHALLDÄMPFER UND MUNITION

Die überwiegende Zahl der Bundesländer hat den Einsatz von Schalldämpfern zur Jagdausübung erlaubt. Wenn Jäger, die mit Schalldämpfer jagen, also Jagdeinladungen in Ländern mit Schalldämpferverbot annehmen, sind sie gezwungen, diesen Teil der Waffe zu entfernen. Eine andere Möglichkeit besteht darin, auf Drückjagden keinen Schalldämpfer einzusetzen, also ihn grundsätzlich abzunehmen. Somit werden ein ständiges Einschießen der Büchse oder die Nutzung mehrerer Büchsen notwendig.
Dr. Christian Neitzel hat in seinem Buch „Jagd mit Schalldämpfer" bestätigt: Die Ablage, die durch die Verwendung eines Schalldämpfers entsteht, ist reproduzierbar. Das bedeutet, die Büchse kann mit und ohne Schalldämpfer eingeschossen werden. Merken muss man sich lediglich die Ablage bzw. den Haltepunktunterschied. Praktisch lässt sich das entweder durch das Anbringen von kleinen Markierungen (bspw. kleine Klebestreifen) an der ASV oder der Nutzung einer Schießtafel, in der die auf der Schießbahn er-

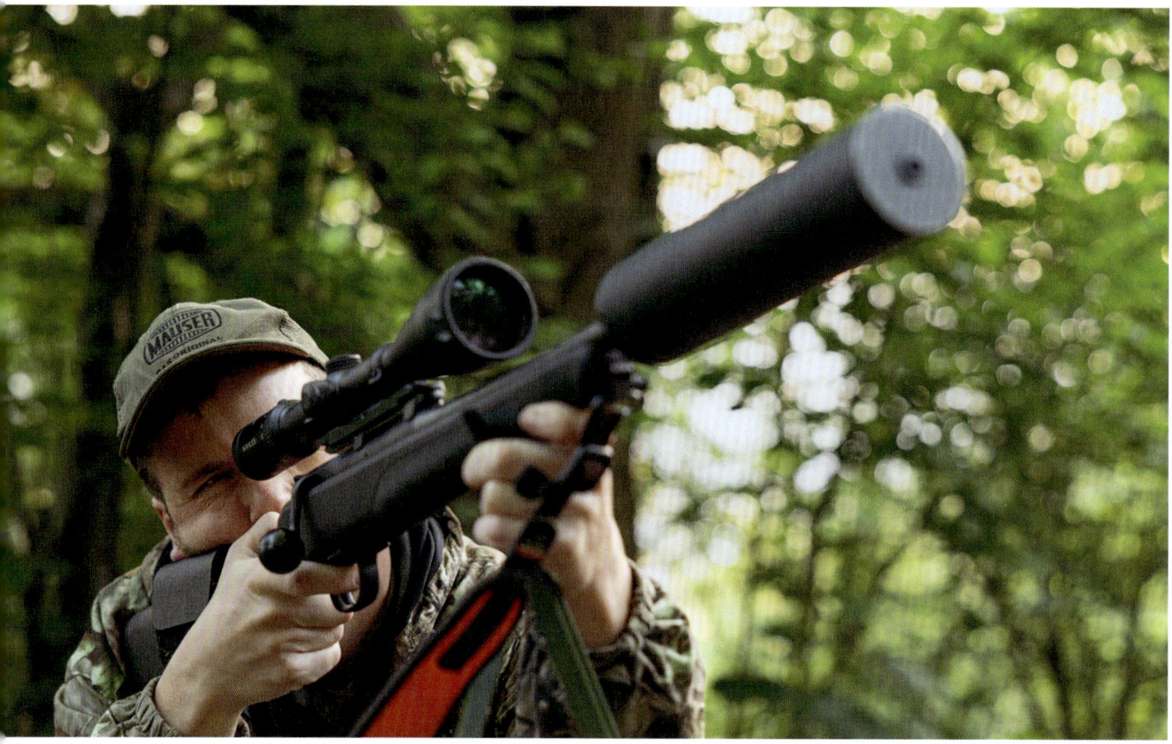

Die Veränderung der Treffpunktlage bei Verwendung eines Schalldämpfers bleibt gleich. Sie kann mittels ASV korrigiert werden.

DRILLING UND ASV?

Theoretisch kann eine ASV auch genutzt werden, um unterschiedliche Ablagen bei einem Drilling zu korrigieren, allerdings muss dies mit der jeweils eigenen Kombination ausprobiert werden. Wenn die seitliche Ablage zwischen der großen und der kleinen Kugel vernachlässigbar ist, kann der Höhenunterschied der unterschiedlichen Patronenflugbahn mittels der ASV schnell kompensiert werden.

mittelten Werte vermerkt werden, umsetzen. Ähnlich verhält es sich bei der Verwendung mehrerer Munitionssorten. Viele Jäger schießen im Training eine andere Munition als auf der Jagd. Genau wie bei der Ablage, die durch den Einsatz von Schalldämpfern entsteht, ist auch die Ablage bei Munitionswechsel reproduzierbar.

PRÜFUNG DER ASV

Die ASV ist eine Feinmechanik, deren Präzision von Hersteller zu Hersteller variiert. Um sicherzugehen, dass Ihre ASV richtig funktioniert, können Sie folgenden Test, den sogenannten Boxtest durchführen:

1. Bereiten Sie sich folgende Zielscheibe vor: 100 × 50 cm, unten links auf der Zielscheibe bringen Sie einen Zielpunkt mit 2,9 cm Durchmesser an. Diese Scheibe hängen Sie in 100 m Entfernung auf.
2. Geben Sie eine Schussgruppe von beispielsweise drei Schuss auf den Zielpunkt ab.
3. Verstellen Sie nun die Höhenverstellung um 25 Klick nach oben und geben einen Schuss ab.
4. Verstellen Sie die Optik nun um 25 Klick nach rechts und geben einen Schuss ab.
5. Verstellen Sie anschließend die Optik um 25 Klick nach unten und geben wiederum einen Schuss ab.
6. Zuletzt verstellen Sie die Optik um 25 Klick nach links und schießen erneut eine Schussgruppe. Wenn diese Schussgruppe mit der ersten übereinstimmt, haben Sie eine wiederholgenaue ASV.

Mittels dieser Übung kann so nicht nur der Schuss an sich geübt werden, sondern die Übung gleichzeitig zur Überprüfung der Wiederholgenauigkeit der ASV genutzt werden. Munition ist teuer genug und die Schießaufenthalte sind leider viel zu selten, daher sollte jeder Übungsschuss sinnvoll genutzt werden und, wo immer möglich, mehrere Zwecke erfüllen. Die ASV von Markenherstellern sollten diesen einfachen Test bedenkenlos bestehen, bei günstigen Herstellern hat man gelegentlich Probleme mit der Wiederholgenauigkeit.

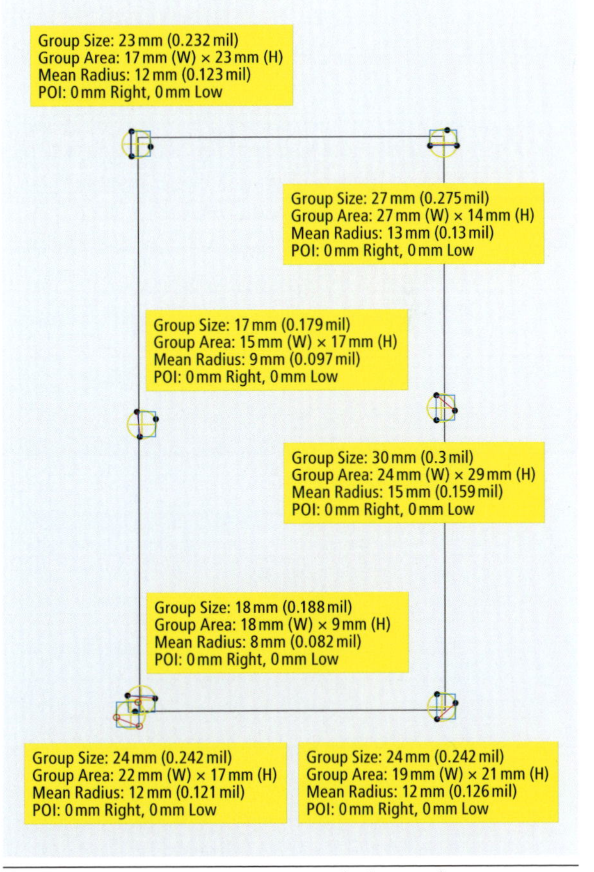

Der Boxtest zeigt vom Beginn unten links im Uhrzeigersinn die verschiedenen Schussgruppen.

Die ASV hat auch auf der Jagd einen sinnvollen Platz. Welche ASV-Variante man verwendet, hängt natürlich vom persönlichen Geschmack ab, wir empfehlen die klassische Variante mit einfacher Skala und Rastenverstellung. Mit dieser Verstellvariante kann man auf alle oben angesprochenen Anforderungen reagieren und ist unabhängig. Weiterhin empfehlen wir eine Absehenverstellung zu wählen, die mit den Verstelleinheiten der Optik harmoniert. Verwendet man zusätzlich ein ballistisches Absehen, so sollte das Absehen ebenfalls auf die Verstellschritte der Optik geeicht sein. Dies führt uns zum nächsten Thema, dem Einschießen von ballistischen Absehen.

BALLISTISCHE ABSEHEN

Im Kapitel „Ausrüstung für das Büchsenschießen“ (S. 39) haben wir beschrieben, dass Ballistische Absehen oder MIL-Absehen die Möglichkeit bieten, den Geschossabfall auszugleichen. bllistische Absehen sind dafür sehr gut geeignet, da keine „Manipulationen“ an der Optik notwendig sind. Verräterische Bewegungen oder Geräusche können so vermieden und trotzdem ein zielsicherer Schuss auf weite Entfernungen angetragen werden. Auch wenn ein Hirsch sicherlich nicht 200 oder 300 m weit äugt, können Vögel oder anderes Wild in der Nähe des Jägers aufgescheucht werden und ihn so verraten.

AUSGLEICH DES GESCHOSSABFALLS

Der Geschossabfall auf unterschiedliche Entfernungen kann auf mehrere Arten ausgeglichen werden. Die einfachste Variante ist die Nutzung eines durchgehenden Visierbereiches, sprich man nimmt eine Abweichung der Geschossflugbahn innerhalb eines definierten Raumes billigend in Kauf, um auf möglichst langer Strecke mit nur einem Haltepunkt schießen zu können. Die Einschießmethode hierzu ist das Einschießen der Waffe auf die GEE (Günstige Einschießentfernung, s. S. 60).

Möchte man mit einer vordefinierten Abweichung vom Haltepunkt nicht leben, muss man die Waffe auf Zielmitte einschießen und zwangsläufig irgendwann das Absehen verstellen. Ist die Waffe auf Fleckschuss justiert, muss die Lage der Optik an jede Distanz angepasst werden, die nicht der eingeschossenen Distanz entspricht. Hierfür gibt es grundsätzlich drei Möglichkeiten:

1. Die Verwendung einer ASV
2. Die Verwendung eines ballistischen Absehens
3. Eine Kombination aus 1. und 2.

Eine ASV zu verwenden, ist denkbar einfach, die Grundlagen wurden auf Seite 66 beschrieben. Ähnliches gilt für die Nutzung ballistischer Absehen, auch eine Einführung ins Thema MIL- und MOA-Absehen wurde bereits gegeben. Hier möchten wir nun auf folgende Frage genauer eingehen: Welche Voraussetzungen müssen für die Nutzung eines ballistischen Absehens geschaffen werden?

Die beiden wichtigsten Aspekte für den Umgang mit ballistischen Absehen sind die Frage nach der Lage des Absehens sowie nach dessen Maßen. Als Voraussetzung für die weiteren Betrachtungen muss daher bekannt sein, ob das verwendete Absehen in der ersten oder zweiten Bildebene liegt und welche Maße es hat, dies kann meistens der Packungsbeilage der Optik entnommen werden. Vier Fälle sind bei der Nutzung zu unterscheiden:

1. Absehen in der ersten Bildebene mit nicht genormten Absehen
2. Absehen in der ersten Bildebene mit ballistischen Absehen
3. Absehen in der zweiten Bildebene mit nicht genormten Absehen
4. Absehen in der zweiten Bildebene mit ballistischen Absehen

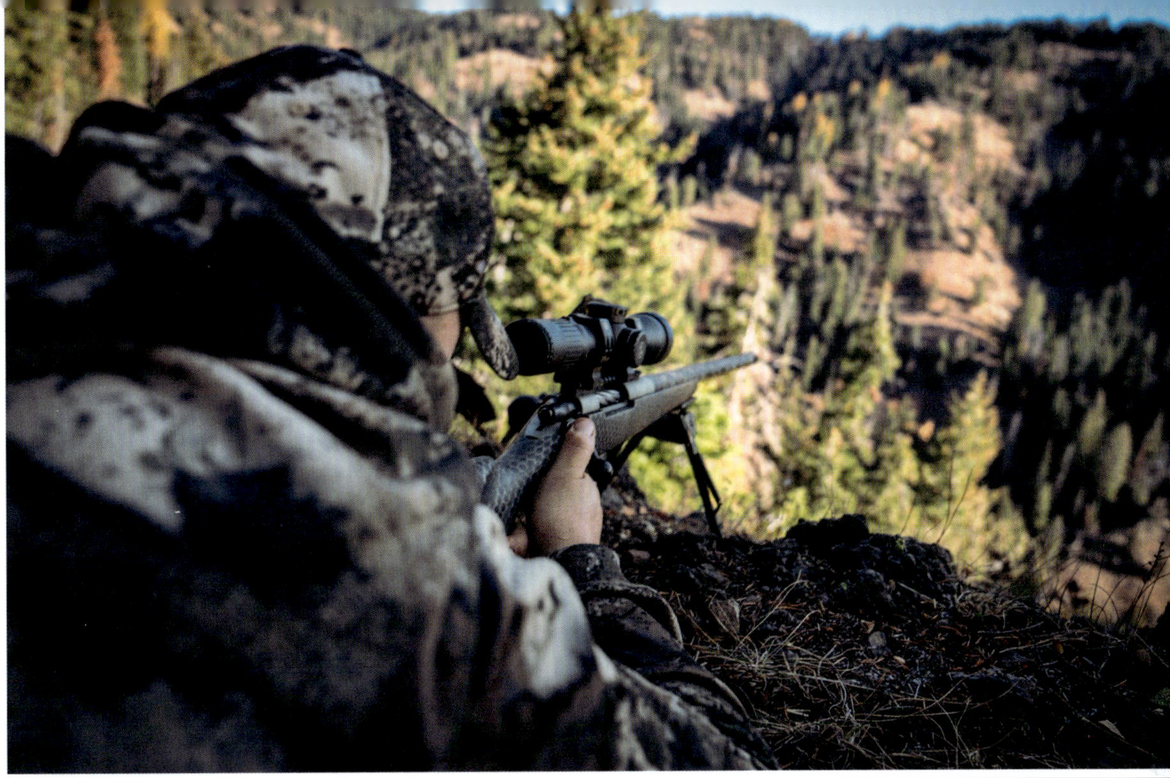

Je größer die Schussdistanzen, desto notwendiger ist die Berücksichtigung des Geschossabfalls,

In den Fällen 1 und 3 muss das Absehen zur Kompensation des Geschossabfalls zwangsläufig eingemessen werden. Das Ganze klingt schwieriger als es ist. Im Grunde genommen kann jeder 100 m-Schießstand hierfür genutzt werden. Zum Einmessen des Absehens werden keine speziellen Hilfsmittel benötigt. Es genügt ein Kalenderrücken, den wir mit einem maßigen Kreuz versehen.

ABSEHENVERMESSUNG AUF DEM SCHIESSSTAND

Auf dem Kalenderrücken wird einfach ein Kreuz aus zwei Geraden von einem Meter Länge gezeichnet, diese Geraden werden zusätzlich in Abschnitte von fünf bis zehn Zentimetern unterteilt. Danach wird der Kalenderrücken in 100 m Entfernung aufgehängt. Nun wird die Waffe fest auf dem Anschusstisch eingerichtet und das Absehen über das Kreuz auf dem Kalenderrücken gelegt. So können die Maße für das verwendete Absehen auf der Skala des Kalenderrückens abgelesen werden.
Für Absehen in der ersten Bildebene gelten die ermittelten Maße bei jeder Vergrößerung. Für Absehen in der zweiten Bildebene gelten die Maße nur für die genutzte Vergrößerungseinstellung! Aus diesem Grund ist es sinnvoll, eine Vergrößerungseinstellung zu wählen, bei der die Maße des Absehens möglichst gerade (metrische) Maße ergeben.

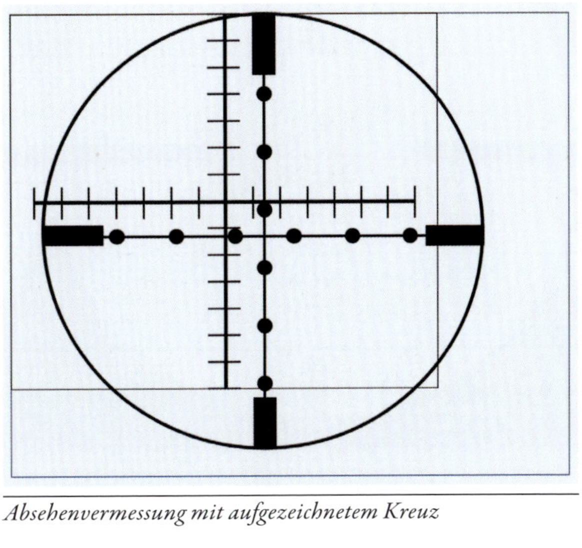

Absehenvermessung mit aufgezeichnetem Kreuz

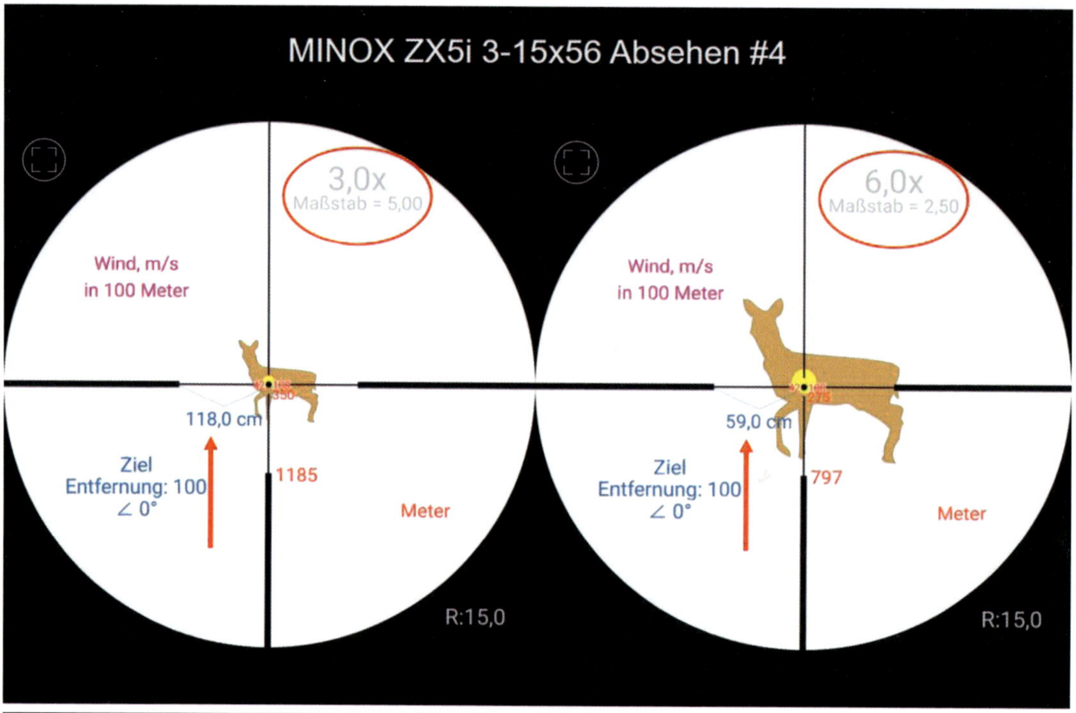

Auswirkungen des Vergrößerungswechsels bei einem Absehen 4 in der 2. Bildebene: Die Proportionen des Absehens verändern sich (rote Pfeile) und der Wildkörper wird vergrößert.

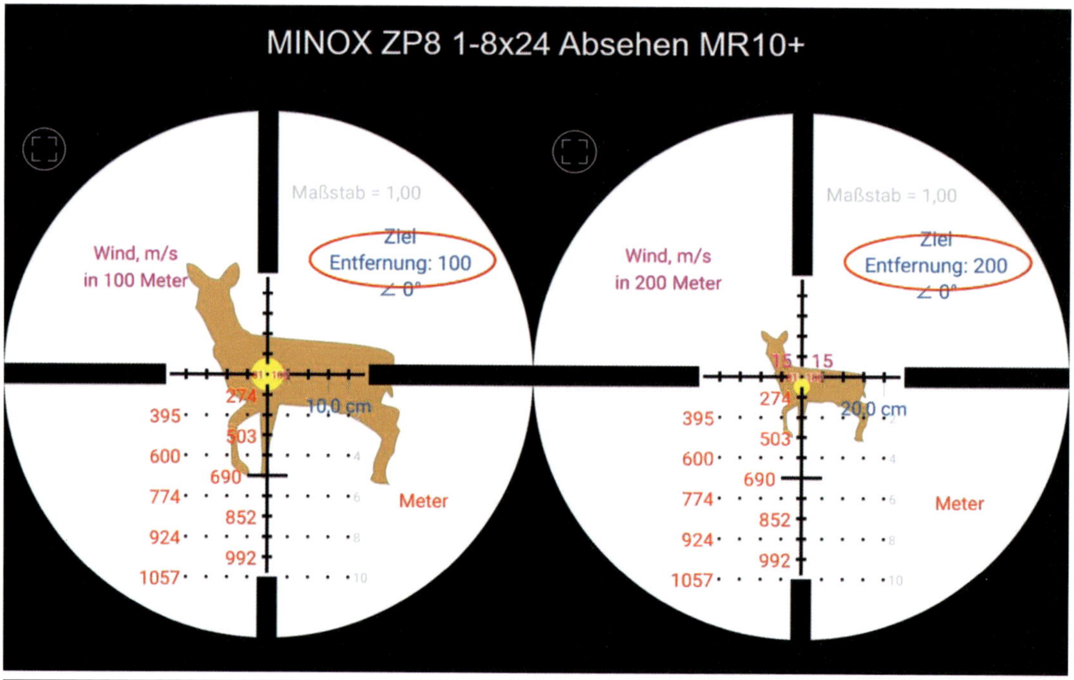

Ein Absehen in der 1. Bildebene. Mit zunehmender Entfernung zum Ziel wird der Wildkörper kleiner – und umgekehrt –, die Proportionen des Absehens bleiben gleich.

Die so ermittelte Vergrößerungseinstellung sollte man sich notieren. Für Absehen in der zweiten Bildebene gilt: Bei Verdopplung der Vergrößerung halbiert sich der ermittelte Abstand!

Beispiel: Man nutzt ein einfaches Absehen 4, bei dem der Abstand zwischen dem dicken äußeren Balken und dem Haltepunkt in der Mitte bei 3-facher Vergrößerung 1,18 m beträgt. Bei einer 6-fachen Vergrößerung entspräche der Abstand dann 0,59 m usw.

In Abbildung 72 unten sehen Sie ein MIL-Absehen in der ersten Bildebene, das man bei jeder Vergrößerungseinstellung zu Kompensation des Geschossabfalls nutzen kann. Haben Sie jedoch ein Absehen in der 2. BE, gestaltet sich das Arbeiten mit dem Absehen zur Kompensation des Geschossabfalls ungleich schwieriger, wie das folgende Beispiel zeigt. In diesem Beispiel wird die Projektwaffe mit einem Zeiss Conquest V6 3–18x50 und einem ZBR-2-Absehen genutzt. Die Waffe wird ebenfalls auf 100 m Fleck angeschossen. Auch in diesem Fall muss auf Ziele in 100 m Entfernung lediglich die Zielmitte angehalten werden, unabhängig davon, welche Vergrößerung gewählt wurde. Sollen jedoch Stücke beschossen werden, welche auf 200 m Entfernung stehen, muss auch hier der Geschossfall kompensiert werden. Bei der verwendeten Kombination der Projektwaffe entspricht der Geschossfall auf 200 m genau 12 cm.

Um nun diese 12 cm zu kompensieren, muss eine Haltemarke gefunden werden, die 12 cm unterhalb des 100 m-Haltepunktes liegt.

Bei 3-facher Vergrößerung entspricht der Abstand zwischen zwei Haltemarken 69,8 cm, folglich entspricht der Abstand bei 17,5-facher Vergrößerung 12 cm. Also reicht es zur Kompensation des Geschossfalls die erste Haltemarke unterhalb der 100 m-Haltemarke mit 17,5-facher Vergrößerung zu wählen.

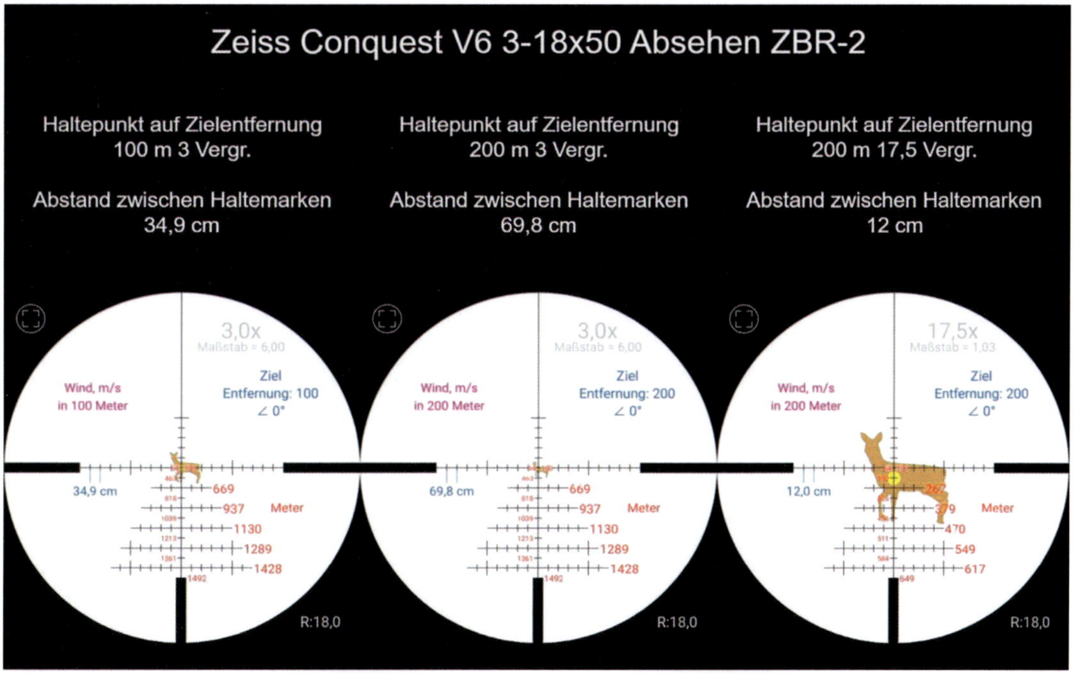

Hier sind die Auswertungen des beschriebenen Beispiel zu sehens. Mit den Vergrößerungswechseln ändern sich die Proportionen des Absehens und die Haltemarken.

Folgende Rechnung liegt dem zugrunde: Der Abstand zwischen zwei Haltemarken bei 3-facher Vergrößerung auf 100 m Distanz entspricht 34,9 cm, => auf 200 m beträgt der Haltemarken-Abstand
34,9 cm × 2 = 68,9 cm.
Bei welcher Vergrößerung nun hat der Abstand zwischen zwei Haltemarken 12 cm? Das lässt sich wie folgt ausrechnen:
68,9 cm bei 3-facher Vergrößerung entspricht 12 cm bei 17-facher Vergrößerung, d. h.

$\frac{68,9}{12} = 5,75$
$5,75 \times 3 = 17,25.$

Um während der Jagd keinen Notizblock und Taschenrechner herausholen zu müssen, bietet es sich an, übliche Distanz-Vergrößerungskombinationen für jagdlich relevante Distanzen bis 300 m im Vorfeld in 50 m Schritten zu ermitteln.

MIL-ABSEHEN – WIEDERHOLGENAUIGKEIT

Um die Reproduzierbarkeit bzw. die Wiederholgenauigkeit eines MIL-Absehens zu überprüfen, kann man neben der oben beschriebenen Messmethode auch eine Schießübung, ähnlich dem Boxtest aus dem vorherigen Abschnitt; durchführen:

1. Am unteren Rand einer ausreichend großen Zielscheibe (80 × 80 cm) wird ein 2,9 cm großer Haltepunkt eingezeichnet.
2. Danach wird die Zielscheibe in 100 m Entfernung aufgehängt und eine Mil-Haltemarke nach der anderen angeschossen.
3. Im Idealfall liegen die Schussgruppen entlang einer senkrechten Linie im 10 cm-Abstand, wenn beispielsweise ein MIL-Absehen genutzt wird.

Diese Übung kann sinngemäß generell für alle Absehen mit unterschiedlichen Zielmarkierungen angepasst werden.

> **TIPP**
> Zur schnellen Verlegung des Haltepunkts sind ballistische Absehen sehr gut geeignet. Die Kompensation der ballistischen Kurve der Kugel muss bei dieser Methode jedoch im Kopf erfolgen, daher kommt man nicht umhin, die Ablagen seiner Waffe genau zu kennen bzw. diese auf dem Schießstand zu überprüfen.

GESCHOSSFLUG UND -WIRKUNG

In diesem Abschnitt wollen wir gern einen Schritt weitergehen und Ihnen zeigen, wie Sie beurteilen können, ob Ihre Munition und die dazugehörige Waffe ausreichend präzise für Ihre jagdlichen Zwecke sind. Hierfür sind einige Faktoren verantwortlich, u. a. der Ort des transsonischen Durchgangs und die Energie des Geschosses im Ziel.
Die folgenden Betrachtungen stammen von Marcel Tschannen. Er veröffentlichte sie im Jahr 2004 und stellt sie nun kostenlos im Netz zur Verfügung. Tschannens hervorragende Ausführungen sind meist sehr Mathematik-lastig, weswegen wir versuchen, das Thema für Leserinnen und Leser greifbarer darzustellen.

„SCHALLMAUER"

Der Begriff „transsonischer Durchgang" klingt komplizierter, als er eigentlich ist. Er beschreibt die Stelle, an der die Geschwindigkeit des Geschosses so weit zurückgeht, dass es nicht mehr mit Überschallgeschwindigkeit, sondern mit Unterschallgeschwindigkeit fliegt, also den Punkt, an dem die Geschossgeschwindigkeit unter 340 m/s fällt. Diese 340 m/s sind unter normalen Bedingungen die Schallgeschwindigkeit. Umgangssprachlich ist der Ort des transsonischen Durchgangs auch als „Schall-

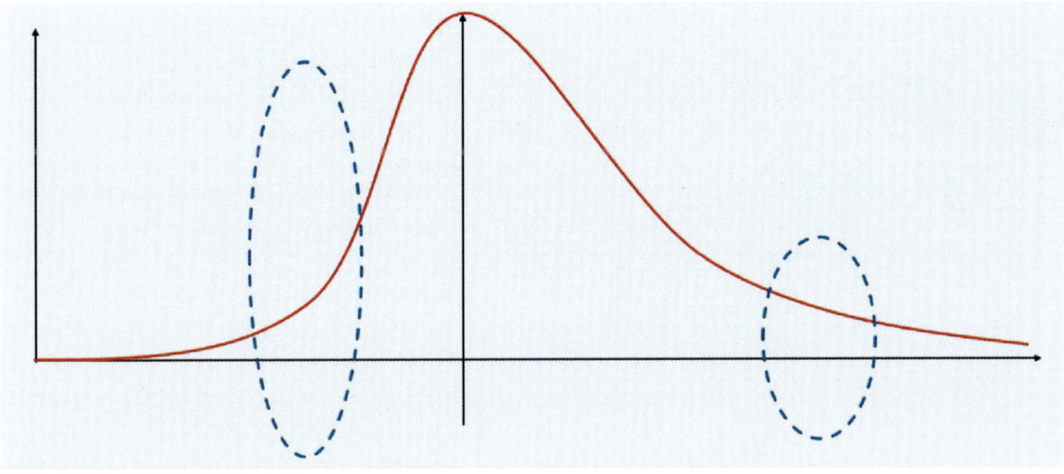

Das Geschoss durchbricht im Gewehrlauf die Schallmauer (linker Kreis) und verlässt den transsonischen Bereich im Verlauf seines Flugs wieder (rechter Kreis).

mauer" bekannt. Wieso ist es nun wichtig zu wissen, wo der Ort des transsonischen Durchgangs meines Geschosses liegt?

GESCHOSSSTABILITÄT

Aus physikalischer Sicht ist es einfach ausgedrückt so, dass ein Geschoss entweder im Überschallflug oder im Unterschallflug stabil ist. In der Regel verlässt das Geschoss mit deutlicher Überschallgeschwindigkeit den Lauf (mit irgendetwas zwischen 600 m/s und 1000 m/s) und wird nach einigen Hundert Metern auf Unterschallgeschwindigkeit abgebremst.

Der Geschossflug ist drallstabilisiert, allerdings ist es bei langen Büchsenlaufgeschossen so, dass der Schwerpunkt des Geschosses hinten liegt, die Luftwiderstandskraft aber am vorderen Teil des Geschosses angreift, sodass das Geschoss kippen will. Somit ist der präzise Geschossflug ein ständiger Kampf zwischen der Drallstabilisierungskraft und der Luftwiderstandskraft. Die Folge dieses Kampfes der beiden Kräfte ist eine chaotische Spitzenbewegung des Geschosses, auch Präzession und Nutation genannt. Die heftigsten Präzessions- und Nutationsbewegungen hat man bis etwa 10 bis 20 m nach Verlassen der Mündung und dann erst wieder nach Verlassen des Überschallbereichs (Ort des transsonischen Durchgangs).

MAXIMALE STABILITÄT

Jetzt müsste jedem klar sein, wieso man den Ort des transsonischen Durchgangs kennen sollte. Wer Wert auf maximale Präzision legt, muss eine Patrone wählen, die mindestens bis zum Erreichen des Ziels entweder nur im Überschall- oder nur im Unterschallbereich fliegt, um stets vollkommen stabilisiert zu sein. Als Anwendungsbeispiel nehmen wir die 7 × 64 Brenneke TAG. Der Ort des transsonischen Durchgangs dieser Patrone liegt laut der Ballistik-Software Strelok bei 1420 m. Dies ist sogar realistisch und zeigt, dass ein Jäger sich bei der Wahl dieser Patrone auf die jagdüblichen Distanzen keine Sorgen über die Präzision machen muss. Anders ist es bei Long-Range-Schützen, also Sportschützen, die auch weit über 1000 m schießen.

DIE GESCHOSSWIRKUNG

Dem Sportschützen kann die Geschosswirkung bzw. die Energie seines Geschosses egal sein, denn er will lediglich präzise treffen. Der Jäger hingegen muss ein großes Interesse an der Geschossenergie im Ziel haben, da

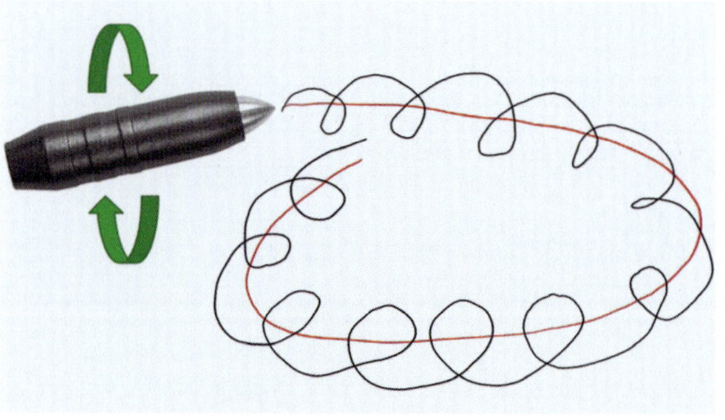

Eigenrotation des Geschosses (grüne Pfeile), Nutation (schwarze Linie) und Präzision (rote Linie)

es zum einen gesetzliche Forderungen hierzu gibt und die Geschossenergie zum anderen maßgeblich für die Wirkung des Geschosses ist.

Wovon hängt nun die Wirkung des Geschosses im Ziel ab? Von der physikalischen Wirksamkeit des Geschosses zum einen, aber auch von der Trefferlage und der individuellen Verfassung, in der sich das beschossene Wild befindet. Wenn wir davon ausgehen, dass alle Schützen sauber treffen und der individuelle Zustand des Wildes gleich ist, gilt es nun zu klären, wie Sie die physikalische Wirksamkeit des Geschosses beeinflussen können. Um

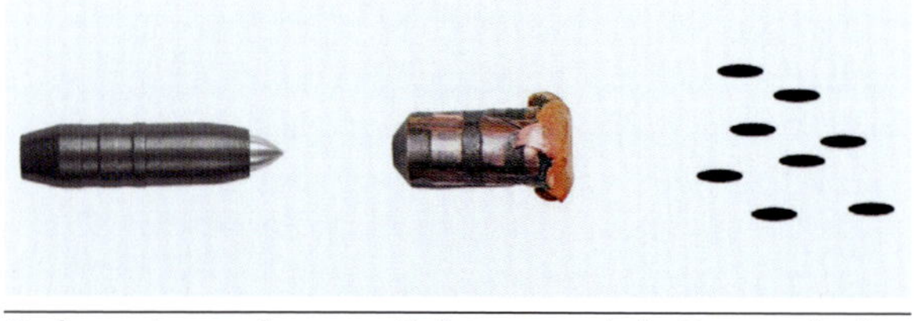

Deformationsgeschosse gewährleisten eine hohe Energieabgabe an den Wildkörper (aus M. Tschannen: Ballistik für den Feldgebrauch).

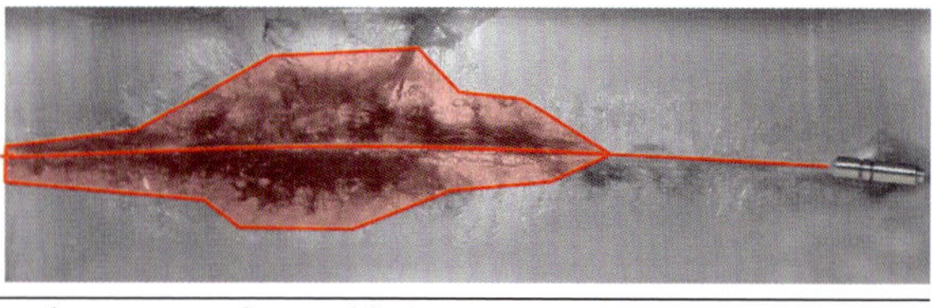

Beschuss eines Gelantineblocks mit einer Brenneke TUG nature (Quelle: Brenneke Ammunition GmbH)

eine hohe Wirksamkeit zu erreichen, ist eine geringe Querschnittsbelastung des Geschosses wichtig. Die Querschnittsbelastung ist die Masse eines Geschosses geteilt durch die Fläche des Querschnitts: Letztere erhält man, wenn man eine Scheibe aus einem Geschoss heraustrennt und die Fläche misst.

$$\text{Querschnittsbelastung} = \frac{\text{Geschossmasse}}{\text{Querschnittfläche}}$$

Lange dünne Geschosse unterliegen demzufolge einer hohen Querschnittsbelastung. Das ist gut für die Präzision, lässt aber nur wenig Energieabgabe an das Ziel zu. Um eine hohe Energieabgabe an das Ziel zu bewirken, müsste man die Querschnittsbelastung drastisch verringern, sprich die Masse des Geschosses verringern oder den Querschnitt erhöhen.

Bei modernen Jagdgeschossen geht man dazu über, durch aufwendig konstruierte Deformationsgeschosse den Querschnitt des Geschosses beim Auftreffen auf den Wildkörper schlagartig zu erhöhen, um die Energieabgabe und somit die physikalische Wirksamkeit des Geschosses zu maximieren.

Die Kunst des Jägers ist es nun, ein Geschoss zu finden, dass zum einen die gesetzlichen Auflagen erfüllt und zum anderen auch auf allen anderen Schussdistanzen genügend Energie hat, um das Geschoss ideal aufpilzen zu lassen. Natürlich ist klar, dass es kein Geschoss gibt, das auf alle Distanzen das gleiche Aufpilzverhalten zeigt und nie zu Durchschüssen führt. Durch Ausprobieren und einige Vorüberlegungen kann man allerdings herausfinden, welches Geschoss sich für die eigenen Bedürfnisse in den meisten Fällen empfiehlt. Hierfür berechnet man den Energieverlust des verwendeten Geschosses in 25-Meter-Schritten nach Verlassen der Mündung, und zwar bis zu der maximalen eigenen Schussdistanz, und sucht sich dann ein Geschoss aus, das innerhalb dieses Distanzbereichs ein gutes Aufpilzverhalten aufweist.

DER PERFEKTE BÜCHSEN-SCHUSS (SHOTPLACEMENT)

Im folgenden Kapitel werden wir auf das Thema „der perfekte Schuss“ bzw. Trefferplatzierung eingehen. In der internationalen Literatur gibt es bereits sehr viele Untersuchungen zu dem Thema und viele sehr anschauliche Grafiken. Wir haben die meist englischsprachige Literatur ausgewertet und auf das deutsche Wild übertragen.

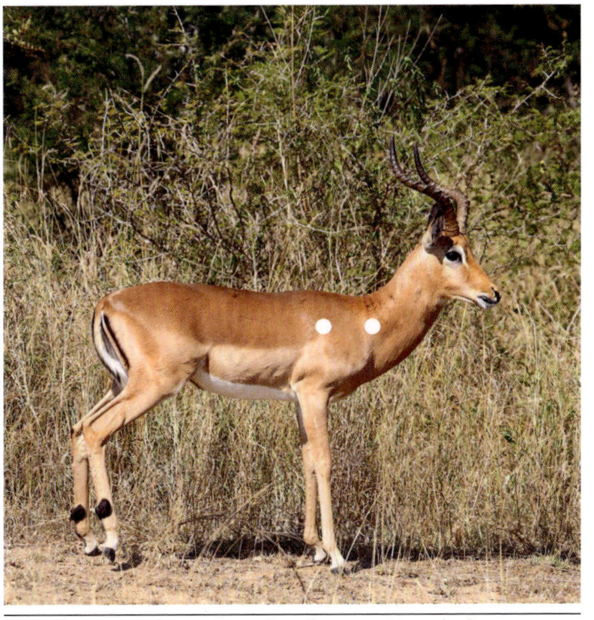

Visualisierte Haltepunkte – hier bei einer Impala für einen hohen Blattschuss (l.) und einen Trägerschuss.

SHOTPLACEMENT – SINN UND ZWECK

Die besten bzw. ausführlichsten Betrachtungen zum Thema „Shotplacement“ finden sich in dem Buch „The Perfect Shot“ von Dr. Kevin Robertson. Dr. Robertson betrachtet in seinem Buch überwiegend afrikanisches und amerikanisches Wild. Seine Überlegungen lassen sich ebenfalls auf europäisches Wild übertragen. Neben dem genannten Buch hat.

Wofür aber braucht man die Theorie des Shotplacements oder auch sogenannte Shotplacementcards? Im Grunde genommen geht es darum, schneller zu werden, rascher Ziele identifizieren zu können, um dann schneller einen sicheren Treffer zu platzieren. Der eine oder andere kennt Shotplacementcards vielleicht aus der „Wild und Hund“. Die Zeitschrift hat bereits vor einigen Jahren Taschenkarten mit Vorhaltemaßen für querbewegliches Wild erstellt. Die Shotplacementcards von Mr. Robertson haben den gleichen Grundgedanken: Es geht darum, die ideale Trefferplatzierung zu visualisieren und über ständiges Wiederholen der

SHOTPLACMENTCARDS

Die Visualisierung der idealen Trefferlage mittels Karten ist nicht neu, sondern einige gängige Methode des Trockentrainings. Mithilfe der Karten kann man ständig und zu jeder Zeit üben. Auch beim Militär benutzten wir Karten mit visualisierten Vorhalten auf unterschiedliche Entfernungen, um die richtigen Haltemarken für Standardschießübungen zu lernen. Oft genug trocken geübt, führte es dazu, dass man schneller das Visierbild nehmen und entsprechend schneller schießen konnte. Das Credo lautete: „Überleben auf dem Gefechtsfeld basiert auf der Fähigkeit, schnell und präzise zu treffen“, oder anders ausgedrückt: „Wer schneller schießt und besser trifft, überlebt.“

Bilder im Unterbewusstsein zu verankern. Auch auf der Jagd hängt der Erfolg maßgeblich davon ab, in kurzer Zeit entschlossen eine Entscheidung herbeizuführen. Wir werden jetzt ein paar Situationen auf Bildern darstellen, die Sie als Shotplacementcards benutzen können, um zukünftig nicht mehr über die korrekte Treffpunktlage nachdenken zu müssen.

DIE REGELN FÜR DEN PERFEKTEN SCHUSS

Im folgenden Abschnitt erarbeiten wir uns gemeinsam einige Regeln, mithilfe derer Sie sich den perfekten Schuss auf jeden Wildkörper erarbeiten können. Diese Grundsätze sind nicht unsere Erfindung, wir haben vielmehr eine geometrische Methode zur Ermittlung des Schwerpunktes dreidimensionaler Körper benutzt und diese auf Wildkörper angewendet.

BREITSTEHENDES WILD

Bevor wir die Regeln für die richtige Trefferplatzierung erarbeiten, klären wir zunächst, welcher Schuss zum Töten von Wild geeig-

TIPP
Herzschüsse sitzen sehr tief im Körper und können noch sehr lange Fluchten nach sich ziehen, da einige Vitalsysteme des Wildes noch intakt sind. Auf abzulehnende Kopfschüsse gehen wir gar nicht ein.

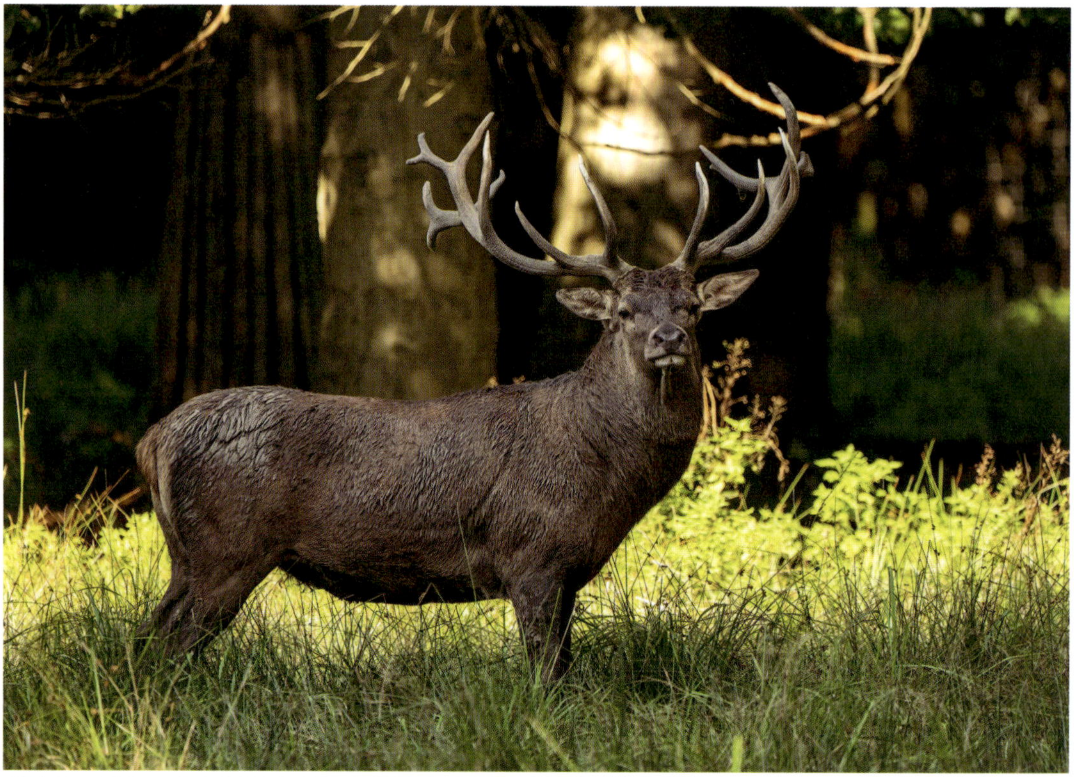

Der Schuss durch beide Lungenflügel hat die beste Tötungswirkung. Breit stehendem Wild ist er vergleichsweise einfach anzutragen.

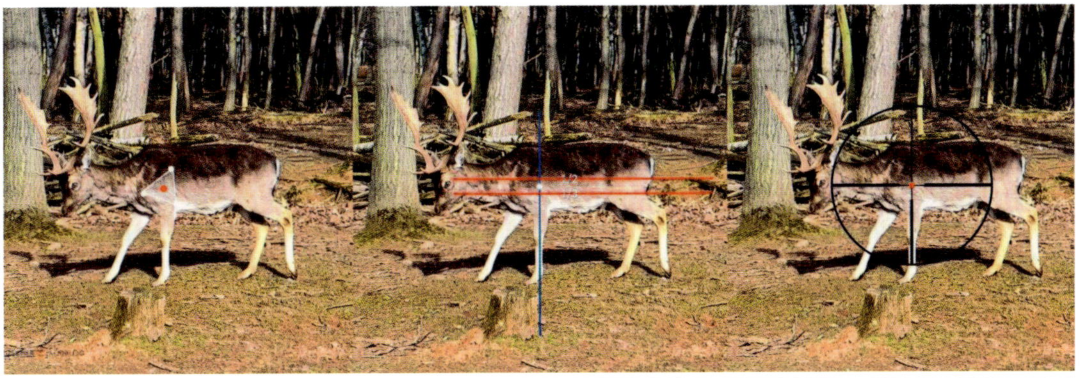

Der Haltepunkt bei breit stehendem Wild

net ist. Aus Dr. Kevin Robertsons oben erwähntem Buch „The Perfect Shot“ geht hervor, dass der Doppellungenschuss am besten geeignet ist, um eine augenblickliche Tötungswirkung herbeizuführen. Durch diesen Schuss kollabieren die Lungen, und die Sauerstoffzufuhr wird augenblicklich unterbrochen, wodurch das Tier nicht mehr weit flüchten kann.

Hieraus ergibt sich schon die erste Regel von vor allem tierschutzrechtlicher Relevanz:

1. Nutze den (Doppel-)Lungenschuss!

Wie aber garantiert man einen Treffer der Lungen? Hierfür hat Dr. Robertson auch eine schöne visuelle Hilfe entwickelt, das sogenannte „Vital-Dreieck“. Das Vital-Dreieck wird definiert von den Punkten Ellenbogen – Schultergelenk –Vorderblattspitze. Im Schwerpunkt des Vital-Dreiecks liegt der ideale Treffpunkt bei Wild, das in einem 90°-Winkel zum Schützen steht. In manchen Fällen kann man die Konturen der Knochen erkennen, jedoch nicht immer.

Ein anderes gutes visuelles Hilfsmittel für die Platzierung des Absehens ist die sogenannte Blattlinie. Diese Linie bzw. – mathematisch korrekt – Gerade teilt den Wildkörper in zwei Hälften. Der zuvor beschriebene Schwerpunkt des Vital-Dreiecks liegt zwischen der Blattlinie und der Geraden, die den Wildkörper drittelt, sowie derjenigen Geraden, die den Vorderlauf teilt. Hieraus folgt eine weitere Regel:

2. Platziere das Absehen zwischen der Blattlinie und der Linie, die den Wildkörper drittelt sowie auf der Linie, die den Vorderlauf teilt!

Aus unserer Sicht ist es nicht falsch, von dieser Regel abzuweichen und das Absehen auf den Schnittpunkt der Blattlinie mit der Senkrechten, die kurz hinter dem Vorderlauf verläuft, zu platzieren. Die Abbildung oben zeigt ein Beispiel für die Platzierung eines Absehens auf dem Körper von Wild, hier eines Damhirsches, das in einem 90°-Winkel zu Ihnen steht.

SCHRÄG VON VORN ODER HINTEN

Was soll man machen, wenn das Wild in einem Winkel von 45° von vorn oder hinten beschossen werden muss? Bei diesem Schuss spielen verschiedene Aspekte eine Rolle.

So muss man den Weg des Projektils durch den Wildkörper richtig beurteilen und einschätzen können, wie sich das verwendete Geschoss verhält.

Von dem US-amerikanischen Jäger und Buchautor Finn Aagaard stammt ein schönes Zitat: „When it comes to killing game, a three thousand dollar rifle with a three thousand dollar scope is worth no more than it’s bullet.“ (Wenn es auf das Töten von Wild ankommt, ist eine 3000-Dollar-Waffe mit einer 3000-Dollar-Optik nicht mehr wert als das Geschoss.) Aagaard spielte mit diesem Satz darauf an, dass moderne, sehr

805 Zum Film: Schussplatzierung (Shotplacement)

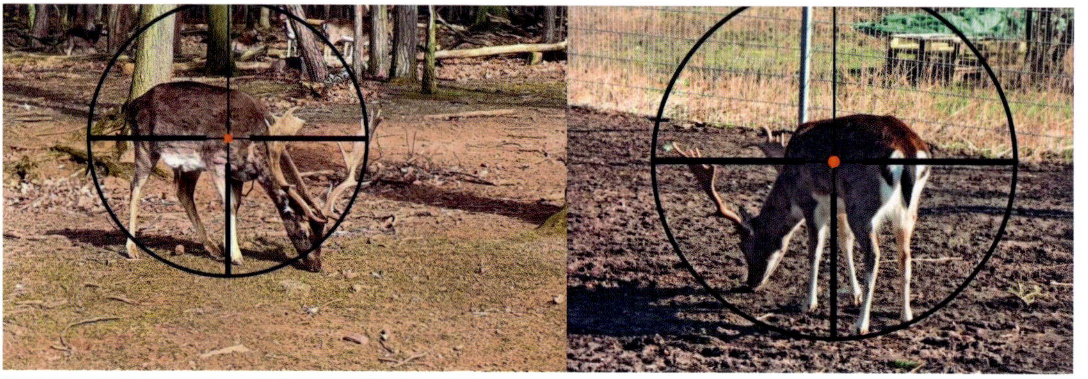

Die Haltepunkte bei schräg stehendem Wild

schnell expandiere Projektile oft nicht geeignet sind, schräg stehende Stücke zu beschießen, da auf dem Weg des Geschosses durch den Wildkörper viele Knochen liegen. Sie sorgen dafür, dass sich das Projektil sehr früh aufpilzt und schlimmstenfalls in dickeren Knochen hängen bleibt, ohne das Wild richtig zu töten. In diesem Fall ist es umso wichtiger, schnell für den Folgeschuss bereit zu sein. Auch bei Stücken, die nicht in einem 90°-Winkel zum Schützen stehen, nimmt man die Blattlinie als Referenzlinie für die Horizontale, allerdings verschiebt sich der visuelle Ankerpunkt. In den Abbildungen oben sehen Sie, wie sich der Haltepunkt mit zunehmendem Winkel des Stückes zum Schützen nach vorn bzw. hinten verschiebt. Somit gilt folgende Regel für ein Stück, welches man in einem 45°-Winkel von vorn beschießt:

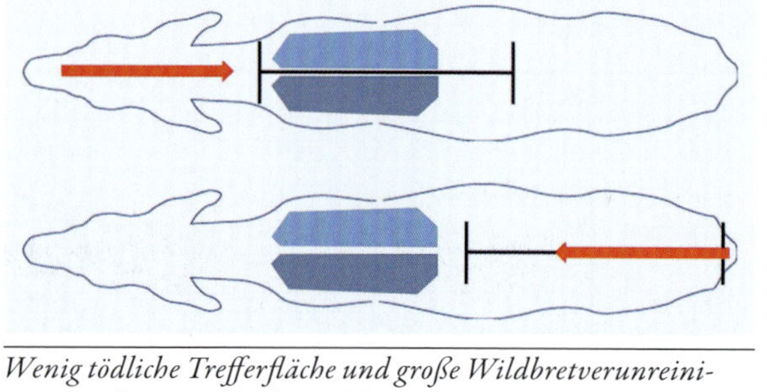

Wenig tödliche Trefferfläche und große Wildbretverunreinigung. Auf spitz stehendes Wild werden allenfalls Fangschüsse abgegeben!

3. Platziere das Absehen auf dem Schnittpunkt Blattlinie mit der Senkrechten, die an der Innenseite des dir zugewandten Vorderlaufs verläuft (s. Abb. o. l.).
Bei einem Stück, das schräg von hinten beschossen werden soll, gilt dann folgende Regel:

4. Platziere das Absehen auf dem Schnittpunkt der Blattlinie mit der Senkrechten, die an der Innenseite des dir abgewandten Vorderlaufs aufsteigt (s. Abb. o. r.).

SPITZ VON VORN ODER HINTEN

Die Abbildung oben rechts lässt erahnen, dass bereits Schüsse in einem 45°-Winkel den Organen gefährlich nahekommen, die wir als Jäger nicht treffen möchten. Aus diesem Grund gilt die Regel 5:

5. Schüsse in einem Winkel zwischen 45° und 0° müssen unterbleiben.

Bei Schüssen in steilen Winkeln von vorn oder hinten riskiert man eine sehr hohe Wildbretentwertung, und nur ein leichter seitlicher Versatz führt zu Fehlschüssen bzw. zu Schüssen, die nur einen Lungenflügel treffen. Dieser Schuss kommt also nur infrage, wenn einem bereits verletzten Stück ein Fangschuss abgetragen werden muss. Ebenso verhält es sich mit Schüssen spitz von hinten, sogenannten „Texas Heart Shots". Mal abgesehen davon, dass spitz von hinten stehende Stücke nur eine sehr kleine tödliche Trefferfläche bieten, verletzt man beim Schuss auch viele Organe, die nicht in Mitleidenschaft gezogen werden sollen. Entscheidet man sich für diesen Schuss, um ein verletztes Stück zu erlösen, sollte das verwendete Geschoss tief eindringen können.

VON OBEN ODER UNTEN

Diese Situation kommt häufiger vor, als man sich vorstellen mag. Wer viel von Hochsitzen oder mit dem Klettersitz in Waldverjüngungen jagt, kennt sie. Schießt man in einem steilen Winkel hinauf oder hinunter, muss man sich bewusst sein, dass man nicht dort trifft, wo man anhält. Wir haben auch zu diesem Thema ein Video erstellt, das Sie in der KOSMOS-PLUS-App abrufen können. Darin wird verdeutlicht, dass man ab einem Winkel von 20° den Haltepunkt verlagern muss. Viele Schützen können dies nicht, weil sie die Treffpunktlage nicht mehr richtig einschätzen, und fehlen dann oft! Daher gilt folgende Regel:

6. Schüsse nach oben oder unten in einem Winkel von über 20° haben zu unterbleiben, wenn die erforderliche Treffpunktverlagerung nicht beherrscht wird!

Die Zeichnung oben zeigt auf einfache Art und Weise die Regeln für solche Schüsse auf ein dreidimensionales Ziel. Auf das Thema werden wir später noch einmal intensiver eingehen.

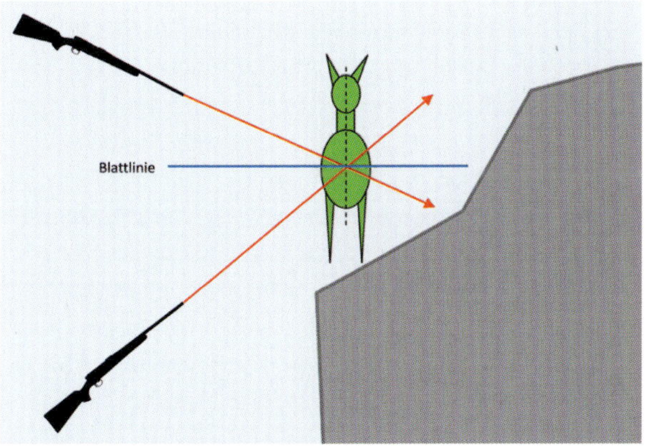

Der alte Spruch „bergauf, bergrunter, halt immer drunter" ist schlicht und einfach falsch. Bei Schüssen nach unten muss oberhalb der Blattlinie angehalten werden.

7. Bei Schüssen von oben nach unten: höher anhalten!

8. Bei Schüssen von unten nach oben: tiefer anhalten!

Regeln 7 und 8 gelten, wenn man die Blattlinie als Referenz für den horizontalen Haltepunkt nimmt. Einfacher ist es, dafür die Hälfte des Wildkörpers herzunehmen.

806 zum Film: Schießen vom Hochsitz mit steilem Winkel

VISUALISIEREN VON SCHUSSSITUATIONEN

Machen wir uns einmal den Spaß und kombinieren verschiedene Standardsituationen miteinander und versuchen, eine Lösung dafür zu finden.

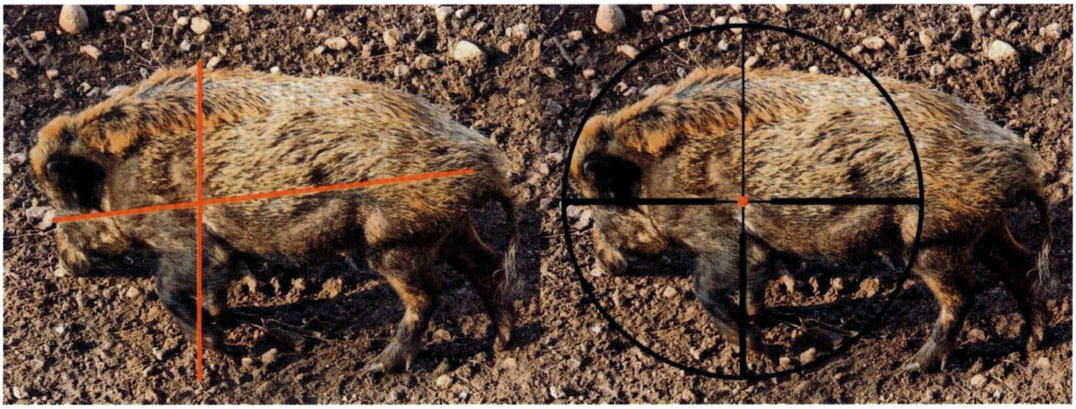

Die Visualisierung des Haltepunkts ist hilfreich – wir Menschen sind „Augentiere".

Schießt man nach unten auf ein Stück, welches im 45°-Winkel zum Schützen steht, muss man die Regeln 4 bzw. 5 und 8 kombinieren. Die horizontale Hilfsgerade teilt den Wildkörper mittig. Die senkrechte Linie steigt an der Innenseite des äußeren Vorderlaufs auf. An der Stelle, an der sich beide Geraden/Linien schneiden, halten wir an. In Abbildung Seite 81 unten haben wir anhand einer Wildparkaufnahme eine kombinierte Situation mithilfe der zuvor erläuterten Hilfslinien hergeleitet und visualisiert.
Diese Form der Visualisierung von Haltepunkten ist aus unserer Sicht ausgesprochen sinnvoll, da man mit ihrer Hilfe gut das schnelle Nehmen eines korrekten Visierbildes üben kann. Durch die Verankerung solcher Bilder im Unterbewusstsein kann man in stressigen Situationen schnell und ohne viel nachzudenken den richtigen Haltepunkt finden.

ÜBUNG MACHT DEN MEISTER

Üben kann man diese Form des Schießens mittels Kartons. Auf unseren Seminaren machen wir stets auch Übungen mit Schießen auf dreidimensionale Ziele. Einen Eindruck, wie man das Schießen auf dreidimensionale Ziele üben kann, und als Beleg für die Richtigkeit der oben aufgestellten Regeln haben wir zusammen mit der „Jägerschmiede“ ein Video erstellt . In diesem Video wird nicht nur die Anwendung der „Acht Kriterien für den präzisen Schuss“ erklärt, sondern unter deren Einhaltung auch ein dreidimensionales Ziel beschossen. Schauen Sie sich das Video an! Im Kapitel „Der waidgerechte Schuss auf große Distanzen" werden wir auf den Schuss auf 3D-Ziele noch einmal näher eingehen.

> **TIPP**
> Das Schießen auf dreidimensionale Ziele ist für die meisten Schützen eine der größten Herausforderungen. Gerade dieses Schießen kann nicht oft genug geübt werden!

DER WINKELSCHUSS AUF KURZE DISTANZ

Vor einiger Zeit schilderte uns einer unserer Kunden folgenden Fall: Er beschoss vom Hochsitz aus ein Stück Rehwild in steilem Winkel nach unten, unterschoss und fehlte es aber. Die Grundlagen des Winkelschießens hatte er jedoch verstanden. Was war hier passiert?
Auf den vorangegangenen Seiten haben wir wir die Gesetzmäßigkeiten des Winkelschusses beschrieben. Es ging darin um Schüsse auf Distanzen, die weiter als die in Deutschland üblichen Schüsse sind und zumeist im bergigen Gelände abgegeben werden. Wir wollten mit dieser Beschreibung nicht zuletzt den Mythos „Berg rauf, Berg runter – halt' immer drunter“ ins Reich der Fabel verweisen und eines von mehreren Erklärungsmodellen für einen Winkelschuss nahebringen. Hat man die Grundlagen in diesem Abschnitt und zusätzlich die ballistischen Grundsätze zum Einschießen einer Waffe und das Unterkapitel Shotplacement verstanden, können wir dazu übergehen, den Schuss auf kurze Distanz in einem steilen Winkel zu erläutern.
Warum wurde im Fall unseres Lesers also das Reh unterschossen? Wenn wir uns die Grafik zum durchgehenden Visierbereich (s. S. 61 u.) ins Gedächtnis zurückrufen und diese etwas anders betrachten, wird der Grund dafür recht schnell klar. Betrachten Sie die Abbildung Seite 83 oben. Sie erkennen den durchgehenden Visierbereich und, rot markiert, den Bereich, der für die Schüsse auf kurze Distanz relevant ist. Ist Ihre Waffe auf die GEE eingeschossen, schneidet das Geschoss die Visierlinie zweimal. Das zweite Mal auf der GEE und das erste Mal

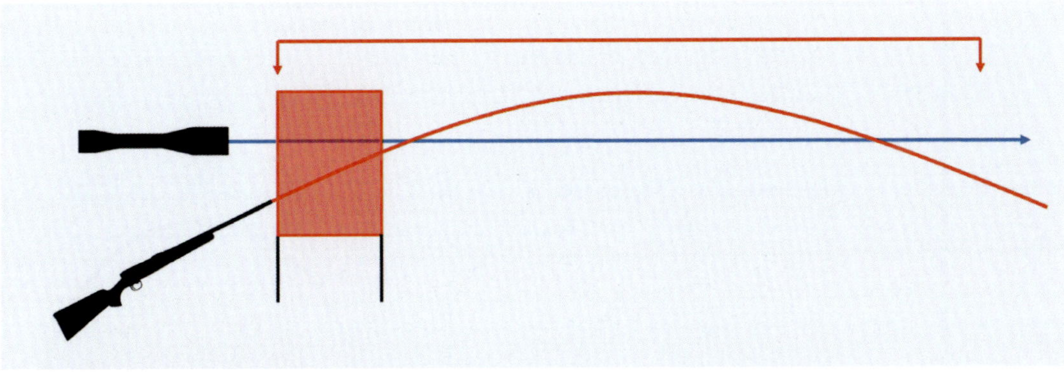

Point Blank Range und (rot) der für Winkelschüsse auf kurze Distanz maßgebliche Bereich

irgendwo bei 25 bis 50 m, was stark von Ihrem Setup aus Waffe, Munition, Optik und Montage abhängig ist.

EIN BEISPIEL

Anhand eines einfachen, zugespitzten Beispiels wollen wir den Winkelschuss auf kurze Distanz erläutern. Gehen wir einmal von einer Büchse aus, bei der die Visierlinie 8 cm oberhalb der Laufseelenachse liegt. Wir unterstellen, dass wir unser Standardgeschoss .308 Win. mit 168 gr verschießen. Bei dieser Konfiguration schneidet das Geschoss die Visierlinie das erste Mal bei 55 m und das zweite Mal bei 190 m. Schießt man jetzt auf einer Distanz unterhalb von 55 m, wird man folglich immer einen Tiefschuss haben.

In der Abbildung rechts sehen Sie eine Jagdszene, die der von unserem Leser geschilderten sehr ähnlich sein muss. Dort schießt ein Schütze aus einer acht Meter überhöhten Position auf ein Reh, das nur 15 m entfernt steht. Mit der oben dargestellten Waffenkonfiguration schießt man auf diese Entfernung knapp 6 cm tief. Der Schütze wird aber vermutlich wie gewohnt auf der Blattlinie angehalten haben. Stünde das Stück horizontal im Ziel, würde ein Tiefschuss von 6 cm es strecken. Der Schuss könnte sogar noch im Leben liegen, ohne den Haltepunkt verändern zu müssen.

Beim Winkelschuss ist allerdings zu beachten, dass das Ziel dreidimensional ist. Möchte man nun das Stück Rehwild genau treffen, so muss der Haltepunkt zwangsläufig nach oben korrigiert werden. Das bedeutet, dass man nicht nur 6 cm höher anhalten, sondern zusätzlich die Dreidimensionalität des Ziels beachten muss. Um die Kammer genau zu treffen, ist der Haltepunkt über die 6 cm hinaus nach oben zu verlegen. Wird dies nicht beachtet, droht die Gefahr, das Stück zu unterschießen. Die Abbildungen auf Seite 84 verdeutlichen diesen Effekt grafisch.

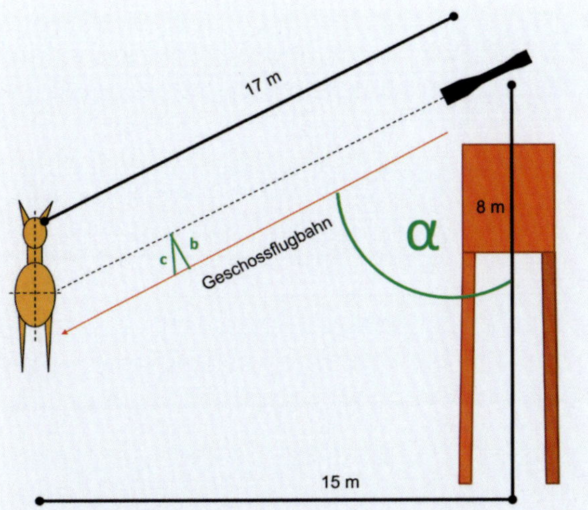

Bei solch steilen Schüssen von oben ist die Dreidimensionalität des Zieles zu beachten.

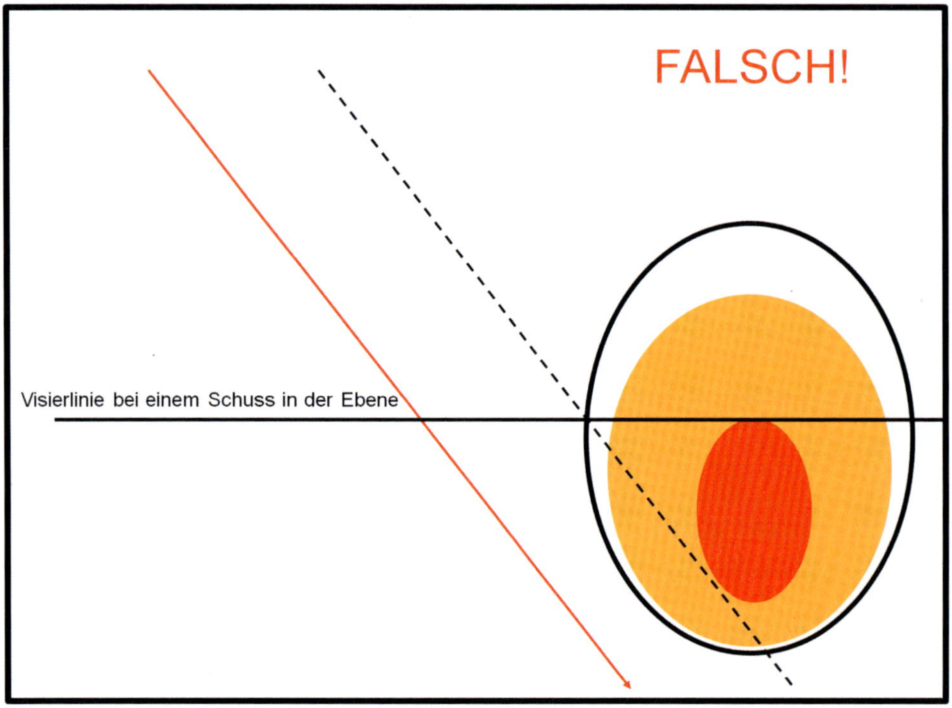

Wer beim Steilschuss von oben wie gewohnt anhält, unterschießt das Stück.

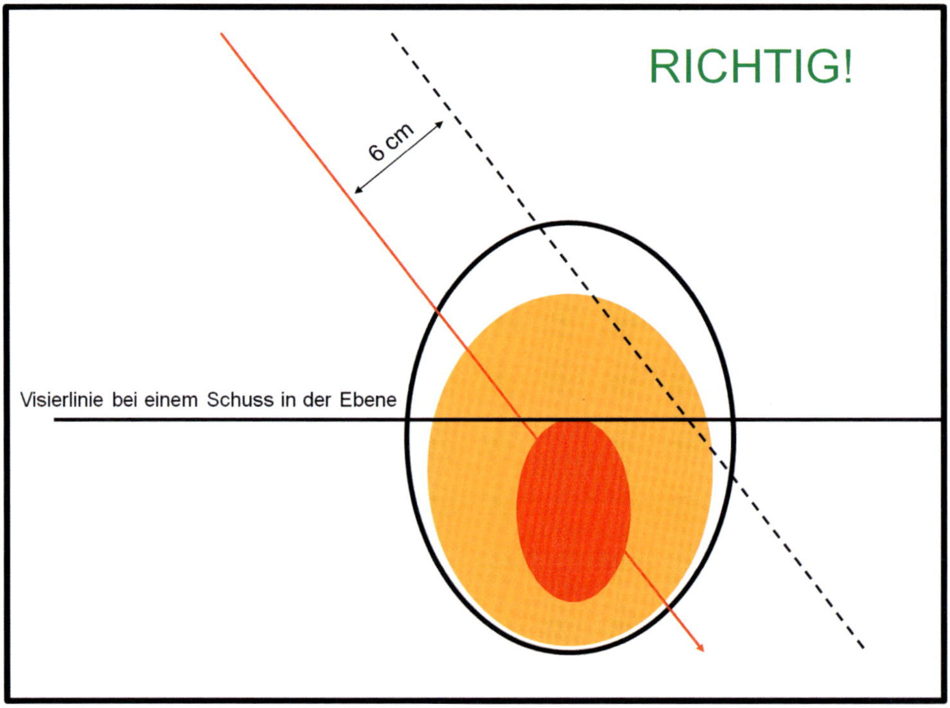

Der Schütze muss in diesem Fall deutlich höher anhalten.

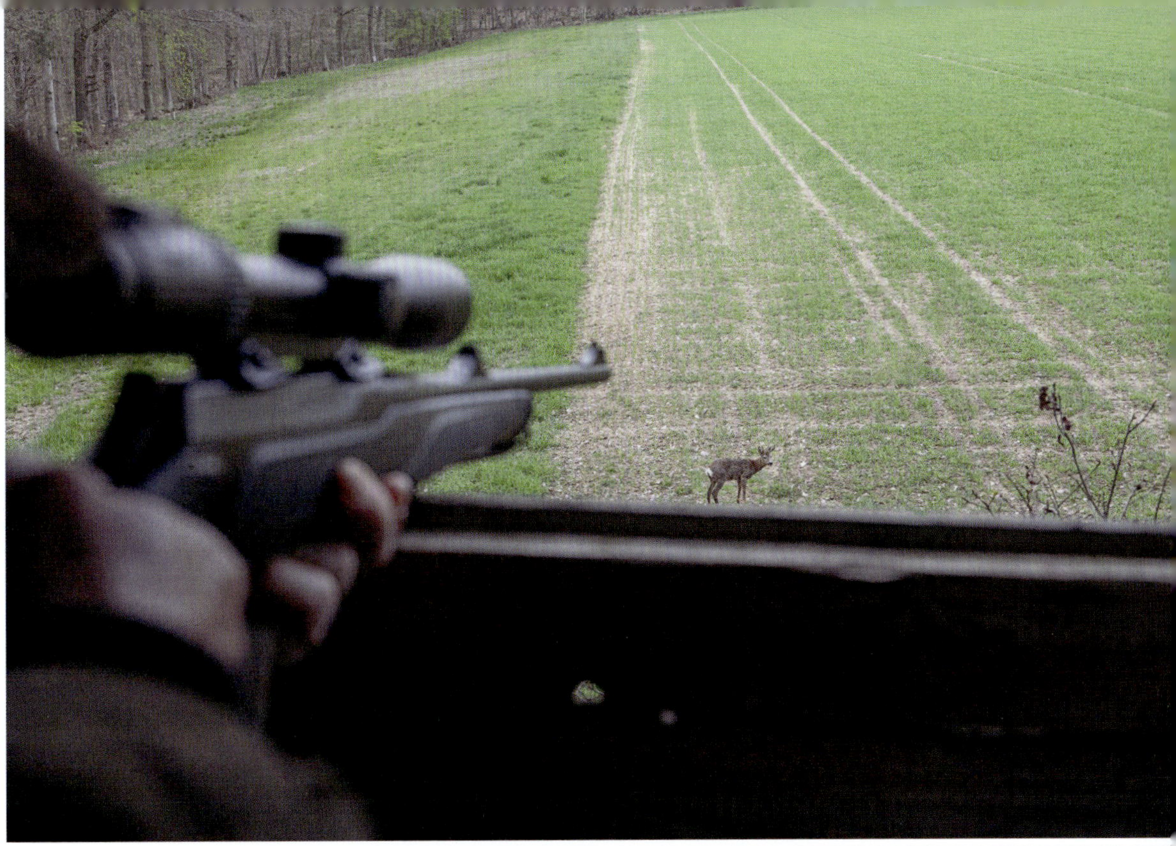

Von hoher Kanzel: Beim Anhalten an die Blattlinie wird der Schuss hier aber noch durchs Leben gehen.

Im Grunde hilft da eigentlich nur zu üben und praktische Erfahrungen zu sammeln. Natürlich sind Winkelschüsse auf kurze Distanz besondere Situationen und nicht der Jägeralltag, sodass sie sich nicht auf einem herkömmlichen DJV-Schießstand trainieren lassen. Man kann sich dennoch etwas vorbereiten, um ihnen nicht „unbeleckt" gegenüberzustehen und dann böse überrascht zu werden.

Zuerst sollte man sich genau der Konfiguration seiner Waffe bewusst werden, den ungefähren Abstand der Visierlinie zur Laufseelenachse ausmessen und mittels eines Ballistikrechners die persönliche Geschossflugbahn berechnen. Wenn Sie diese beiden Größen vermessen bzw. berechnet haben, können Sie die Werte einfach auf dem Schießstand für die kurzen Distanzen überprüfen. Dann wissen Sie für die Zukunft, wie Sie Ihren Haltepunkt verlegen müssen. Grundsätzlich lässt sich in der Praxis auch folgende Faustformel anwenden: Wählen Sie als Haltepunkt stets die Hälfte des Bereiches, den Sie tatsächlich sehen. Das bedeutet, dass Sie das nächste Mal beim Winkelschuss auf kurze Distanz nicht auf der sonst üblichen Blattlinie anhalten, auch wenn das bedeutet, Ihren Haltepunkt bis fast auf den Rücken des Stücks zu verlegen. In einem Video wird ein Praxistest der oben gezeigten Theorien dargestellt.

Müssen Klettersitzschützen in der jagdlichen Praxis in besonders steilen Winkeln schießen, bedienen sich einige von ihnen einer etwas ungewöhnlichen Technik: Sie drehen ihre Waffe um 90° nach links oder rechts, um mit der Zieloptik auf dem Wildkörper zu bleiben. Dieses Vorgehen hat einen Vorteil, aber auch einen Nachteil: Auf der einen Seite liefert es Ihnen ein visuelles Feedback zu der Treffpunktlage auf dem Wildkörper, andererseits müssen Sie jedoch auf sehr ungewohnte Weise in den Anschlag gehen – das ist nicht unbedingt jedermanns Sache.

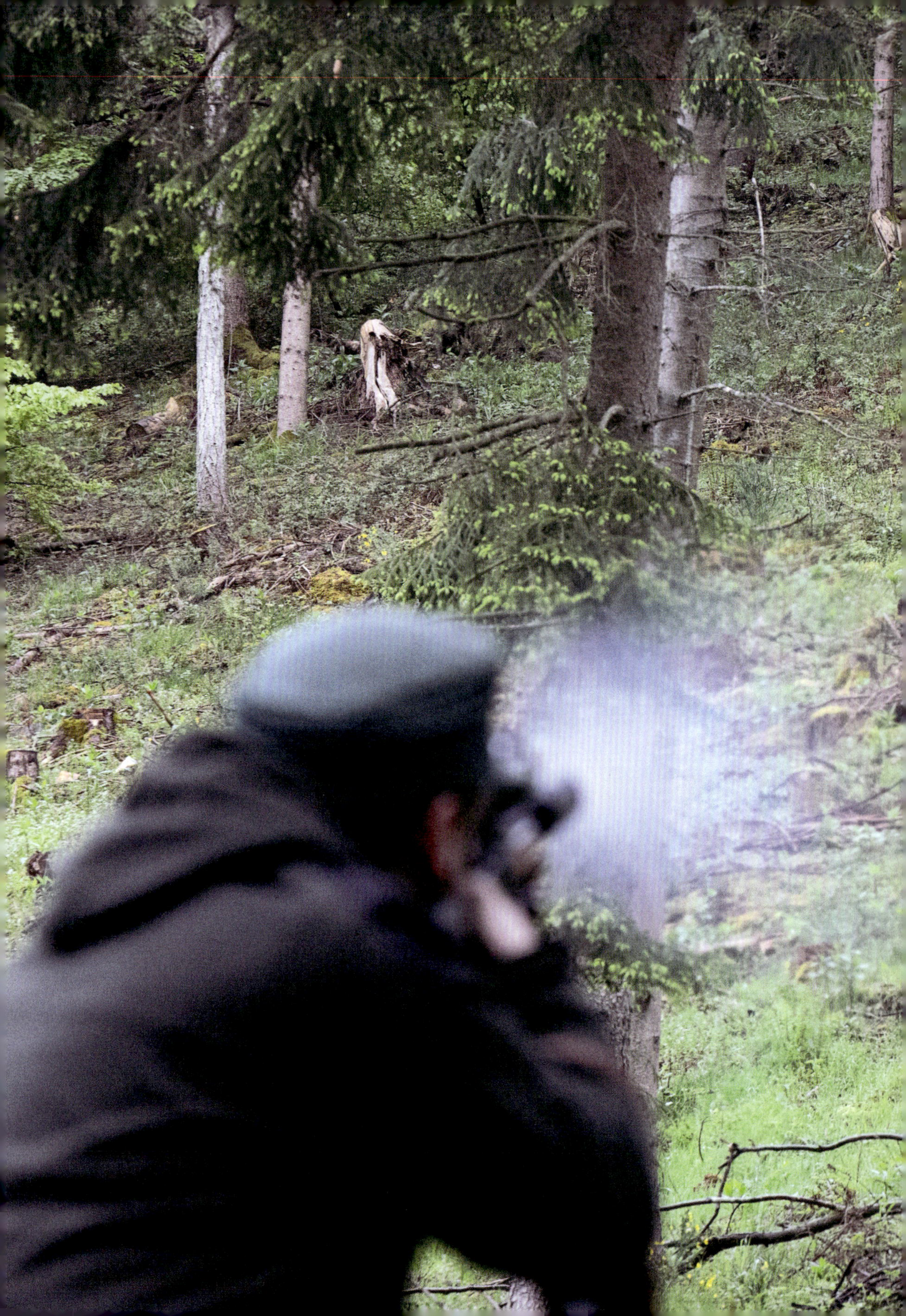

DER DYNAMISCHE BÜCHSENSCHUSS

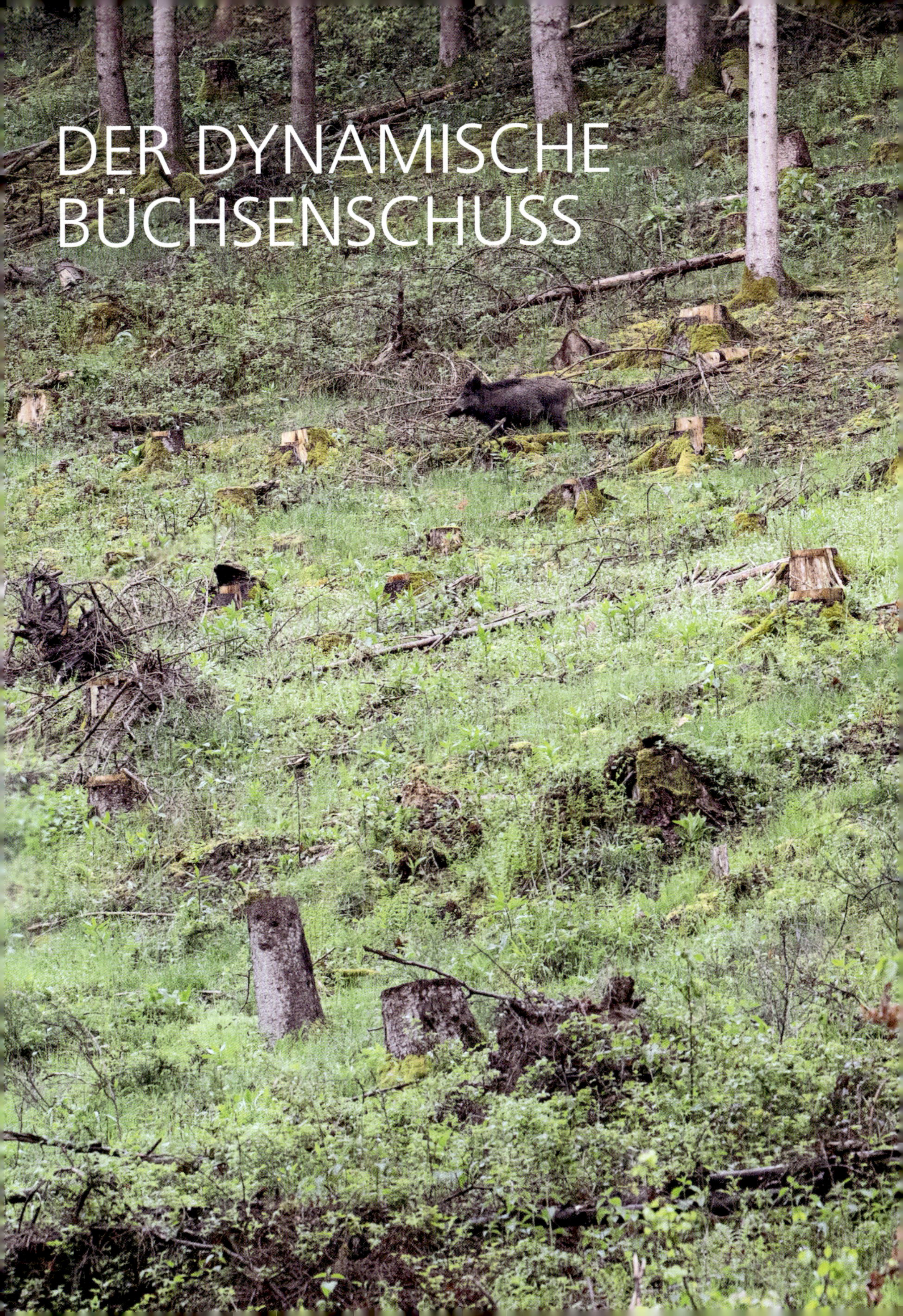

DAS VORHALTEMASS

Der dynamische Büchsenschuss ist aus unserer Sicht die „Königsdisziplin“ der unterschiedlichen Büchsendisziplinen. Nach unseren Erfahrungen aus der Ausbildungspraxis liegen in dieser Disziplin auch die meisten Ausbildungsmängel vor, sprich hier herrscht der meiste Trainingsbedarf. Aus diesem Grund wollen wir das Thema „dynamischer Büchsenschuss“ von Grund auf erklären und verschiedene Techniken zeigen, mit denen man sich zielgerichtet auf den Schuss auf bewegliche Ziele vorbereitet. Hierzu ist es wichtig zu verstehen, wie das Vorhaltemaß oder der Vorhalt zustande kommt, welche Schwingtechniken es grundsätzlich gibt und wo man diese einsetzt.

Um das Thema Vorhaltemaße ranken sich viele Mythen. Jeder hat ein eigenes Maß für den Vorhalt auf Wild bei einer Drückjagd, was maßgeblich auf den eigenen Erfahrungen beruht. Besonders für Jungjäger ist dies am Anfang häufig recht schwierig. Wie kann ich also mein eigenes Vorhaltemaß bestimmen und lernen, es anzuwenden?

Schauen wir uns an, wie man die Vorhalte-

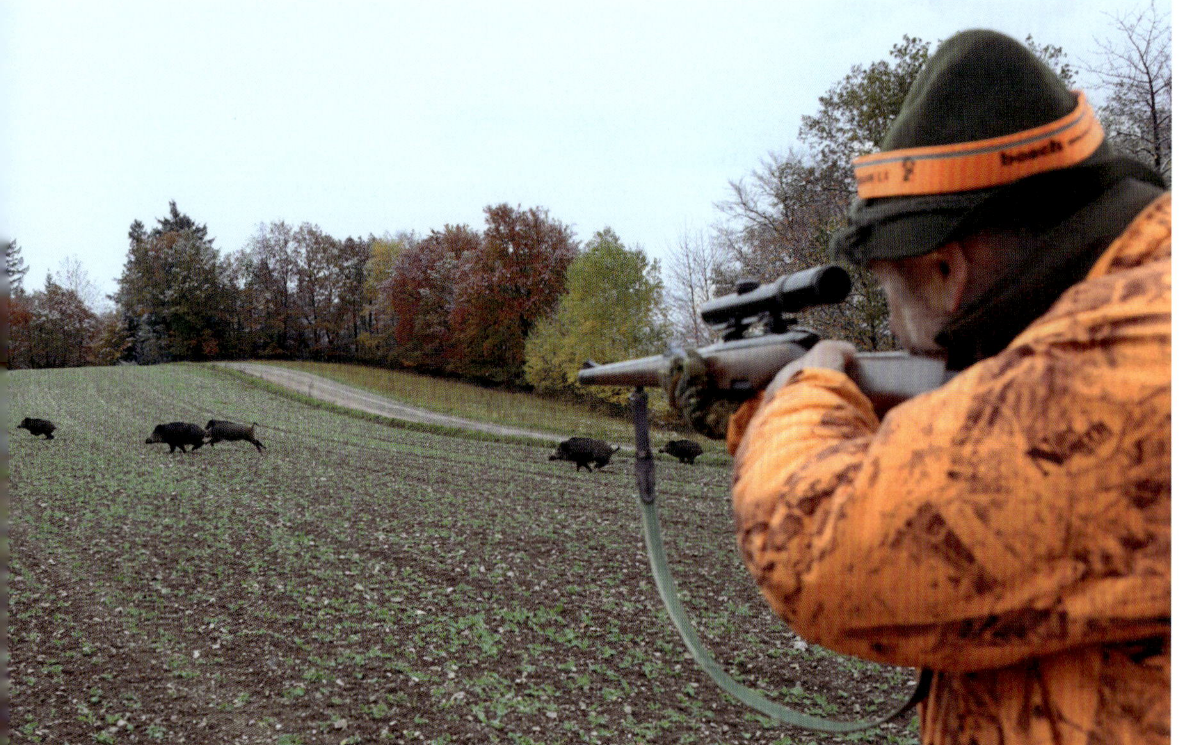

Wenn es auch viele Thesen zum Vorhalt gibt – ohne geht es nicht beim Flüchtigschießen.

maße berechnet und sie so visualisiert, dass man sie trocken trainieren kann.

Bevor wir uns aber der praktischen Frage nähern, wie viel Vorhalt für welches Wild notwendig ist, müssen wir uns zuerst etwas mit der grauen Theorie beschäftigen. Was ist der Grund dafür, dass man beim Schießen auf ein bewegliches Ziel vorhalten muss? Hierfür gibt es zwei wesentliche Ursachen, denn neben der Zeit, die der Schütze braucht, um auf das herannahende Wild zu reagieren und in den Anschlag zu gehen, gibt es auch mit bzw. nach dem Abkrümmen noch zwei Faktoren, in denen Zeit verstreicht:

- In den Millisekunden für das Abkrümmen bewegt sich das Ziel je nach Geschwindigkeit einige Millimeter oder sogar Zentimeter weiter.
- Das Ziel bewegt sich auch weiter in der Zeit, in der das Geschoss fliegt.

Die Zeit für das Abkrümmen kann man in der jagdlichen Praxis vernachlässigen – entscheidend ist vielmehr die Zeit, in der sich das Geschoss in der Luft befindet. Diese Flugzeit des Geschosses ist abhängig von dessen Geschwindigkeit und vom Abstand des Schützen zum Ziel.

KENNGRÖSSEN

Wir nutzen die drei wichtigsten Kenngrößen für die Berechnung des Vorhaltes:

1. Die Fortbewegungsgeschwindigkeit des Ziels,
2. den Abstand des Schützen zum Ziel und
3. die Geschwindigkeit des Geschosses.

Die am einfachsten zu ermittelnde Kenngröße ist die Geschossgeschwindigkeit. Sie steht in aller Regel auf der Munitionsverpackung. Den Abstand des Schützen zum Ziel muss man schätzen, genauso wie die Fortbewegungsgeschwindigkeit des Ziels. Für das Schätzen von Abständen gibt es diverse Methoden. Das Schätzen von Geschwindigkeiten ist schon wesentlich anspruchsvoller.

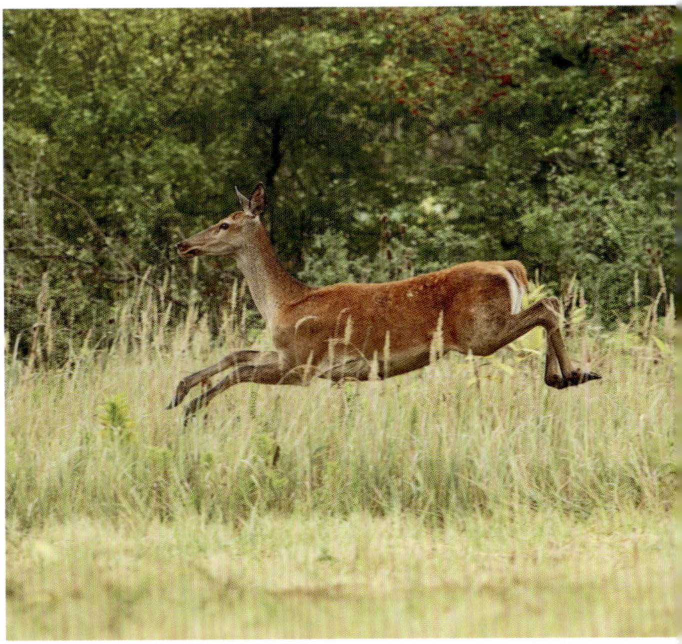

Während des Abkrümmens und vor allem des Geschossflugs bewegt sich flüchtiges Wild weiter.

WILDGESCHWINDIGKEIT

Das Einschätzen der Wildgeschwindigkeit war lange Zeit reine Erfahrungssache – ältere Waidmänner lernten es durch eben jahrelange Erfahrung. Heute gibt es auch andere Methoden, um jagdlich relevante Geschwindigkeiten von Schalenwild auf einer Drückjagd schneller verinnerlichen zu können.

Die effektivste und praktische Methode ist es, sich die Bewegungsmuster von flüchtigem, trollendem sowie ziehendem Wild und die dazugehörigen Geschwindigkeiten einzuprägen, das heißt auswendig zu lernen! Um die Bewegungsmuster zu lernen und diesen Geschwindigkeiten zuzuordnen, können Sie die Tabelle 1 nutzen, am besten in Verbindung mit Videos, von denen es im Internet unzählige gibt. Ordnen Sie diesen Videosequenzen die Referenzwerte der Tabelle zu und lernen Sie so das Einschätzen von Wildgeschwindigkeiten. Die Tabellenwerte sind zwar nur Richtwerte, aus jagdpraktischer Sicht jedoch durchaus geeignet.

☞ GESCHWINDIGKEITEN NACH WILDARTEN UND FORTBEWEGUNG (Daten nach Heintges Lehr-/ Lernsystem)

WILDART	BEWEGUNGSFORM	KM/H	M/S	KÖRPERLÄNGE [M]
Schwarzwild, grobe Sau	hoch flüchtig	45	12,5	1,30
	eiliger Troll	25	6,9	
Schwarzwild, Überläufer	hoch flüchtig	40	11,0	0,9
	eiliger Troll	20	5,6	
Rotwild, reifer Hirsch	hoch flüchtig	55	15,3	1,9
	Troll	25	6,9	
Damwild	hoch flüchtig	55–60	15,3–16,7	1,5
	Troll	25	6,9	
Rehwild	hoch flüchtig	50	13,9	0,7
Muffelwild	hoch flüchtig	45	12,5	1,0
	eiliger Troll	25	6,9	

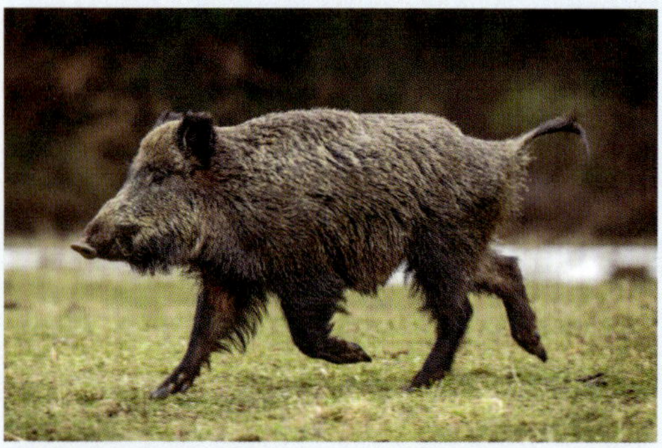

Eiliger Troll …

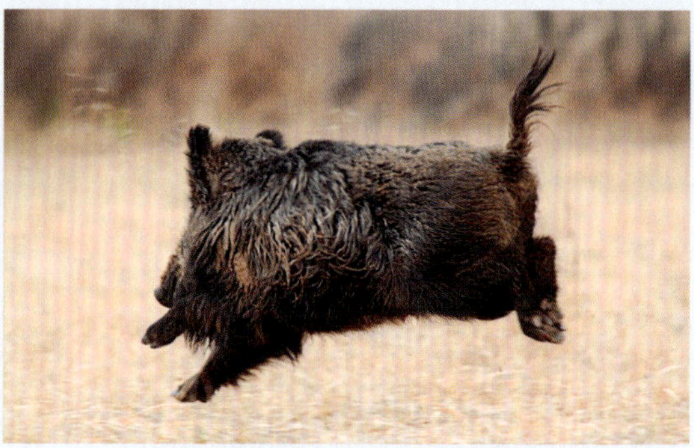

… oder hoch flüchtig macht einen Unterschied.

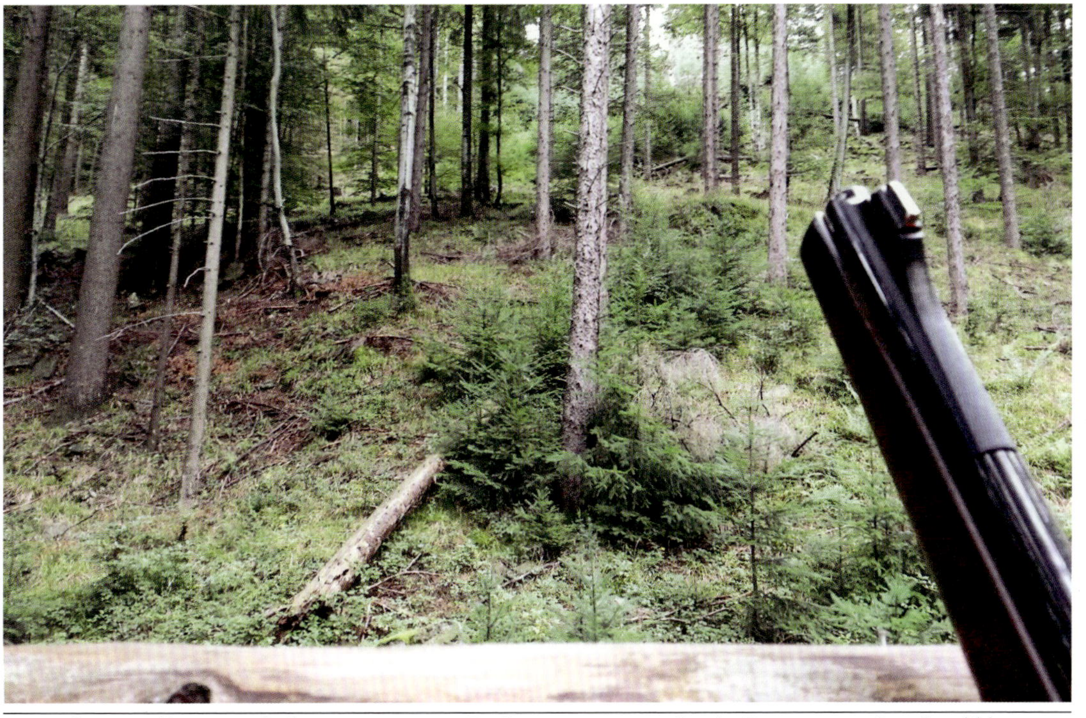

Wer sich vor Jagdbeginn – idealerweise mit einem Entfernungsmesser – über die Distanzen im Standumfeld Klarheit verschafft, ist im Vorteil.

Unter dem Link https://youtube.com/watch?v=Ol7FzAkFrCI&si=h6SQNG8m-Wor1ZHTB (zul. abger. 08.07.2024) findet sich im Internet z. B. ein Video, das eine kleine Rotte Wildschweine zeigt. Das Video wurde vermutlich auf einer Drückjagd aufgenommen und stellt eine wahrscheinliche Jagdszene dar. Anhand dieses oder ähnlicher Videos können Sie die Bewegungsmuster von Wild lernen, um schneller die Geschwindigkeiten von Wild einschätzen zu können. Dadurch können Sie sich ein jagdpraktisches Bild einprägen, das Ihnen auf der Drückjagd im Herbst Vorteile bringen wird.

WILDENTFERNUNG

Der nächste Schritt ist das Schätzen der Entfernung zum Wild. Der sicherste Weg ist der Einsatz eines Entfernungsmessers und die Messung zu Geländepunkten, deren Entfernung dann bekannt ist. Eine weitere Möglichkeit, sicher weniger genaue Methode, ist das Schätzen der Entfernungen zu Geländemarken mithilfe zahlreicher existierender Schätzmethoden, die allerdings vorher geübt worden sein müssen.

Idealerweise nutzen sie also einen Entfernungsmesser, vermessen bereits vor Beginn der Jagd Ihren Stand und kennen dann die Entfernungen zu markanten Landschaftsmarken oder den wahrscheinlichsten Wildwechseln.

GESCHOSSGESCHWINDIGKEIT

Zuletzt brauchen Sie noch die Geschwindigkeit Ihres Jagdgeschosses. Sie steht wie erwähnt meistens auf der Munitionspackung. Vorsicht, die Geschossgeschwindigkeit auf der Packung ist oft die V_0, im Verlauf des Fluges verliert das Geschoss stetig an Geschwindigkeit. Dadurch ergeben sich die proportional längeren Flugzeiten auf zunehmende Entfernungen. Es ist deshalb einfacher, die Geschossflugzeiten für ihre Jagdmunition auf die verschiedenen Entfernungen auswendig zu lernen. Wir haben dies exemplarisch in einer Tabelle für eine Standard .308 Win. dargestellt. Für die jeweilige Entfernung zum Wild nutzen Sie die Geschossflugzeit, die Ihrer ermittelten Entfernung am nächsten kommt.

☞ BALLISTISCHE DATEN .308 WIN.

DISTANZ	GESCHWINDIGKEIT	FLUGZEIT	ABLAGE
45 m	857 m/s	0,05 s	0 cm
100 m	820,7 m/s	0,12 s	3,7 cm
200 m	758,4 m/s	0,25 s	−1,20 cm
300 m	699,2 m/s	0,39 s	−23,20 cm
400 m	643 m/s	0,54 s	−65,30 cm

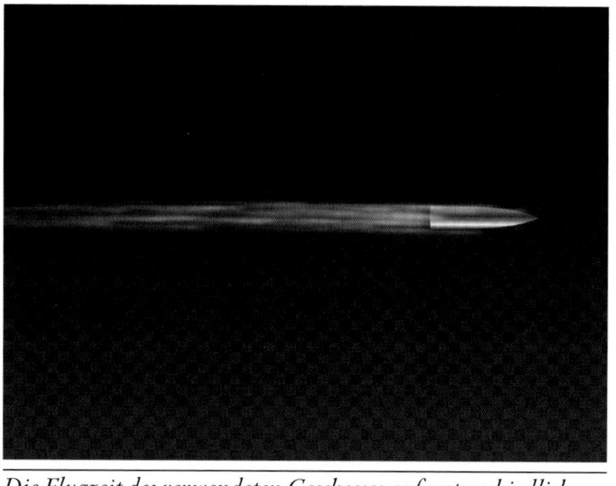

Die Flugzeit des verwendeten Geschosses auf unterschiedliche Entfernungen sollte man in etwa kennen.

ERRECHNEN DER VORHALTEMASSE

Mit den so ermittelten Grunddaten lässt sich auf einfache Art und Weise der persönliche Vorhalt ermitteln. Er ist Geschwindigkeit des Wildes in Meter pro Sekunde mal Geschossflugzeit in Sekunden:

$$\text{Vorhalt in m} = \text{Wildgeschwindigkeit [m/s]} \times \text{Geschossflugzeit [s]}$$

Beispiel 1 Standard .308 Win., Geschossflugzeit laut Ballistik-Rechner Strelok 0,05 s auf 45 m Entfernung; vor uns bewegt sich eine grobe Sau hochflüchtig mit 45 km/h in einer Entfernung von 45 m quer zu unserem Stand. Wie groß ist der Vorhalt? Zunächst rechnen wir die Geschwindigkeit der Sau in Sekunden um:

$$\text{Wildgeschwindigkeit [s]} = \frac{45\,\text{km/h}}{3{,}6} = 12{,}5\,\text{m/s}$$

Nun können wir den Vorhalt bestimmen:

$$\text{Vorhalt [m]} = 12{,}5\,\text{m/s} \times 0{,}05\,\text{s} = 0{,}625\,\text{m}$$

Der Schütze muss also etwa 62 cm vorhalten!

Beispiel 2 Wir wissen, dass unsere Standard .308 Win. in 100 m Entfernung noch 820,7 m/s schnell ist. Das Stück bewegt sich mit einer Geschwindigkeit von 25 km/h in 100 m Entfernung quer zu unserem Stand. Wie groß ist der Vorhalt? Zunächst ermitteln wir die Geschossflugzeit in Sekunden:

$$\text{Geschossgeschwindigkeit 100 m [s]} = \frac{100\,\text{m}}{820{,}7\,\text{m/s}} = 12{,}5\,\text{m/s}$$

Die Wildgeschwindigkeit in Sekunden beträgt

$$\text{Wildgeschwindigkeit [s]} = \frac{45\,\text{km/h}}{3{,}6} = 12{,}5\,\text{m/s}$$
$$\frac{25\,\text{km/h}}{3{,}6} = 6{,}94\,\text{m/s}$$

Daraus errechnet sich in diesem Fall folgender Vorhalt:

$$\text{Vorhalt [m]} = 6{,}94\,\text{m/s} \times 0{,}121\,\text{s} = 0{,}84\,\text{m}$$

Der Schütze muss ca. 84 cm vorhalten! Ermitteln Sie auf diese Weise Ihren persönlichen Vorhalt bei unterschiedlichen Wildarten auf die Entfernungen 30 m, 50 m und 70 m für die drei verschiedenen Geschwindigkeiten Flucht, Troll und Ziehen. Die so ermittelten Daten müssen auf dem Schießstand bestätigt werden und sollen durch ständiges Üben in Fleisch und Blut übergehen. In der Praxis werden Sie kaum Zeit haben, die Vorhaltemaße zu errechnen – da müssen Sie sich auf die antrainierten Vorhaltemaße verlassen!

VORHALTEN MIT HILFSMITTELN

Doch woher weiß man, wo genau auf dem Wildkörper anzuhalten ist, um einen Vorhalt von XY cm einzuhalten? Zum einen kann man durch häufiges Üben ein Gefühl für die entsprechenden Vorhalte erlangen. Wer jedoch keine LKW-Ladung Munition verschießen will, kann ein paar Hilfsmittel anwenden. Eine Möglichkeit ist die Nutzung eines ballistischen Absehens.

Auf unseren Seminaren fragen wir gern, wer aus der Jägerschaft ein solches Absehen besitzt. Meistens schauen alle sehr betroffen oder schütteln mit dem Kopf: „So etwas braucht man nicht!", heißt es meistens. Tatsächlich hat fast jeder Jäger ein ballistisches Absehen, denn im Grunde genommen kann man jedes Absehen verwenden, um Vorhaltemarken zu ermitteln.

Konzentrieren wir uns auf unser deutsches Lieblingsabsehen, das Absehen 1 (und die Abwandlungen 4 und 8). Wie Sie in der Abbildung oben erkennen können, besteht das Absehen 1 aus zwei Querbalken und einem Zielstachel. Wir haben einmal exemplarisch für alle Hensoldt-Absehen 1, die sich in der ersten Bildebene befinden, die Maße in Strich eingetragen. Diese Maße können Sie als Vorhaltemarken benutzen.

Beispiel 3 Wir haben eine grobe Sau, die in einer Entfernung von 100 m mit ca. 10 km/h von rechts nach links an uns vorbeizieht.

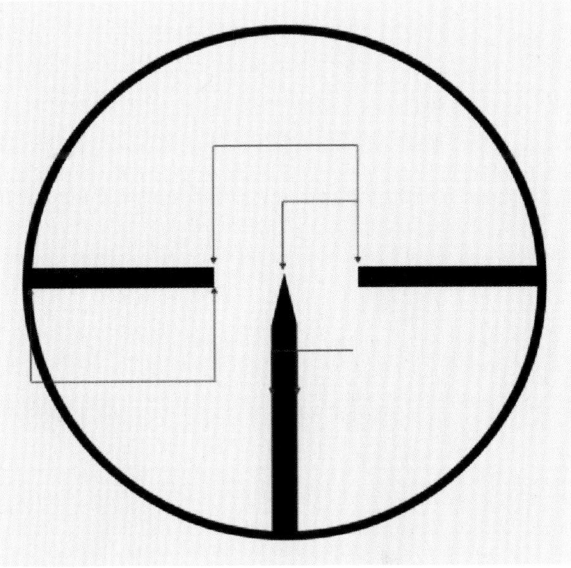

Das Absehen 1 in seiner ursprünglich Form ist in Standardmaßen ausgelegt.

Unsere Munition ist wieder die Standard .308 Win. (s. Tab. S. 92). Praktischerweise ist der Abstand zwischen dem Ende eines Querbalkens des Absehens 1 und dem Zielstachel 3,5" und 3,5" entsprechen 35 cm auf 100 m. Nach den Berechnungen im Beispiel 2 ergibt sich, dass der Schütze eben diese 35 cm vorhalten muss. Wenn er also mit dem linken Ende des rechten Querbalkens dort anhält, wo er treffen möchte, sitzt der Schuss.

Die wichtigsten Grundannahmen für das Ermitteln des Vorhalts beim Büchsenschuss auf sich quer zum Schützen bewegende Ziele haben wir abgedeckt. Nun ist es im wahren Leben nicht immer so einfach wie in unseren Beispielen. Im Normalfall läuft Wild nicht in einem exakten 90°-Winkel an uns vorbei, sondern es entstehen Winkel zwischen 0° und 90°. Wie viel Vorhalt benötigt man in diesen Fällen? In der Abbildung Seite 94 haben wir die prozentuale Abweichung des Vorhaltes auf ein sich schräg bewegenden Stück Wild im Vergleich zu einem sich quer bewegendes Stück abgetragen. Bewegt sich Wild gerade auf uns zu, also in einem 0°-Winkel, benötigen wir keinen

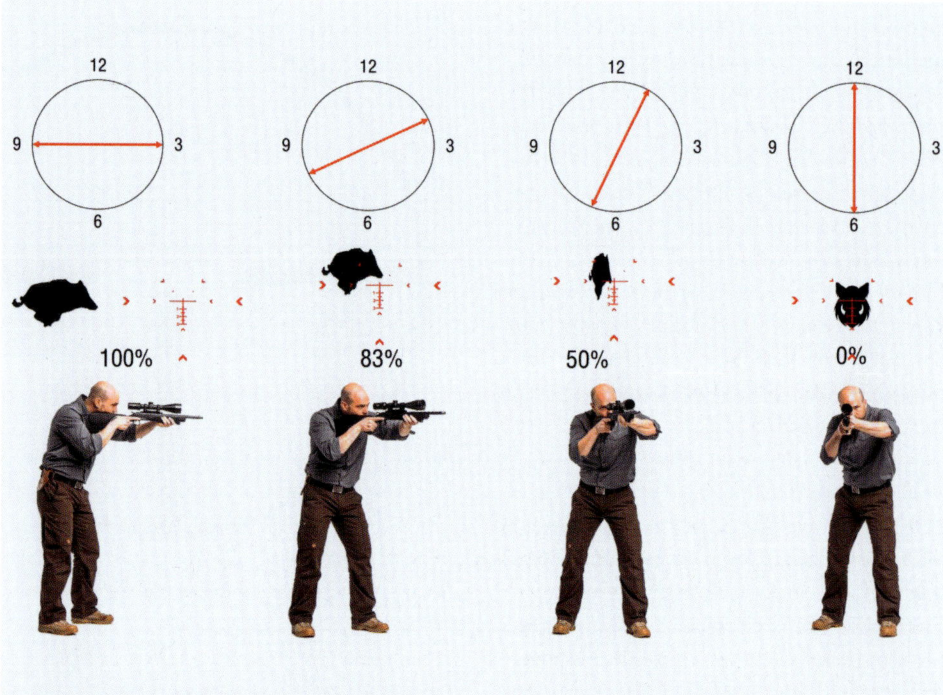

Vorhaltmaße bei quer und schräg anwechselndem Wild

Vorhalt. Bewegt sich ein Stück in einem 90°-Winkel vor uns, benötigen wir den vollen berechneten Vorhalt; und bewegt sich ein Stück im 45°-Winkel auf uns zu, so müssen wir den halben errechneten Vorhalt wählen. Wer es ganz genau machen will, geht nicht nach Winkelmaßen, sondern nimmt die Prozentangaben der Uhrzeiten und multipliziert diese mit dem errechneten Vorhalt.

PRAKTISCHES ÜBEN – BEISPIEL LAUFENDER KEILER

Anhand dieser Methoden lassen sich für jeden Jäger individuelle Vorhaltemaße bis zur Drückjagdsaison als Richtwerte errechnen. Es sind Richtwerte, weil Sie die genaue Ablage in der Praxis natürlich nie zentimetergenau auf den Wildkörper übertragen können. Die Werte können Sie sich jedoch notieren oder in einer Kreistabelle mit den jeweiligen Entfernungen, Winkeln und Geschwindigkeiten festhalten. Damit können Sie lernen und beginnen, Erfahrungen zu sammeln.

Zum Schluss müssen Sie diese Erfahrungen aus errechneten Vorhaltemaßen und den Möglichkeiten Ihres Absehens in die Praxis und auf den Wildkörper übertragen. Dazu sollten Sie sich die Frage stellen, was ein Vorhaltemaß anatomisch gesehen bedeutet. Für die 7 mm-Familie (nicht Magnumkaliber) reicht ein Vorhalt von 17,5 cm aus. Auf den laufenden Keiler übertragen bedeuten 17,5 cm, dass Sie auf der Höhe des Trefferkreises 8 bei der laufenden Keilerscheibe des DJV (Scheibe Nr. 5) anhalten müssen.

SPEZIALABSEHEN

Es existieren aber auch technische Hilfsmittel, die es Ihnen erleichtern, den richtigen Vorhalt zu wählen. Eines davon sind z. B. die von Christian Volquardts entwickelten Absehen, die bereits vorgestellt wurden (s. S. 45).

Auch Michael hat zusammen mit der Firma

Zero Compromise Optics das sogenannte MHR- (Multi Hunting Reticle-) Absehen entwickelt, das mit Vorhaltemarken für unterschiedliche Wildgeschwindigkeiten ausgestattet ist – für 3 m/s, 6 m/s und 12 m/s Geschwindigkeit. (Zusätzlich zu den Vorhaltemarken besitzt es eine MIL-Skala für das Schießen bis 400 m.) Wer sich für die Funktionsweise dieses Absehens interessiert, kann sie in der KOSMOS-PLUS-App kennenlernen. Mithilfe der Absehen von Christian Volquardts und Michael sowie einer angepassten Schießtechnik fällt es den meisten Schützen deutlich leichter, den richtigen Vorhalt zu wählen.

Nach den bisherigen Kapiteln des Buchs sind Sie jetzt mit den „Acht Kriterien für den präzisen Schuss“ vertraut und können diese Punkte für Ihre persönliche Vorbereitung nutzen. Die Anwendung der Kriterien ist denkbar einfach. In dem schon erwähnten Video dazu erläutern wir, wie es funktioniert. Des Weiteren haben wir Ihnen bereits die theoretischen Grundlagen für das dynamische Büchsenschießen vermittelt. Sie sollten jetzt in der Lage sein, Vorhalte richtig zu berechnen, diese zu visualisieren und beim Trainingsschießen auf dem Schießstand dann zu bestätigen.

Also legen Sie los: Über Sie einfach das Gezeigte zusammen mit einem Trainingspartner zunächst trocken zu Hause und setzen Sie es anschließend dann auf dem Schießstand um.

TRAINING AUF DREIDIMESIONALE ZIELE – EIN „AHA“-EFFEKT

Das Trainieren auf dreidimensionale Ziele, wie im Video „Shotplacement – Der perfekte Büchsenschuss auf europäisches Wild“ gezeigt, erzeugt nach unserer Erfahrung häufig einen bleibenden „Aha-Effekt“. Wir können jeder Jägerin und jedem Jäger nur empfehlen, einmal in ihrem Leben den damit verbundenen Aufwand zu betreiben und genau dies zu trainieren.

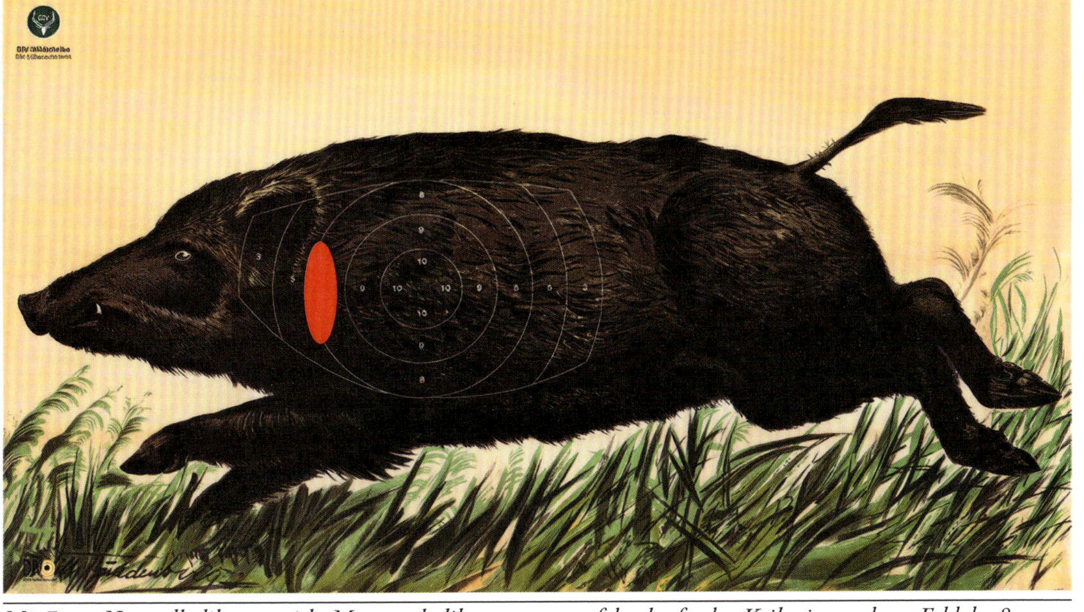

Mit 7 mm-Normalkalibern – nicht Magnumkalibern – muss auf den laufenden Keiler im vorderen Feld der 8 angehalten werden.

KRITERIEN FÜR DEN DYNAMISCHEN BÜCHSENSCHUSS

Auf unseren Seminaren werden wir immer wieder gefragt, wie man sich Schießtechnik einfach merken kann. Die im vorangegangenen Kapitel behandelten acht wichtigsten Kriterien (s. S. 10 ff.) für die richtige Schießtechnik haben wir zur Beantwortung dieser Frage aus der einschlägigen Literatur zusammengetragen und daraus ein einfach zu merkendes Schema abgeleitet. Grundsätzlich gelten sie für alle Formen des jagdlichen Schießens, unabhängig von der Waffenplattform, der Prozess ist allerdings je nach Schießdisziplin zu modifizieren bzw. entsprechend anzupassen.
Nennen wir die folgenden Prozessschritte also einmal „Acht Kriterien für den *dynamischen* Büchsenschuss“. Auch diese Kriterien können Sie auf einfache Art und Weise zu Hause trocken üben und sich so auf den Schießstand vorbereiten. Auf dem Schießstand setzen Sie das im Trockentraining einstudierte Schema in den scharfen Schuss um. Ergänzend empfehlen wir, auch hierzu Jeff Coopers Betrachtungen zum standardisierten Schießen zu lesen („Principles of Personal Defense“).
Unsere Acht-Punkte-Routine für das Schießen auf der Drückjagd beinhaltet folgende Tätigkeiten:

1. Anschlag/Stand
2. Griff
3. Zielen
4. Visierbild
5. Atmung
6. Abzugskontrolle
7. Abkommen
8. Reproduktion

DIE UNTERSCHIEDE ZUM STATISCHEN SCHUSS

Im Weiteren werden wir uns auf die Variation der acht Kriterien für das Drückjagdschießen konzentrieren.

ANSCHLAG/STAND

Der richtige Anschlag für den dynamischen Büchsenschuss hat mehrere Aspekte. Zum einen stellt sich die Frage nach dem jagdlichen Voranschlag bzw. der Erwartungshaltung, sprich: Wie hält man die Waffe, bevor sie in den Anschlag gebracht wird? Zum anderen muss man über den Anschlag selbst sprechen.
Den jagdlichen Voranschlag braucht man in allen Situationen, in denen man sich nicht sicher sein kann, wann und wo das Wild auftaucht, insbesondere beim Schießen aus der Bewegung heraus. Für den Anschlag „stehend freihändig“ gibt es zwei Meinungen unter deutschen Schießlehrern und wir werden beide darstellen.

Klassische Erwartungshaltung Bei der klassischen Variante führt man die Waffe mit leicht gebeugten Armen vor die Brust, die Schulterstütze befindet sich auf Höhe der Hüfte und das Gelände wird über die Mündung der Waffe beobachtet, um so bei Bedarf die Waffe schnell in den Anschlag zu bringen und einen Schuss ansetzen zu können. Dabei nimmt man einen etwa schulterbreiten Stand ein und richtet die Hüfte auf den Punkt, an dem man das Wild erwartet. Bei diesem Stand sollten 60 % des Gewichtes auf den Fußballen liegen, die Knie sind

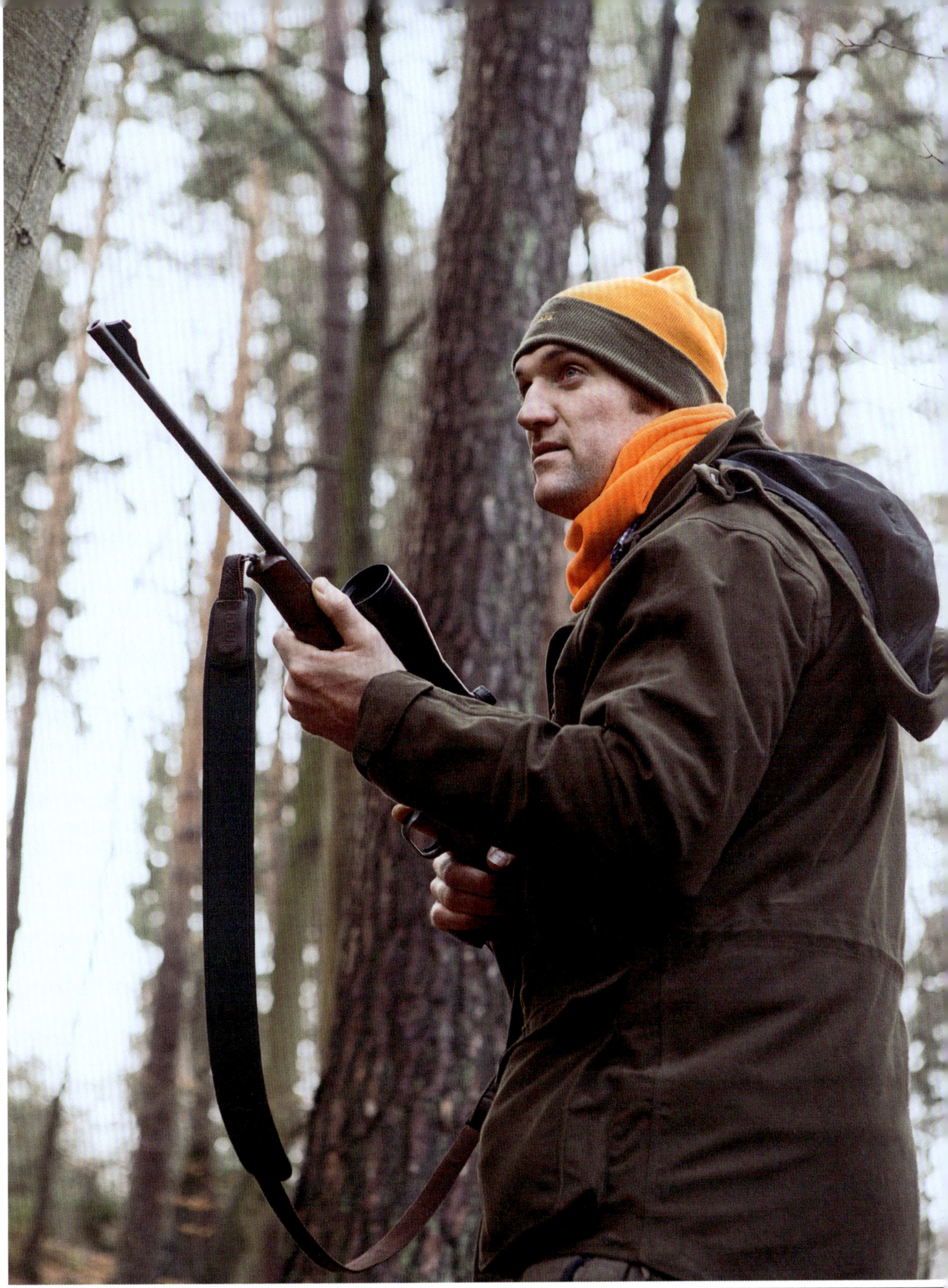

Auch für den dynamischen Büchsenschuss gelten die acht Kriterien – teilweise modifiziert. Die Erwartungshaltung ist ein Aspekt.

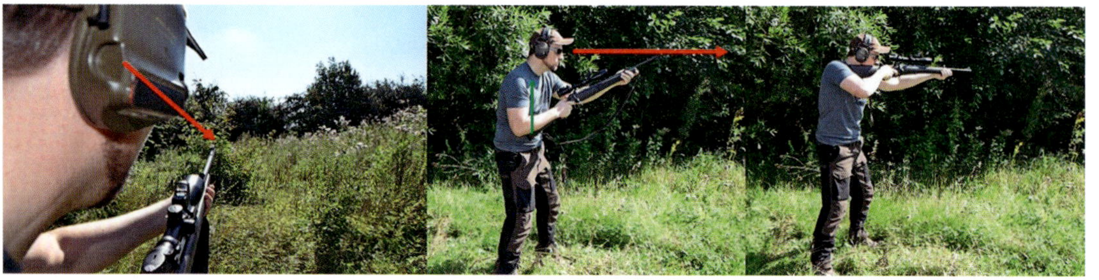

Die klassische Erwartungshaltung

leicht gebeugt und der Oberkörper ist leicht nach vorn geneigt, sodass der Körperschwerpunkt auf einer gedachten Linie zwischen den beiden Füßen liegt.

— Vorteil: Durch das Beobachten über die Mündung ist die Mündung der Büchse immer auf das Ziel ausgerichtet. Wenn man es schafft, die Schulterstütze exakt in die Schulter zu bringen, führt man automatisch die Visierlinie in die Sichtlinie und ist sofort auf das Ziel ausgerichtet. Weiterhin hat man durch die 12 Uhr-/3 Uhr-Stellung der Füße einen Rotationspunkt, der ein weites Schwenken nach links und rechts ermöglicht.

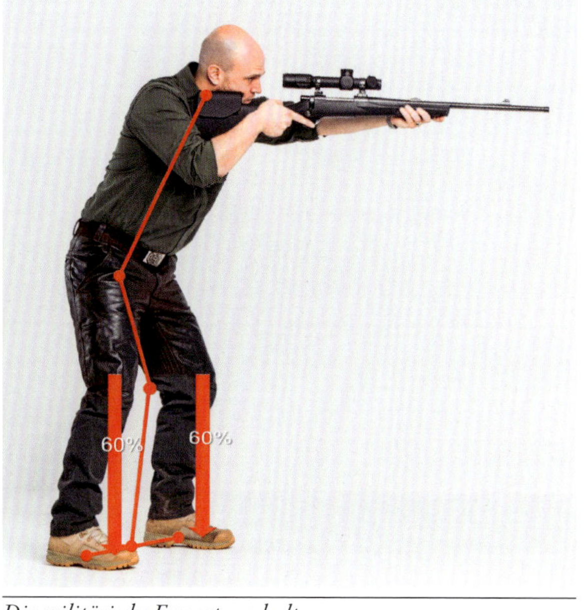

Die militärische Erwartungshaltung

— Nachteile: Die Waffe zeigt ständig nach oben: Das kann bei falscher Handhabung ein Sicherheitsrisiko sein, und man ist überdies gezwungen, die Waffe durch Anheben der Schulterstütze in den Anschlag zu bringen. Dies kostet Zeit und ist eine erhebliche Fehlerquelle. Zudem kann man mit der als Nächstes gezeigten Schießhaltung den Rückstoß der Waffe besser kompensieren.

„Militärische" Erwartungshaltung Neben dem klassischen Anschlag für die Drückjagd gibt es noch einen Anschlag, der aus dem militärischen Schießen abgeleitet wurde. Bei diesem Anschlag hat man den Hinterschaft der Waffe bereits in der Erwartungshaltung in der Schulter und muss nun lediglich die Visierlinie in die Augenlinie führen. Die Beine stehen ebenfalls schulterbreit auseinander, beide Fußspitzen zeigen jedoch nach vorn. Das Gewicht des Oberkörpers lastet gleichermaßen zu ca. 60 % auf den vorderen Fußballen. Die Knie sind leicht angewinkelt, sodass man, von oben betrachtet, die eigenen Fußspitzen noch sehen kann (Abb. o. und u.).

— Vorteil: Der Anschlagspunkt an der Schulter muss nicht erst gesucht werden. Die Waffe zeigt ständig in eine sichere Schussrichtung (auf den Boden vor dem Schützen).

— Nachteile: Weil die Visierung in die Sichtlinie geführt wird, muss das Ziel erneut aufgefasst und die Waffe auf das Ziel ausgerichtet werden. Aus diesem Grund ist diese Variante der jagdlichen

Erwartungshaltung primär für offene Visiere geeignet. Überdies ist man bei diesem Anschlag in der Seitwärtsbewegung eingeschränkt. Der Rechtsschütze kann sich sehr weit nach rechts drehen, allerdings nicht weit nach links. Folglich ist der Schwenkbereich beim Schießen eingeschränkt.

SCHIESSEN AUF BEWEGLICHE ZIELE

Der dynamische Büchsenschuss ist die anspruchsvollste Variante des Büchsenschießens. Hierbei kommen viele Bewegungsabläufe zusammen, die in den statischen Disziplinen nicht im gleichen Maß vorkommen. So müssen Sie nicht nur stehend freihändig schießen, sondern zusätzlich eine Drehbewegung mit dem Oberkörper ausführen. Die Koordination von Körperhaltung, Schwingverhalten, Nehmen des richtigen Visierbildes und die Wahl der Blickrichtung sind entscheidend für den Erfolg. Wie man alle diese Elemente koordiniert und zu einem vollendeten Handlungsablauf kombiniert, wollen wir betrachten. Zunächst stellen wir verschiedene Schwingtechniken dar, um nach einer Abwägung aller Vorteile eine von uns in der Ausbildung favorisierte Variante des dynamischen Büchsenschusses darzustellen.

SCHWINGTECHNIKEN

Das Mitschwingen ist elementar für den dynamischen Büchsenschuss. Wieso? Ist der Schütze der Überzeugung, das richtige Vorhaltemaß für einen Treffer auf ein bewegliches Ziel gefunden zu haben, muss er noch abkrümmen. Das dauert im Schnitt 0,02 sec. Wie schon dargelegt, bewegt sich in dieser Zeit und vor allem während der Geschossflugzeit das Wild weiter. Für den Schuss auf ein bewegliches Ziel gibt es im Schießsport vier Grundtechniken:

1. Swing Through
2. Pull Away
3. Maintained Lead
4. Ambush-Variante

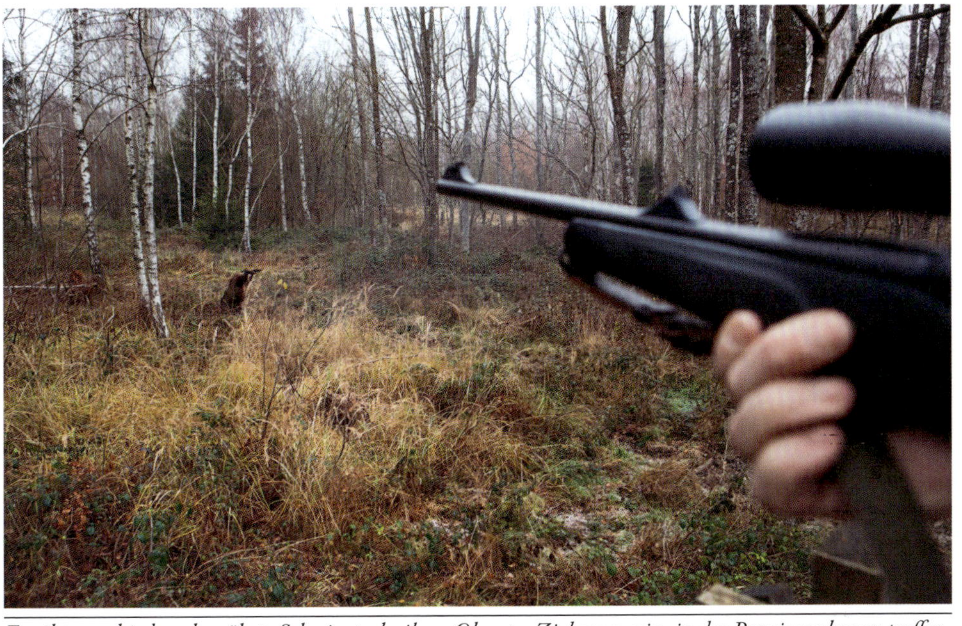

Es gibt verschiedene bewährte Schwingtechniken. Oberstes Ziel muss sein, in der Praxis sauber zu treffen.

Swing-Through-Technik Hier überholt man das zu beschießende Ziel mit einer höheren Geschwindigkeit als dessen Bewegungsgeschwindigkeit. Erreicht man den Punkt des richtigen Vorhalts, krümmt man ab und schwingt dabei weiter.

Pull-Away-Methode Die Schwunggeschwindigkeit wird sukzessive gesteigert, das Ziel überholt, und im Zeitpunkt des Abkrümmens wird die Geschwindigkeit des Schwungs weiter erhöht. Demzufolge hat man eine Einholbewegung und eine Beschleunigungsbewegung im Zeitpunkt des Abkrümmens.

Maintained-Lead-Methode Bei dieser Methode – sie wird in den USA auch Sustained Lead genannt – nimmt man den richtigen Vorhalt sofort vor dem zu beschießenden Ziel und schwingt in gleicher Geschwindigkeit mit. Auf diese Weise ist man nicht gezwungen, die Schwinggeschwindigkeit zu variieren. Auf die Anwendung dieser Methode beim Schießen auf den laufenden Keiler werden wir später noch eingehen.

TECHNIK-MIX

Alle hier beschriebenen Techniken sind sportliche Schwingtechniken, die ein Jäger, isoliert betrachtet, in der Praxis nicht erfolgreich anwenden kann. Mit hoher Wahrscheinlichkeit wird man im freien Feld eine Kombination verschiedener Techniken wählen. Wir selbst halten es auch im Feld so, das Ziel schnell einzuholen, um mit dem richtigen Vorhalt mitzuschwingen. Dies entspricht einer Kombination aus der Maintained-Lead-Methode und Swing-Technik.

Ambush Hierbei handelt es sich nicht um eine Schwingtechnik, der Vollständigkeit halber soll diese Methode jedoch auch erwähnt werden. Bei der Ambush-Technik richtet man die Waffe auf einen Geländeabschnitt, in dem das Ziel zu erwarten ist, und lässt es in den Vorhalt hineinlaufen. Da Ambush ohne Schwingen arbeitet, muss man meist ein größeren Vorhalt wählen.

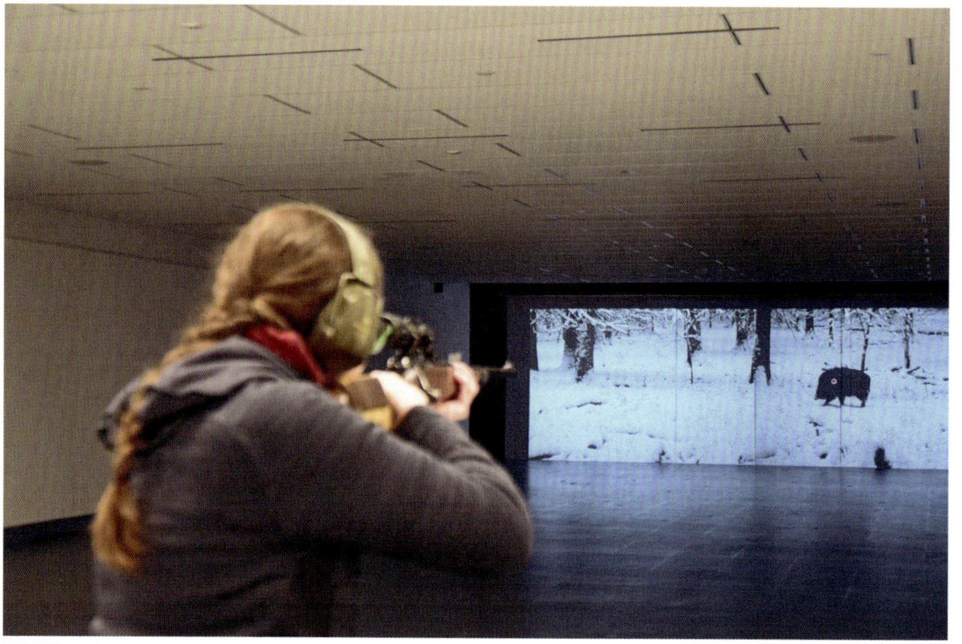

„Intuitiv" zu erlernen, erfordert eine Vielzahl an Übungseinheiten!

INTUITIVES SCHIESSEN?

Fragt man „alte Hasen“ nach der richtigen Schießtechnik auf den laufenden Keiler, hört man häufig: „Du musst intuitiv schießen.“ Auf die Frage, was intuitives Schießen ist und wie man es erlernt, herrscht oft betroffenes Schweigen oder es folgen Ausflüchte. Wir wollen intuitives Schießen hier einmal erläutern.

Die Voraussetzung dafür ist, dass Sie ein unterbewusstes Gefühl für den richtigen Vorhalt und die Geschwindigkeit des Ziels haben. Das lässt sich trainieren, indem im Schießkino viele Filmsequenzen sowie der passende Vorhalt auf den laufenden Keiler geübt werden. Beides muss man bis zum Exzess durchführen, um die Technik in das Unterbewusstsein einzubrennen.

Von einigen Fachleuten wird gern behauptet, dass man durch das Mitschwingen auf dem Ziel ein Gefühl für die Geschwindigkeit bekommt und automatisch richtig abkrümmt. Diese Erklärung kann nur falsch sein. Denn egal, wie weit ein Ziel entfernt ist, die Winkelgeschwindigkeit, sprich die Schwinggeschwindigkeit, ist immer gleich. Das Einzige, was sich mit zunehmender Entfernung verändert, ist der Vorhalt!

SCHIESSEN MIT VORHALTEMARKEN

Anders als beim „intuitiven Schießen“ hat man beim Schießen mit sogenannten Vorhaltemarken feste Punkte bzw. Hilfslinien, die dem Schützen helfen, den richtigen Vorhalt zu wählen. Die Vorhaltemarken müssen im Absehen visualisiert sein, ähnlich wie es Michael bei dem MHR-Absehen von Zero Compromise getan hat. Die Haltelinien benutzt man, um in der Zielmitte auf querbewegliche Ziele anzuhalten, und da das MHR-Absehen in der ersten Bildebene verbaut ist, gelten die Vorhaltemarken unabhängig von der Entfernung zum Ziel. Der Schütze muss lediglich die richtige Vorhaltemarke zu der Geschwindigkeit des Wildes wählen, mit dieser mitschwingen und im richtigen Augenblick abkrümmen.

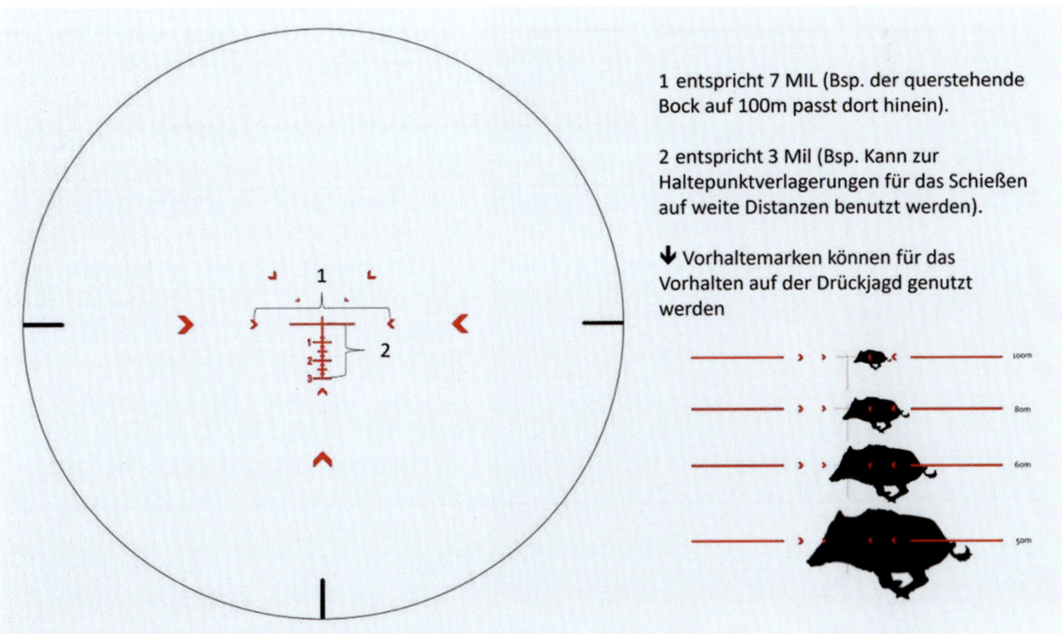

Das Schießen mit Vorhaltemarken ist verlässlicher als „intuitives“ Schießen.

Für das Schießen mit Vorhaltemarken empfehlen sich die Maintained-Lead-Methode bzw. eine Kombination aus dieser und der Swing-Through-Methode.

SCHIESSEN AUF DEN LAUFENDEN KEILER

Die „Maintained Lead", in den USA „Sustained Lead", stammt aus dem klassischen Flintenschießen. Aus dieser Sporttechnik und der Swing-Through-Methode haben wir eine Variante für den laufenden Keiler abgeleitet. Sie besteht aus folgenden fünf Elementen:

1. Stand/Anschlag
2. Breaking Point oder Zone des sicheren Treffens
3. Hold Point oder Haltepunkt
4. Observation Point oder Beobachtung
5. Vorhalt

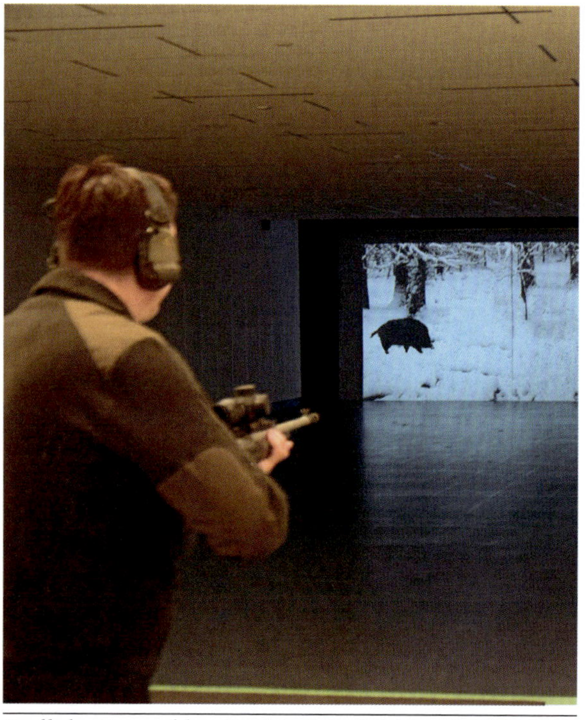

Jagdlicher Voranschlag: Der Schaft darf nicht an der Schulter sein, sondern muss unten bleiben.

STAND UND ANSCHLAG

Dem Stand kommt beim Schießen auf den laufenden Keiler besondere Bedeutung zu, da insbesondere Magnumpatronen, die von vielen gern verwendet werden, etwas ruppiger als „normale" Büchsengeschosse sind. Weiter vorn haben wir unter „Kriterien für den dynamischen Büchsenschuss" (s. S. 97) zwei Anschlagsvarianten erklärt. Der „klassische" 12 Uhr-3 Uhr-Stand hat wie beschrieben den Vorteil großer Bewegungsfreiheit und einer maximalen Ausnutzung des persönlichen Schwenkbereichs.
Möchten Sie einen zweiten Schuss abgeben, müssen Sie einen Stand einnehmen, der maximale Mündungskontrolle und ein hohes Maß an Bewegungsfreiheit bietet. Wir haben auch diese „militärische" Erwartungshaltung schon beschrieben (S. 98). Für viele ist dieser Stand, vielleicht auch aufgrund seiner militärischen Herkunft, etwas ungewöhnlich. Wer aber so schon einmal geschossen hat, hat vielleicht festgestellt, dass diese Erwartungshaltung das Leben des Schützen einfacher macht. Bei richtiger Anwendung wird man durch den Rückstoß nicht weit aus dem Ziel getrieben und kann zügig einen zweiten Schuss abgeben.
Voranschlag und Anschlag sind grundsätzlich dem herkömmlichen Büchsen-(Vor-)Anschlag gleich. Im Training ist nur zu bedenken, dass die DJV-Schießordnung für das jagdsportliche Schießen auf den laufenden Keiler den jagdlichen Voranschlag vorsieht!

BREAKING POINT ODER ZONE DES SICHEREN TREFFENS

Der Breaking Point oder auch Killing Point („BP/KP" in Abb. S. 103) ist ein Bestandteil der Maintained-Lead-Methode und beschreibt den Bereich, in welchem Sie das Ziel beschießen wollen. Während einer Drückjagd ist es der Bereich, in dem Sie einen sicheren Schuss abgeben können, ohne sich selbst oder andere zu gefährden und in der Sie den Keiler sicher treffen können –also eine „grü-

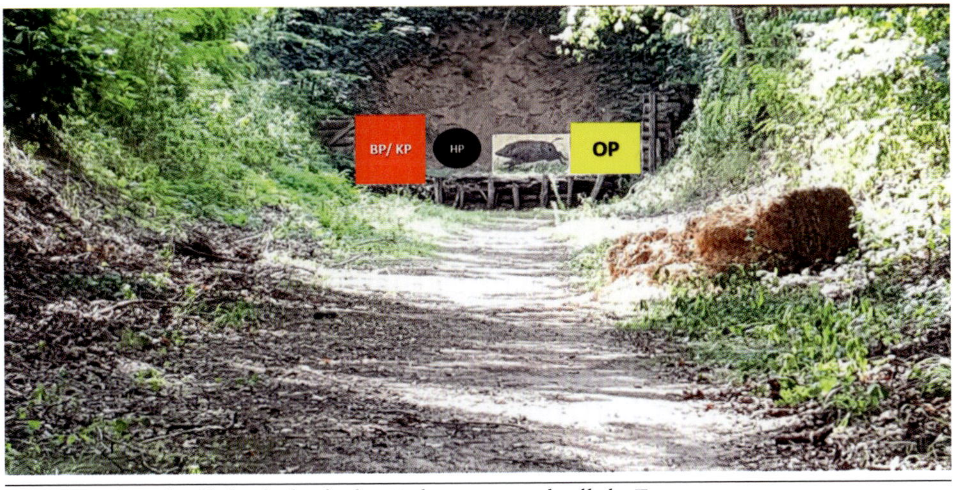

Einteilung der Schießbahn des laufenden Keilers in unterschiedliche Zonen

ne" Zone. Außerdem gibt es„rote Zonen", die Sie auf keinen Fall beschießen dürfen. Die Abbildung oben liefert ein Beispiel, wie man sich die Schießbahn entsprechend einteilen kann. Die „grüne" Zone liegt im linken Drittel der Schießbahn, da der Keiler von rechts nach links fährt und Sie nach dem Erkennen des Ziels etwas Zeit für den Anschlag benötigen.

HOLD POINT ODER HALTEPUNKT

Mit dem Hold Point („HP" in Abb. o.) ist der Bereich gemeint, auf den die Mündung Ihrer Waffe in der Ausgangsposition ausgerichtet wird. Dieser Punkt sollte ungefähr auf halber Strecke zwischen dem erwarteten Erscheinungsort des Ziels und dem Breaking Point liegen bzw. sollte der Hold Point so gewählt werden, dass Sie bei Erscheinen des Ziels in den Anschlag gehen und sich, sobald Sie den Anschlag abgeschlossen haben, im richtigen Vorhalt zum Ziel befinden.

OBSERVATION POINT

Der Observation Point („OP" in Abb. o.) beschreibt den Bereich der Schießbahn, den Sie in Erwartung des Ziels beobachten. Der Observation Point entspricht also nicht dem Haltepunkt Ihrer Waffe, sondern dem Erscheinungsort des Ziels.

DER RICHTIGE VORHALT

Der letzte wichtige Punkt ist der richtige Vorhalt. Das Thema Vorhalt haben wir weiter oben ausführlich dargestellt. Wenn Sie Ihren persönlichen Vorhalt berechnet haben, müssen Sie die Vorhaltemaße in die Realität übertragen und sich die Visierbilder einprägen.

ANWENDUNG DER MAINTAINED-LEAD-METHODE

In der Abbildung auf Seite 104 oben sehen Sie ein Uhrenmodell, der Schütze steht auf 6 Uhr. Gehen Sie von dem häufigsten Fall auf den Schießbahnen in Deutschland aus, dann erscheint das Ziel auf 3 Uhr und läuft nach 9 Uhr. Bei einem DJV-Stand bewegt sich der Keiler zwischen 3 und 3,3 m/s in einem Abstand von 50 bis 60 m.
Bei der Maintained Lead auf den laufenden Keiler nehmen Sie den oben beschriebenen Stand ein und richten Ihren Körper auf den Breaking Point aus. Überprüfen Sie Ihre Körperausrichtung, indem Sie den Stand einnehmen und mit geschlossenen Augen in den Anschlag gehen. Wenn Sie die Augen öffnen und mit der Waffe im Anschlag auf den Breaking Point zeigen, haben Sie Ihren Körper richtig ausgerichtet. Und so geht es weiter:

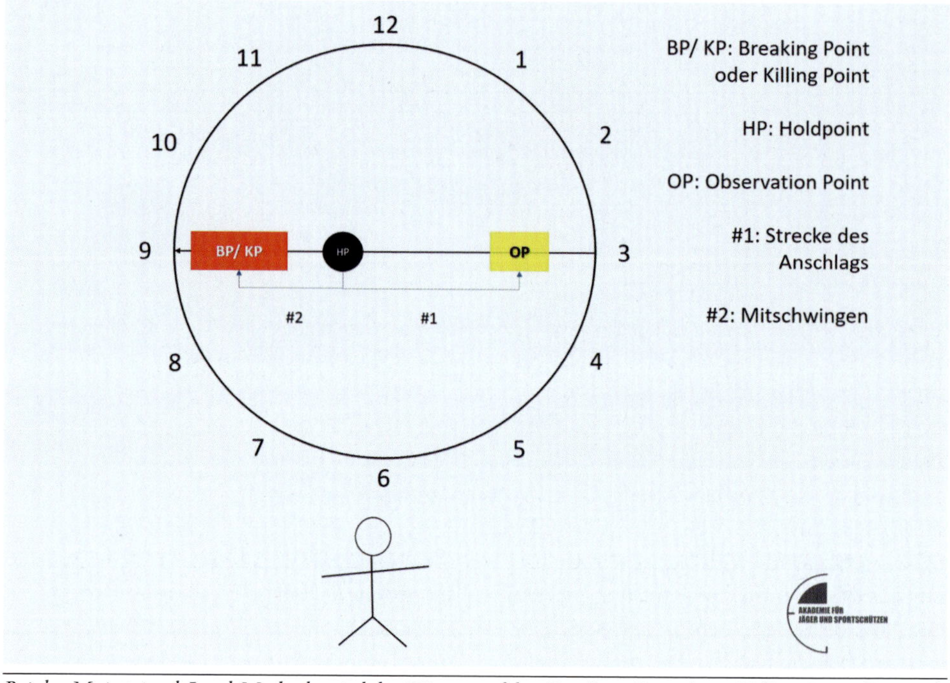

Bei der Maintained-Lead-Methode wird der Körper auf den Breaking Point bzw. Killing Point (BP/KP) ausgerichtet.

1. Nehmen Sie den Hold Point mit Ihrer Waffe ein.
2. Richten Sie nur Ihren Kopf auf den Observation Point und rufen das Ziel ab.
3. Gehen Sie in den Anschlag, sobald das Ziel erscheint.
4. Im Idealfall ist die Waffe im Anschlag und Sie haben das richtige Visierbild mit dem perfekten Vorhalt.
5. Zu guter Letzt schwingen Sie mit dem richtigen Vorhalt mit dem Ziel zum Breaking Point und krümmen ab.

Das Charakteristische an der Maintained-Lead-Methode ist, dass Sie während des gesamten Schussvorgangs (Anschlag, Schwingen und Schussabgabe) mit der Mündung im korrekten Vorhalt vor dem Ziel sind.

SCHLUSSFOLGERUNGEN FÜR DIE PRAXIS

Im sportlichen Bereich geben wir 90 % der Schüsse mit Maintained Lead ab. Auf der Jagd ist man nicht immer in der glücklichen Lage zu wissen, woher das Ziel kommt; für diesen Fall gibt es weitere Schießmethoden, die jedoch richtig angewendet deutlich komplizierter sind. Nichtsdestotrotz kann man die Maintained-Lead-Methode auch in der Jagdpraxis gut anwenden, und sie gehört zu dem Basisrepertoir, das ein Schütze abrufen können sollte.

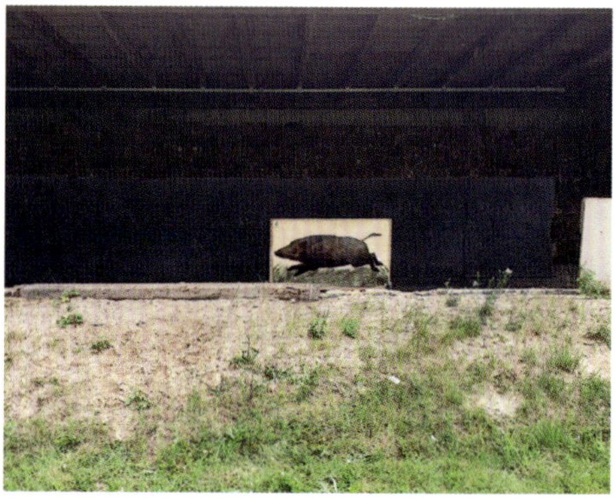

Auf den Bereich dicht vor dem Keiler („HP“) wird die Mündung der Waffe ausgerichtet.

SCHIESSEN MIT SELBSTLADE-BÜCHSEN BEI DER DRÜCKJAGD

Obwohl eher im sportlichen Bereich anzutreffen, erfreuen sich Selbstladebüchsen unter Jägern und vor allem jungen Jägern immer größerer Beliebtheit. Für einige Jagdszenarien und -anwendungen haben sie durchaus einen Mehrnutzen.
Ähnlich wie mit der Wahl der Optik verhält es sich auch bei der Wahl der Büchse. Jeder Jäger hat seine Vorlieben und die Geschmäcker sind bekanntlich ebenso verschieden wie mannigfaltig. Daher beschäftigen wir uns in diesem Abschnitt mit den Vor- und Nachteilen einer Selbstladebüchse und überlassen Leserinnen und Lesern die Bewertung, ob eine solche Waffe für Sie in Betracht kommt.

GRUNDSÄTZLICHES ZU SELBSTLADEBÜCHSEN

Die Entwicklung von Selbstladebüchsen (kurz SLB) geht zurück auf die Jahre 1883 bis 1885, als die ersten Selbstladegewehre in USA und Europa entwickelt und patentiert wurden. Gedacht für schnelle Schussfolgen, ohne nachladen zu müssen, waren es vorerst ausschließlich Waffen für das Militär. Schnell folgten dann ab dem frühen 19. Jahrhundert sportliche und jagdliche Anwendungen und die Übernahme in den Polizeidienst.

AR-SYSTEM

In Deutschland findet man heute selten rein jagdliche SLB (wie z. B. HK SLB2000, Sauer 303, Merkel SR1, Benelli ARGO und Browning BAR II), sondern eher sportliche AR-Systeme. Das von Eugene Stoner unter der Firma Armalite zuerst in 7,62 × 51 als AR-10 und dann in 5,56 × 45 als AR-15 entwickelte Gewehr verfügt über eine direkte Gasrückführung (Direct Impingement) für den Repetiervorgang und ein in die Schulterstütze laufendes Puffer- und Schließfedersystem, wodurch die im Vergleich sehr leichte Waffe ein hervorragendes und sehr geradliniges Rückstoßverhalten aufweist. Hierdurch ergibt sich auch eine auffallend flache Bauweise, die besonders für den Anschlag im Sitzen und den Anschlag im Liegen geeignet ist.
Moderne Handschutzsysteme für KeyMod- oder M-Lok-Zubehör ermöglichen die Anbringung von allerlei Griffen und Zweibeinen. Sogenannte Front Grips (Griffe vorn am Handschutz), gepaart mit dem angenehmen Rückstoßverhalten sind vor allem beim Schießen im Stehen klassischen Repetierern gegenüber im Vorteil.

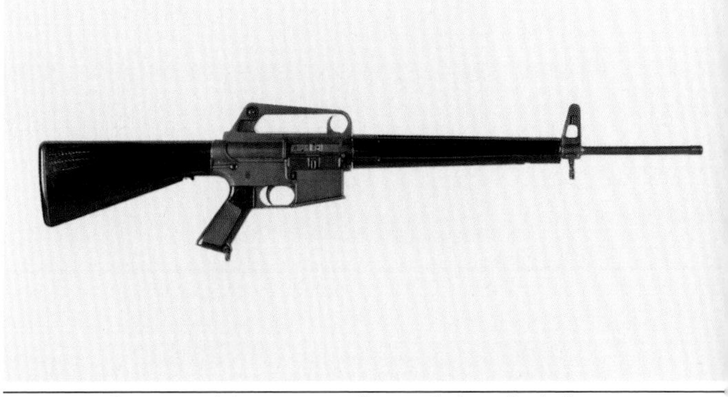

Das Armalite Ar-15 (ohne Magazin). Sportliche Selbstladebüchsen sind hierzulande weiter verbreitet als rein jagdliche.

PICATINNY-SCHIENE

Eine auf 12 Uhr (oben auf der Waffe) verlaufende, durchgängige Montageschiene erlaubt die Direktmontage aller Rotpunktvisiere und Zielfernrohre. Diese STANAG 4694-Picatinnyschiene ist hoch präzise gefertigt und erlaubt so auch den schnellen und wiederholgenauen Wechsel zwischen mehreren Optiken, ohne dass ein erneutes Einschießen notwendig wäre.

WEITERE AUSSTATTUNG

Grundsätzlich besitzen alle AR-Systeme eine individuell in der Länge anpassbare Schulterstütze. Höhenverstellbare Wangenauflagen sind ebenfalls, entweder ab Werk oder über den Zubehörmarkt zum Nachrüsten, verfügbar. Auch Tuningabzüge bieten viele Hersteller an, diese Abzüge lassen sich mit wenigen Handgriffen austauschen.
Da alle AR-Systeme mit einem Gewinde versehen sind, ist ein Schalldämpfer ohne Nacharbeit des Büchsenmachers montierbar. Die Auswahl von Schalldämpfern für ARs ist nahezu grenzenlos. Weiterhin gibt es einen Klappschaftadapter, dank welchem die Schulterstütze mit Buffertube (Rohr, das den Puffer und die Schließfeder aufnimmt und auf dem die Schulterstütze sitzt) nach links ans Waffengehäuse abgeklappt werden kann, was die Waffengesamtlänge für den Transport deutlich verringert. Hierdurch ist dann auch das unauffällige Transportieren der Waffe in einem Rucksack ins Revier möglich.

BEDIENELEMENTE

Moderne AR-Systeme der verschiedenen renommierten Hersteller aus dem In- und Ausland verfügen weiterhin über ein sogenanntes Ambi-Bedienkonzept: Alle Bedienelemente wie Sicherungsflügel, Verschlusslösehebel und Magazinlöseknopf sind beidseitig (ambivalent) erreichbar und daher für den Rechts- als auch Linksschützen ohne Änderungen geeignet.

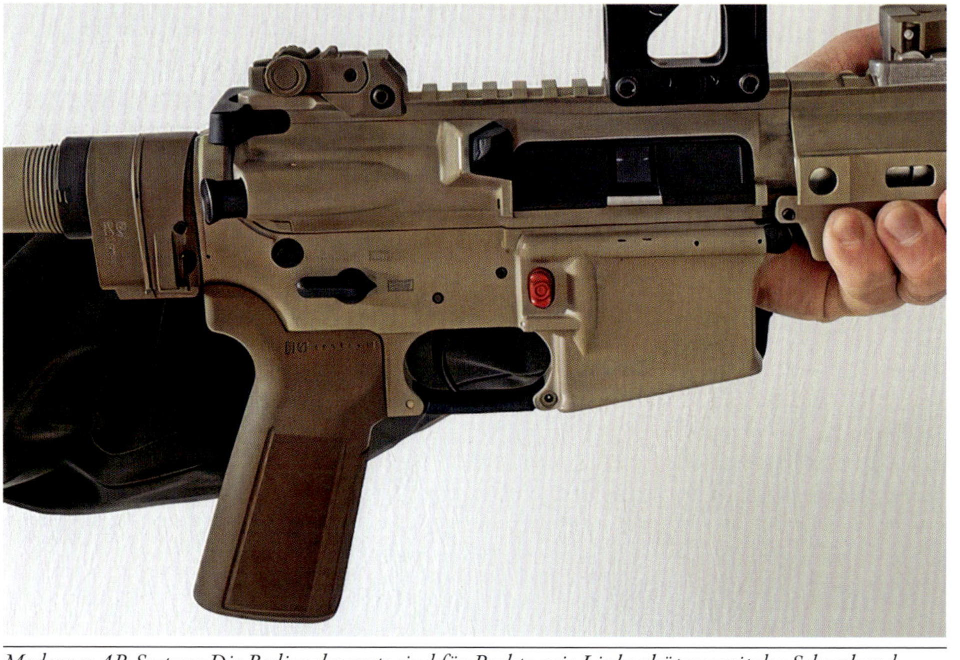

Modernes AR-System: Die Bedienelemente sind für Rechts- wie Linksschützen mit der Schusshand erreichbar.

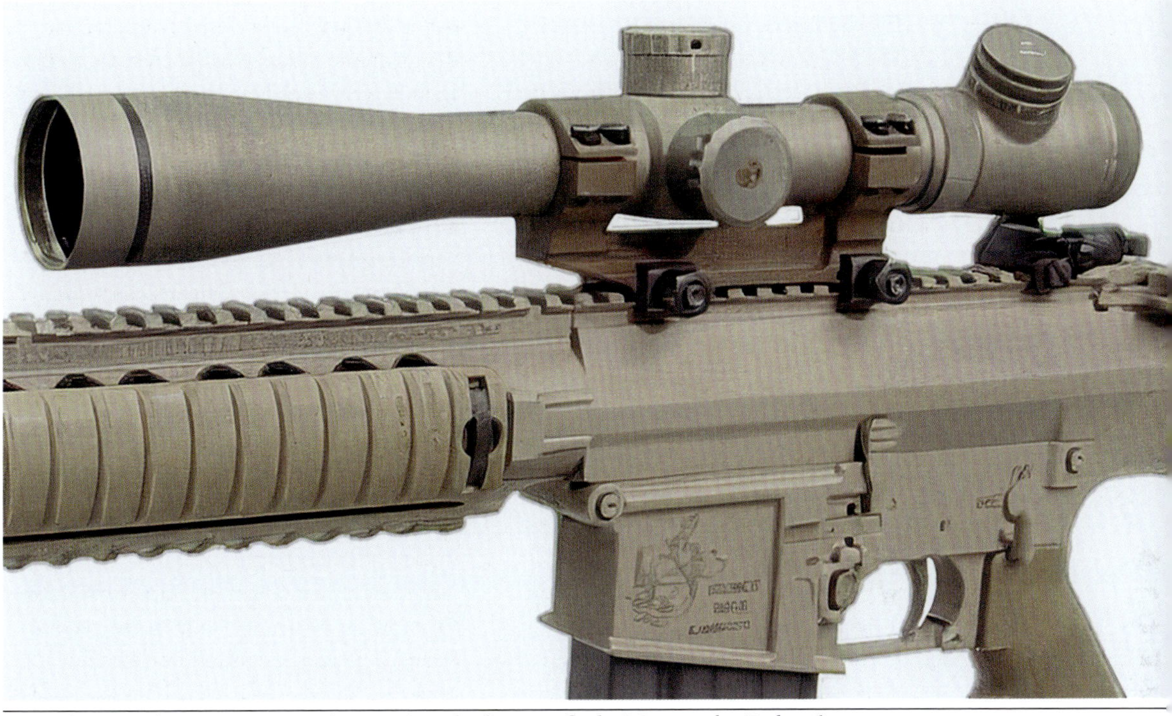

Einer der Vorteile von Picatinny-Schienen: Sie erlauben eine flache Montage der Zieloptik.

Ein intuitives Entsichern und Sichern der Waffe im Anschlag ist mit der Schusshand jederzeit möglich, ohne den Griff an der Waffe (am Pistolengriff) verändern oder lösen zu müssen. Der Ladehebel kann ebenfalls von beiden Seiten betätigt werden.

DIE VORTEILE DER SLB ...

Wesentlichster Vorteil einer Selbstladebüchse ist die Möglichkeit, schnell und zielsicher einen Folgeschuss antragen zu können. Weil die Waffe wenig Hochschlag im Rückstoß erzeugt und somit schnell wieder auf dem Ziel ist, außerdem das halbautomatische Repetieren keinen weiteren Handgriff erfordert, bietet sich dem Jäger auf Bewegungsjagden die Möglichkeit, auch gleich ein zweites Stück Wild aus einer Rotte oder einem Sprung zu erlegen. So weit zu den Vorteilen.

... UND IHRE NACHTEILE

Die ersten Nachteile ergeben sich leider direkt aus zuvor genannten Vorteilen: Die flache Bauweise mit der Möglichkeit, Optiken sehr flach zu montieren, ist zwar angenehm für den Sitzend- und Liegendanschlag, wirkt sich aber deutlich nachteilig aus, wenn, wie zumeist bei der Drückjagd oder der Pirsch, im Stehen geschossen werden muss. Hier führt dies zu einer sehr unbequemen Körper- und Kopfhaltung. Dieser muss durch eine höhere Montage der Zieloptik gegengesteuert werden. Und der zentral vom Gehäuse nach hinten über die Buffertube verlaufende Ladehebel zwingt beim Durchladen, z. B. während einer Störung, dazu, den Kopf und damit den Blick vom Ziel abzuwenden, möchte man sich nicht selbst verletzen.

Ein letzter Nachteil, der allerdings umstritten ist, ergibt sich aus dem Bundesjagdgesetz (§ 19 Abs. 1 Nr. 2c), das dem Jäger bei Verwendung einer SLB maximal drei Patronen in der Waffe zugesteht. Hier empfiehlt sich aber wie oft ein Blick in das jeweilige Landesjagdgesetz: Baden-Württembergs Jagd- und

Wildtiermanagementgesetz (§ 31, Abs. 1 Nr. 7c) z. B. erlaubt bei Bewegungsjagden bis zu fünf Patronen. Ob denn mehr Munition benötigt wird oder ein zweites Magazin mit einem schnellen Magazinwechsel die SLB einer Repetierbüchse wieder gleichstellt, überlassen wir dem Leser zur Bewertung. Beim jagdlichen Einsatz der SLB führen einige der zuvor beschriebenen baulichen Besonderheiten auch zu Änderungen im Anschlag, dem Schießgestell und dem eigentlichen Schießen:

KRITERIEN FÜR DAS SCHIESSEN MIT SLB

Generell gelten auch für Selbstladebüchsen die zu Beginn dieses Buches erklärten „Acht Kriterien für den präzisen Büchsenschuss", sodass wir auch hier nur noch auf die wirklichen Unterschiede eingehen:

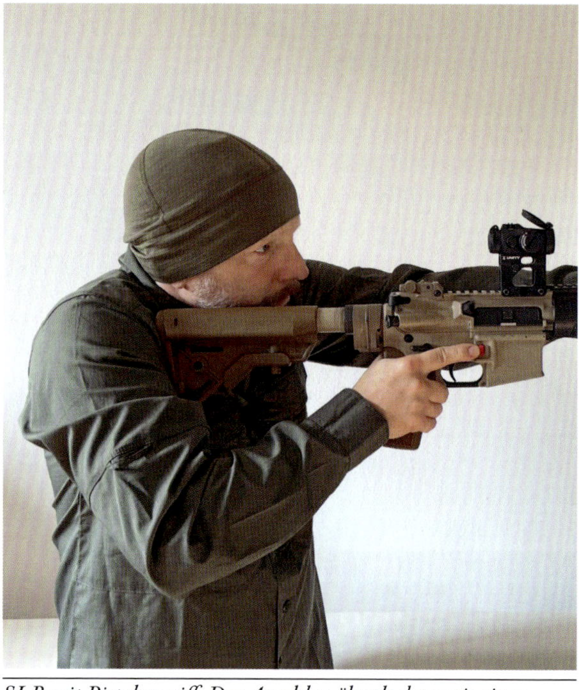

SLB mit Pistolengriff. Der Anschlag ähnelt dem mit einer Lochschaft-Waffe.

ANSCHLAG

Der Anschlag unterscheidet sich durch den Pistolengriff der SLB, der einem Lochschaft ähnlich ist. Die Unterstützungshand zieht die Waffe in die Schulter und die Schusshand kann sich, ohne Druck oder Zug auf die bzw. an der Waffe ausüben zu müssen, aufs Entsichern/Sichern und Abkrümmen konzentrieren. Beide Ellenbogen zeigen nach unten und liegen somit eng am Oberkörper an. Dies führt zu einer positiven Spannung im Körper, die wiederum dem Rückstoßmanagement hilfreich ist.

GRIFF

Die Unterstützungshand greift so weit vorn wie möglich und noch subjektiv angenehm am Handschutz, abhängig von der Wahl des Frontgriffes zeigt der Daumen entweder in Schussrichtung oder greift noch zusätzlich über den Handschutz. Die Schusshand liegt mit nur leichtem Druck/Griff am Pistolengriff an, ohne die Waffe zu ziehen oder zu schieben.

ZIELEN

Wenn immer möglich, wird mit beiden Augen offen durch und an der Visierung vorbeigeschaut. Somit hat der Schütze ein größtmögliches peripheres Sehfeld und kann Wild schon außerhalb des Zielbereiches und vor allem auch beim Verhalten im Schuss (Zeichnen) beobachten. Eine richtig eingestellte Schulterstütze und ggf. Wangenauflage bietet einen klaren und wiederholgenauen Index (Referenzpunkt).

VISIERBILD

Unabhängig davon, ob Sie ein Drückjagdzielfernrohr bzw. eine LPVO (Low Power Variable Optic) oder ein Rotpunktvisier nutzen, schauen Sie geradlinig durch die Optik und gleichzeitig mit dem zweiten offenen Auge auch an der Optik vorbei. Sie bewegen über die Drehung der Hüfte Ihren gesamten Oberkörper mit der Waffe

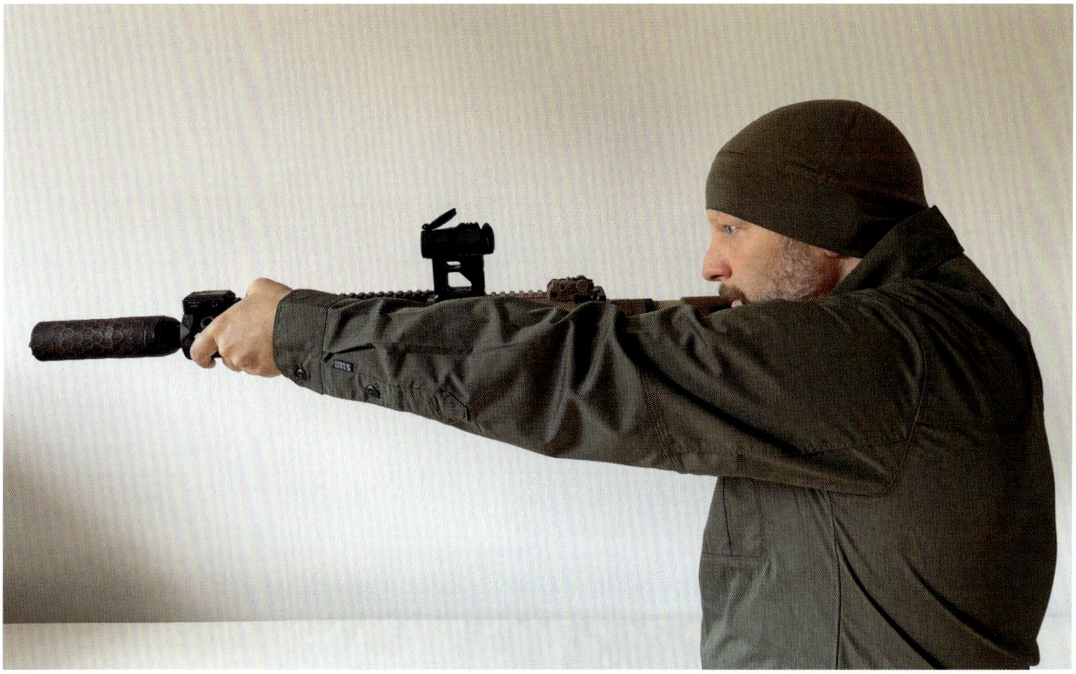

Der sogenannte C-Clamp Grip ist eine von verschiedenen Griffvarianten bei Selbstladebüchsen.

im Anschlag (vergleichbar mit einem Geschützturm), bis Ihr Absehen auf dem Ziel bzw. richtigen Haltepunkt ruht.

ATMUNG

Während der Bewegungsjagd rutscht der Schwerpunkt der Atemtechnik in den Hintergrund. Es ist viel wichtiger, gleichmäßig und kontrolliert (ruhig) zu atmen, als zu versuchen, einen speziellen Atemrhythmus bei jedem erneuten Auftreten von Wild durchzuführen. Gerade über eine längere Zeit und bei häufigen Wildwechseln auf der Drückjagd kann dies eher zu langen Atempausen, möglicherweise Atemnot und vor allem anschließendem deutlich unruhigerem Atmen und damit stärkeren Bewegungen des Brustkorbes führen. Das Ergebnis wären Fehlschüsse.

ABZUGSKONTROLLE

Gleichmäßiges Abkrümmen, ohne die Griffkraft zu erhöhen, ist wichtig. Sollte Ihnen dies Schwierigkeiten bereiten, kann der Daumen wie in der Abbildung Seite 13 Mitte auch bei der SLB auf der Seite des Abzugs- d. h. Zeigefingers an den Pistolengriff angelegt werden. Das vermeidet ein Greifen und Zudrücken der Schusshand beim Abkrümmen.

DURCH DAS FEUER BLICKEN

Gerade bei der Bewegungsjagd ist es von großer Bedeutung „durchs Feuer zu schauen", kann doch nur so das Zeichnen des Wildes deutlich erkannt und ein eventuell notwendiger Folgeschuss schnell angetragen werden. Das Zielen und Schießen mit beiden Augen geöffnet sollte stets trocken und scharf geübt werden.

REPRODUKTION

Ihre Selbstladebüchse ist nach jedem Schuss sofort wieder feuerbereit. Daher ist es an Ihnen, die anderen wesentlichen Kriterien (Anschlag, Griff, Zielen und Visierbild) schnell wieder zu reproduzieren, um einen nächsten Schuss gleich korrekt und somit konstant zu gewährleisten.

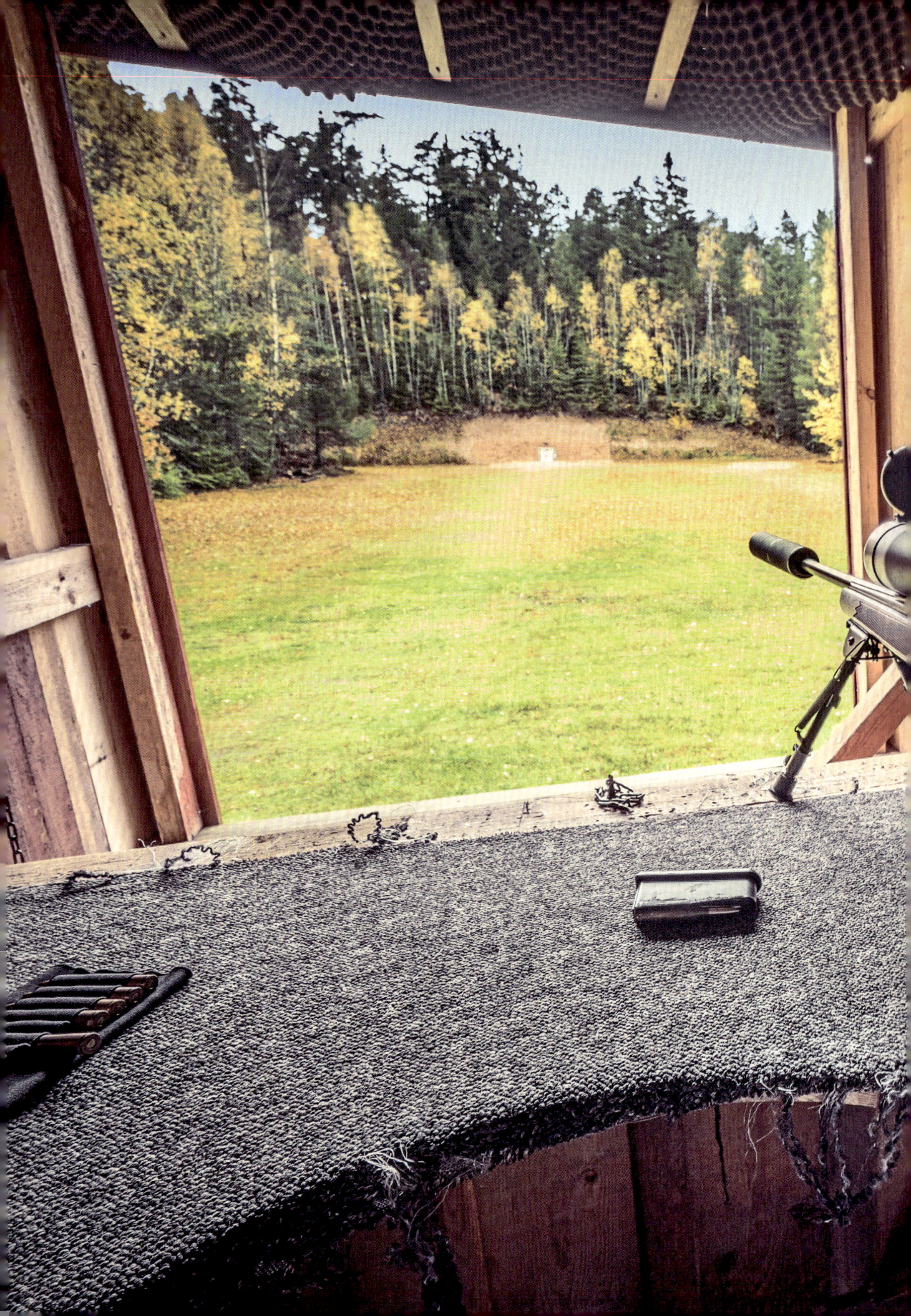

DER WAIDGERECHTE SCHUSS AUF GROSSE DISTANZEN

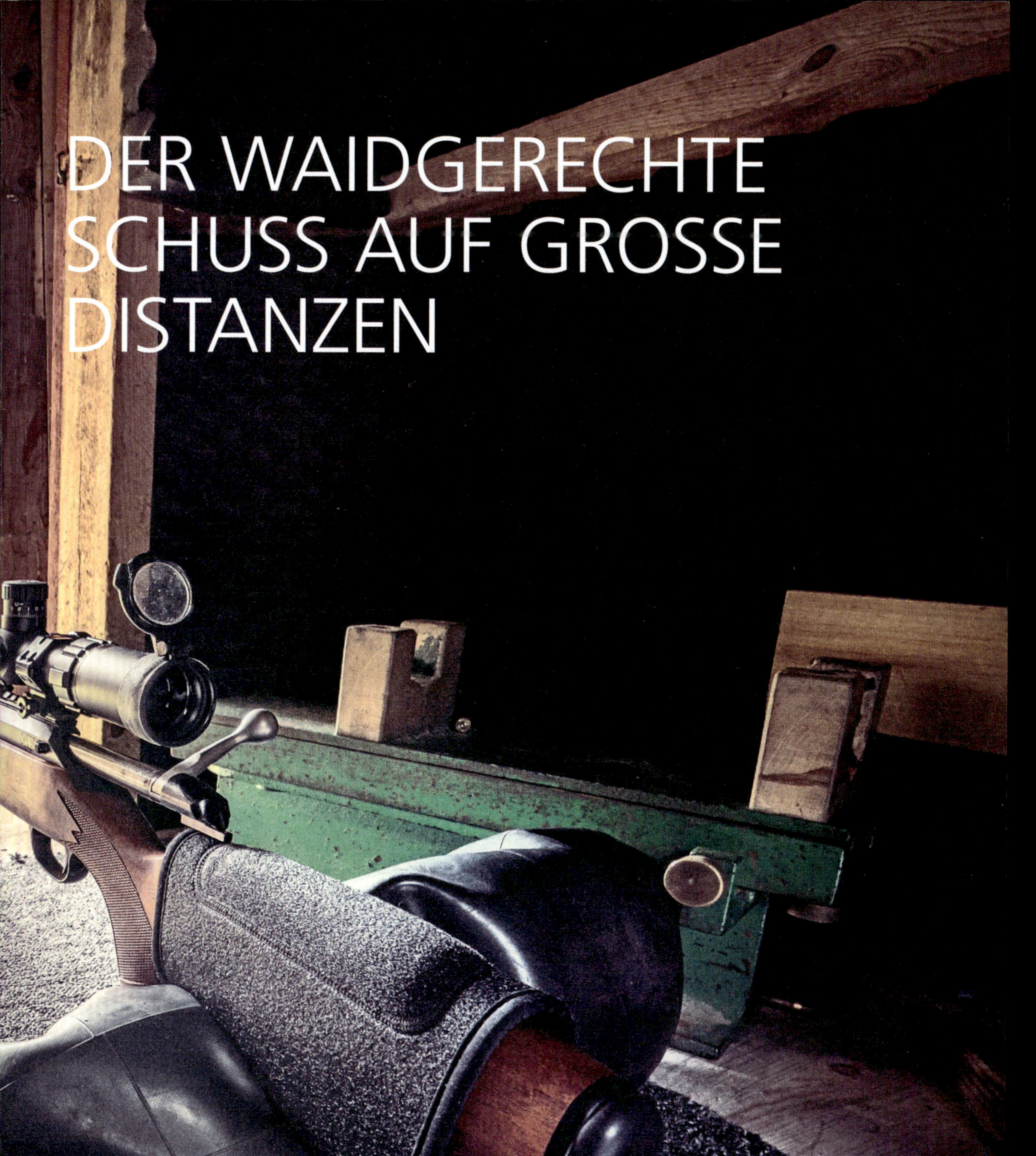

WEITERFÜHRENDE BALLISTIK

Der waidgerechte Schuss auf weite Distanzen ist derzeit das Seminar, das unter unseren Angeboten auf das größte Interesse stößt. Viele Jäger interessieren sich für die Theorie und Praxis hinter dem Schießen auf weite Distanzen, und es reizt sie, diese Art des Schießens einmal auszuprobieren. So werden wir die wichtigen theoretischen Grundlagen dazu vermitteln, die Sie für den Schuss bis 300 m benötigen und darstellen, wie Sie es auf einem 300 m-Stand üben können.
Das sogenannte Long-Range-Schießen ist deswegen so reizvoll, weil man nicht mehr mit herkömmlichem Material und dem üblichen Vorgehen auf dem Schießstand weiterkommt. Um den Schuss auf 300 m und mehr meistern zu können, sind Kenntnisse zur weiterführenden Ballistik und zu der erweiterten Schießtechnik auf große Distanzen erforderlich. Betrachten wir also anhand von Rechenbeispielen die Auswirkungen des Geschossabfalls auf große Distanzen und Techniken, diesen Abfall zu kompensieren.

MIL, MOA UND CO.

Das Wort MilDot/Mil-Scale ist ein Kunstwort und setzt sich aus den beiden ursprünglichen Wörtern Milliradiant und dem englischen Wort für Punkt bzw. Skala (Dot/Scale), zusammen. Diese Wortkonstruktion lässt erahnen, dass es hierbei um Abmessungen, Mathematik und besondere Maßeinheiten geht; doch was beinhaltet der Begriff alles?

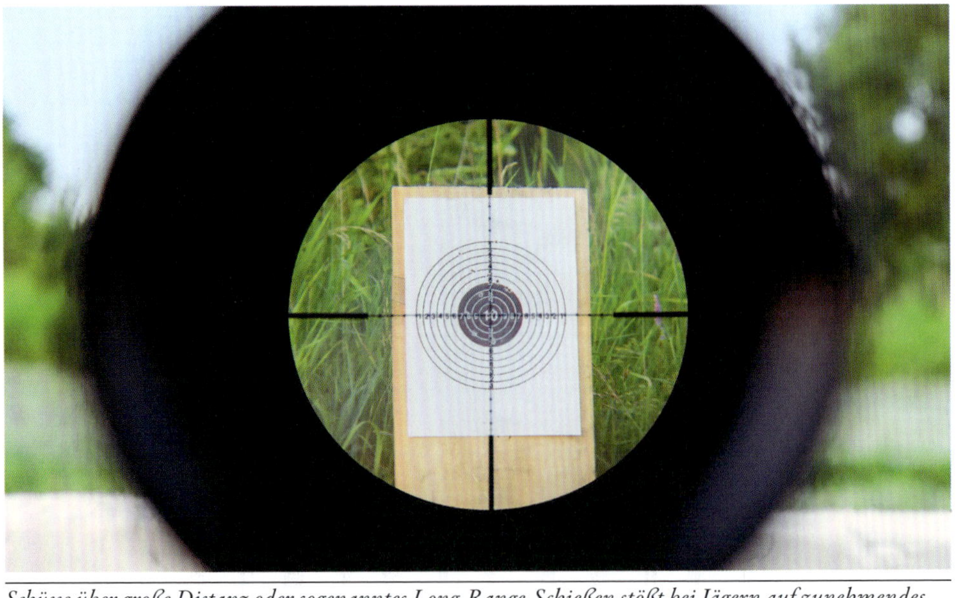

Schüsse über große Distanz oder sogenanntes Long-Range-Schießen stößt bei Jägern auf zunehmendes Interesse.

RADIANT

Beginnen wir mit dem Radianten. Er ist das Maß für einen Winkel, ausgedrückt in der Länge des Kreisbogens auf dem Einheitskreis. Entspricht die Länge der Strecke A (Radius) der Strecke B und trägt man die Strecke B auf dem Kreisbogen ab, erhält man als Winkel C des entstehenden Dreiecks genau einen Radianten.

Der Milliradiant ist ein tausendstel Teil eines Radianten; und genau das macht die Benutzung des Milliradianten so genial einfach. Ein Milliradiant (kurz: Mil) entspricht einem Tausendstel der gemessenen Strecke, d. h. auf 100 m entspricht ein Mil 10 cm (100 m/1000 = 0,1 m = 10 cm). Noch genialer an dem Radianten ist die Tatsache, dass er sich proportional verhält, also 1 Mil = 20 cm auf 200 m usw., 1 Mil = 30 cm auf 300 m usw.

STRICH

Kommen wir nun zur zweiten Maßeinheit des Milliradianten und seinem militärischen Pendant – dem Strich. Beim Militär verwendet man den (artilleristischen) Strich in der Vermessung und auch als Feuerleitinstrument. Der (artilleristische) Strich oder Artillerie pro mille entspricht 1/6400 des Vollwinkels oder 0,056 Grad oder etwa 0,982 Milliradiant. Der artilleristische Strich darf nicht mit dem nautischen Strich verwechselt werden, der 1/32 des Vollwinkels entspricht.

Das Militär verwendet das Artilleriepromille, da sich beim Rechnen glatte Brüche ergeben und in der Regel keine Nachkommastellen benötigt werden. Ein weiterer Vorteil ist, dass das Artilleriepromille in etwa einem Milliradianten entspricht. Da der Strich zu 98 % dem Milliradiant entspricht, setzt man diese Maßeinheiten oft gleich. Weiterhin lässt sich aufgrund dieses Umstandes auf einfache Weise die MKS-Formel für Strich und Mil anwenden. Aber auch beim artilleristischen Strich ist Vorsicht geboten, denn

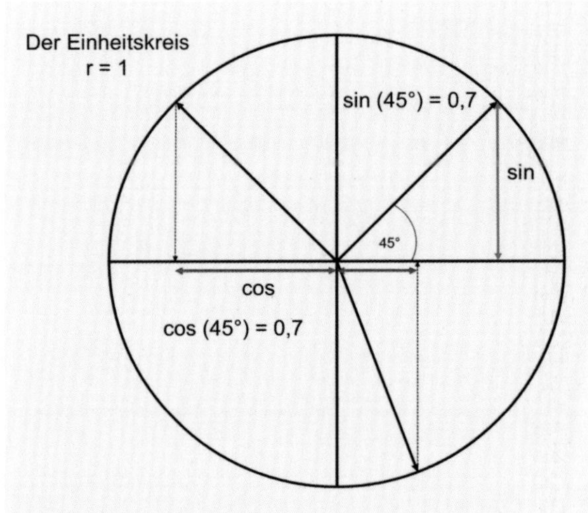

Trägt man den Radius auf dem Kreisbogen ab, erhält man als Winkel den Radianten.

die Staaten des ehemaligen Warschauer Paktes haben den Vollwinkel lediglich in 6200 Strich unterteilt und die Schweden in 6000 Strich; sollten Sie also Produkte aus diesen Ländern verwenden, gelten andere Rechenregeln.

Diese Maße lassen sich hervorragend auf Absehen übertragen. Rufen wir uns noch einmal die Abbildung auf Seite 39 ins Gedächtnis zurück und schauen wir uns zwei Absehen noch einmal an. Abbildung Seite 114 oben links zeigt links ein MilDot-Absehen und rechts ein Mil-Scale-Absehen. Bei dem MilDot-Absehen ist jeder Punkt (Dot) i. d. R. 0,2 Mil breit. Bei einem MilScale-Absehen entspricht der Abstand zwischen zwei Skalenstrichen i. d. R. 0,2 Mil. So gestaltete Absehen kann man z. B., wie im Optik-Kapitel schon erwähnt, mithilfe der sogenannten MKS-Formel zur Messung von Zielbreiten bzw. -längen und nach entsprechender Formelumstellung auch zur Entfernungsbestimmung benutzen.

Die Formel lautet:

$M = K \times S$

wobei:

K = Zielentfernung in km (=> K × 1000 = Zielentfernung in m)

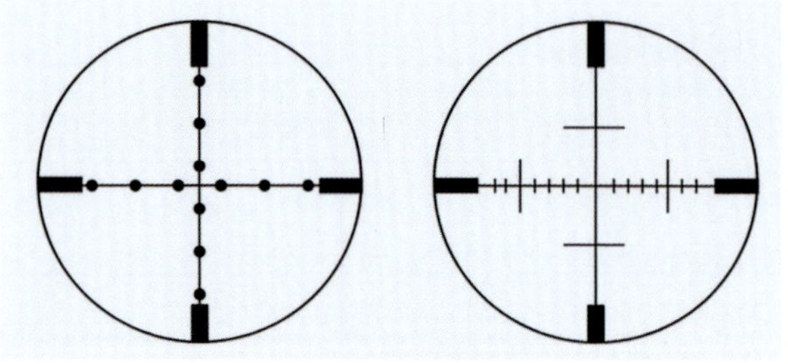

Ballistische Absehen sind z. B. MilDot- (l.) oder Strich-Absehen.

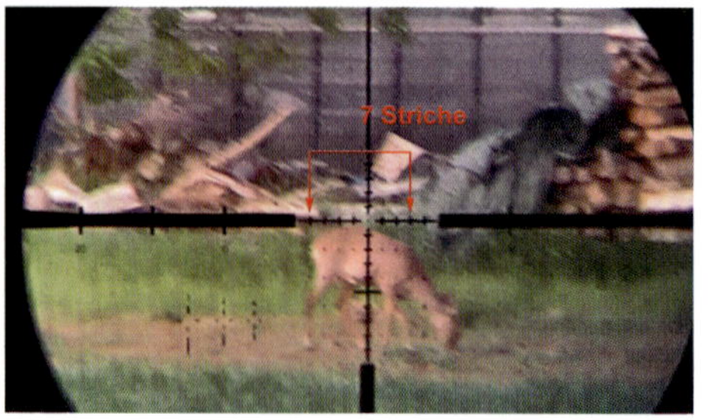

Das Reh ist 70 cm breit und deckt sieben Striche ab. Es ist 100 m entfernt.

S = Anzahl der durchs Ziel abgedeckten Striche (S/MIL)

Beispiel Zielbreitenmessung Ein Auto steht quer zum Betrachter in 1,5 km Entfernung und deckt 2 S/MIL ab. Wie breit ist das Auto?

M = 1,5 × 2 = 3; das Auto ist drei Meter breit bzw. lang.

Beispiel Entfernungsmessung Ein breit stehendes Reh ist ca. 70 cm lang und deckt praktischerweise genau 7 Strich/MIL ab (Abb. o. r.). Wie viele Meter ist das Reh entfernt?

$$\frac{0{,}7 \times 1000}{7} = 100$$

Das Reh ist 100 m entfernt.

WINKELMINUTE (MOA)

Blickt man „über den Teich", hört man die meisten Leute dann nicht von „MIL", sondern von „MOA" reden. Das Akronym MOA kommt aus dem englischen Sprachraum und steht für „Minute of Angle" oder zu Deutsch „Winkelminute". Das Nomen Minute impliziert schon, dass es sich um einen 60sten Teil handelt, und zwar den 60sten Teil eines Winkels (siehe Abb. u.). Eine Winkelminute entspricht ziemlich genau 2,9 cm auf 100 m, und genau wie der Milliradiant verhält sich auch die Winkelminute proportional zu der Entfernung, sprich: 1 MOA entspricht 5,8 cm auf 200 m, 8,7 cm auf 300 m usw. Dieser Umstand macht den Umgang mit Winkelminuten ebenso einfach wie den Umgang mit dem Milliradianten.

Wieso haben die Amerikaner nun die Winkelminute so lieb gewonnen? Nun, dies ist dem Zufall geschuldet, dass eine Winkelminute ungefähr einem Inch auf 100 Yards entspricht und somit innerhalb des anglo-

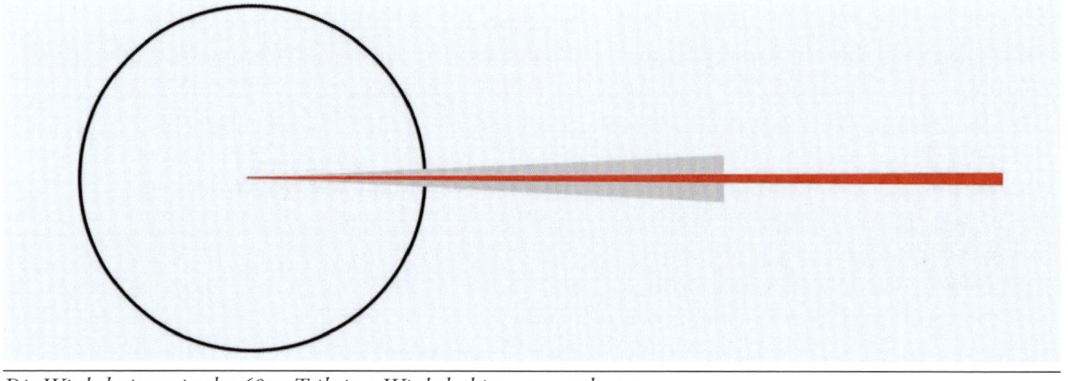

Die Winkelminute ist der 60ste Teil eines Winkels, hier rot angedeutet.

amerikanisches Maßsystems einfacher anzuwenden ist. Ob Sie nun eine Optik kaufen, die Winkelminuten verwendet oder Milliradiant, hängt also von Ihren persönlichen Vorlieben bzw. der Verfügbarkeit beim Hersteller ab.

EINFLUSSGRÖSSE WETTER

TEMPERATUR

Ein in der Fachliteratur heiß diskutiertes Thema ist der Einfluss der Temperatur auf die Treffpunktlage. Dazu herrschen viele Meinungen, und verschiedene Schusstabellen mit den unterschiedlichsten Ergebnissen schwirren durch das Internet. Eine allein selig machende Lehrmeinung gibt es aber leider nicht. Wir haben in sehr heißen Regionen dieser Welt die Erfahrung gemacht, dass bei dem Kaliber .308 Win. pro 15 °C Anstieg der Außentemperatur zu einer Abweichung von bis zu 2 cm auf 100 m kommen kann. Warum ist das so?
Sobald die Temperatur ansteigt, zieht das auch eine geringere Luftdichte nach sich. Dies wiederum bedeutet einen geringeren Reibungsverlust des Geschosses infolge geringeren Luftwiderstands. Dadurch erhöht sich die Treffpunktlage. Umgekehrt verhält es sich bei niedrigeren Temperaturen. Hier hat die Umgebungsluft eine höhere Dichte und „leistet" einen größeren Widerstand – die Treffpunktlage verschiebt sich nach unten.

HÖHENLAGE

Dass die Höhenlage einen Einfluss auf die Treffpunktlage hat, ist unumstritten. Verantwortlich sind auch dafür Unterschiede des Luftdrucks. In größeren Höhen herrscht eine geringere Luftdichte als in tieferen Lagen. Dies bedeutet: Je höher man geht, desto geringer ist die Luftdichte, umso weniger Reibungswiderstand ist vorhanden und die Treffpunktlage des Geschosses wandert nach oben. Ein guter Indikator für die Veränderung der Umgebungsbedingungen durch die Höhenlage ist der Luftdruck.

RASANT MACHT WENIGER EMPFINDLICH

Die Tabellen in der Fachliteratur widersprechen sich auch in puncto Einfluss der Höhenlage auf den Schuss. Feststellen kann man allerdings, dass rasante Kaliber einen Vorteil gegenüber anderen haben. Durch die gestreckte Flugbahn machen sich die Auswirkungen der Höhenlage bei rasanten Kalibern kaum bemerkbar und gehen fast in der Schützenstreuung unter. Nichtsdestotrotz kommen Sie nicht daran vorbei, Ihre Waffe in der Höhenlage einzuschießen, in der Sie jagen wollen!

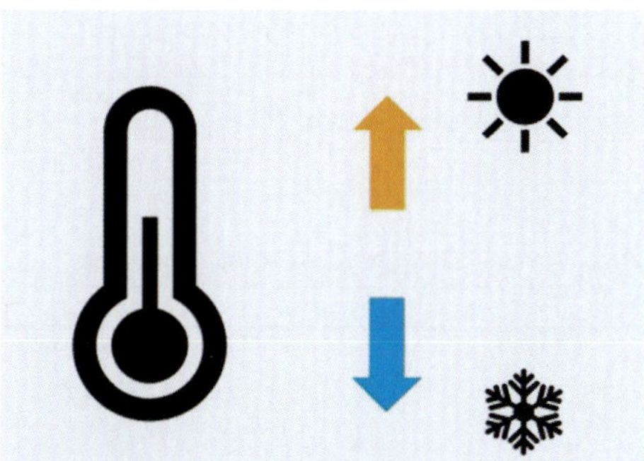

Höhere Temperatur bedeutet Abnahme der Luftdichte und der Bremswirkung auf das Geschoss.

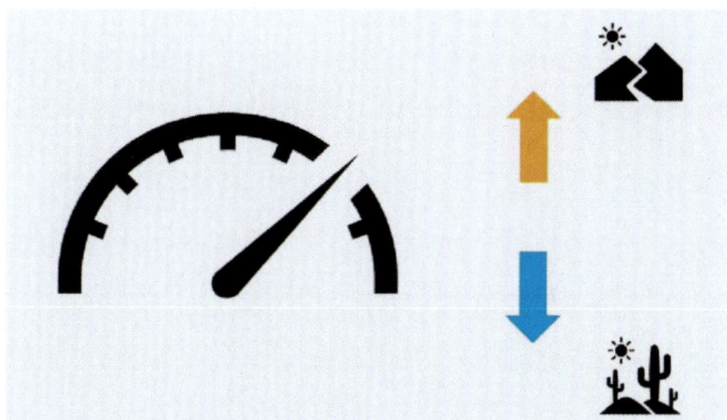

Ein sinkender Luftdruck zieht eine geringere Luftdichte und eine geringere Bremswirkung auf das Geschoss nach sich.

Über den Daumen gepeilt kann man sagen, dass es bei einer Veränderung des Luftdrucks pro 60 hp (Hektopascal) zu einer Veränderung der Geschossablage kommt. Unserer Erfahrung nach sind es bei der .308 Win. ungefähr zwei Zentimeter pro 1000 Höhenmeter.

LUFTFEUCHTIGKEIT

Regen ist der Präzisionskiller Nummer 1! Schon wenige Tropfen an der Mündung bzw. im Verlauf des Geschossfluges beeinflussen die Treffpunktlage massiv. Grundsätzlich ist es so, dass Regen zu kürzeren Reichweiten führt, weil die Streuung der Schussgruppen größer wird und ein Schießen auf weite Distanzen deutlich erschwert. Muss man bei Regen schießen, kann man versuchen, den „Präzisionskiller-Effekt" mit schwereren Geschossköpfen auszugleichen.

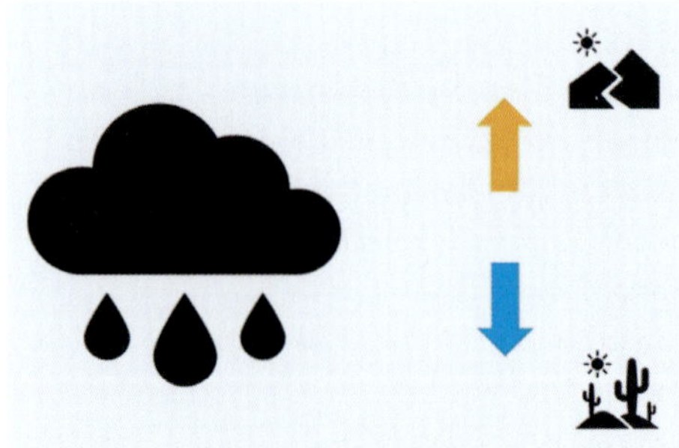

Entsprechend führt eine hohe Luftfeuchtigkeit zu einer höheren Dichte der Luft – das Geschoss unterliegt einer größeren Bremswirkung.

Wir halten davon allerdings wenig, da eine andere Munition auch eine Abweichung der Treffpunktlage bedeutet. Wenn wir von Luftfeuchtigkeit reden: Bei steigender Luftfeuchtigkeit steigt auch die Luftdichte, es entsteht eine höhere Bremswirkung auf das Geschoss und die Schüsse liegen tiefer.

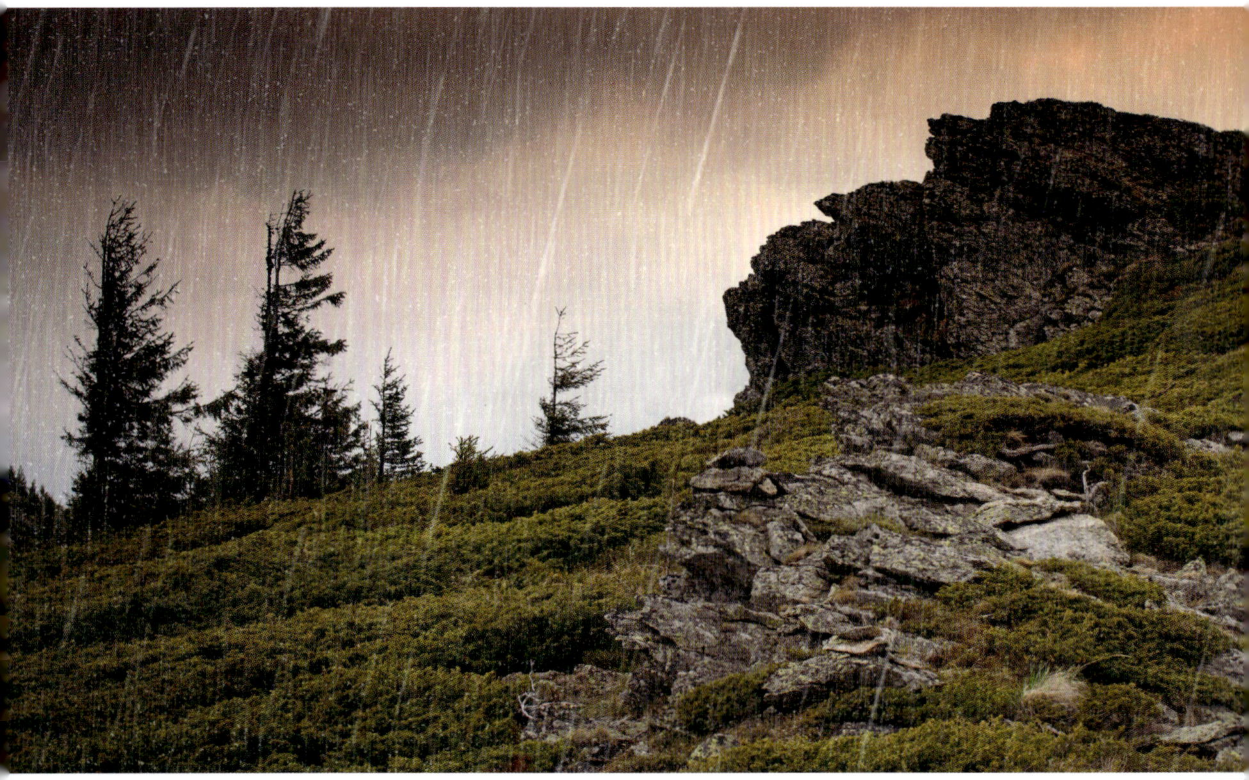

Regen hat starken Einfluss auf die Präzision des Schusses.

LICHT

Vielleicht hat der eine oder andere schon einmal von der amerikanischen Schützenweisheit „Bright shoots high" (Hell schießt hoch) gehört. Grundsätzlich stimmt dieser Spruch auch, aber wieso?
Einstrahlendes Sonnenlicht bzw. sehr helle Lichtverhältnisse von einer Seite „ziehen" das Ziel optisch an. Konkret: Das Ziel wird auf einer Seite angestrahlt und verschiebt sich optisch in diese Richtung. Zu diesem Phänomen findet man nur wenige Erklärungen. Man geht davon aus, dass unterschiedlich dichte Luftmassen wie ein Prisma wirken und die Lichtstrahlen brechen.
Ein stark von links angestrahltes Ziel wird optisch also nach links verschoben, sodass die Treffer alle ebenfalls zu weit links liegen werden. Steht die Sonne in der Mittagszeit sehr hoch am Himmel, können demzufolge Hochschüsse die Folge sein. Es kann also vorkommen, dass Sie ein Zielfernrohr am Morgen justieren und die veränderten Lichtverhältnisse am Abend eine Änderung der Treffpunktlage hervorrufen. Am besten schießen Sie Ihre Waffe an einem leicht bewölkten und regenfreien Tag ein, da solche Wetterverhältnisse den geringsten Einfluss haben.

WEITERE GRÖSSEN

Neben den genannten Faktoren gibt es noch weitere Einflüsse auf die Treffpunktlage Ihrer Waffe, z. B. den Rechtsdrall oder den sogenannten Coriolis-Effekt. Beide Faktoren sind aber eher für Schüsse auf extrem große Distanzen wichtig.
Einen sehr großen Einfluss auf die Treffpunktlage hat allerdings der Wind. Ihn werden wir deshalb in einem eigenen Unterkapitel betrachten.

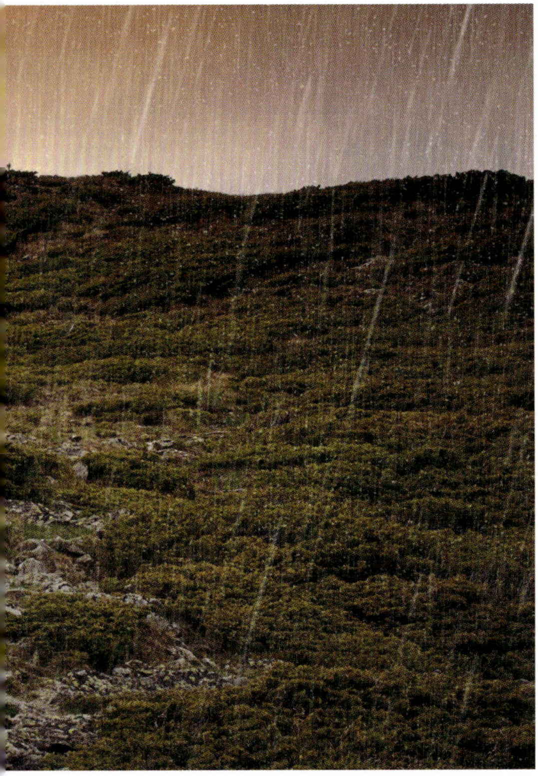

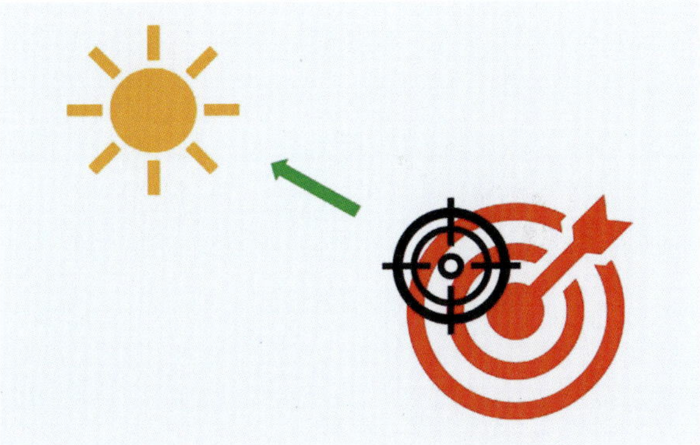

Besonders helle Lichtverhältnisse zeitigen Hochschüsse.

TIPP

Die verschiedenen Einflussgrößen auf Schüsse über größere Distanz dürfen nie isoliert betrachtet werden. Alle Größen stehen in Abhängigkeit zueinander, und brauchbare Erkenntnisse für die Praxis lassen sich nur ableiten, wenn man sie in ihrer Gesamtheit betrachtet.Ein weiterer sehr großer Einflussfaktor auf die Treffpunktlage ist der Wind, diesen werden wir in einem gesonderten Unterkapitel betrachten.

WEITE SCHÜSSE UND WIND

Jeder Schütze, der auf Distanzen über 150 m schießen will, muss sich zwangsläufig mit der Winddrift auseinandersetzen. Das Thema Winddrift ist sehr kompliziert und nur durch jahrelange Übung umzusetzen – wer es nicht beherrscht, sollte bei starkem Wind, gerade im Gebirge, auf den Schuss verzichten. Setzen wir uns mit den Einflüssen des Windes also einmal auseinander und erläutern, wie Sie jede Windsituation meistern können. Wir sparen uns an dieser Stelle eine mathematische Herleitung der Winddrift über den „Ballistic Coefficient" (BC), die V_0 und die entsprechenden Stabilitätsfaktoren und zeigen stattdessen vielmehr Möglichkeiten auf, mit denen jeder selbst lernen kann, in gewissem Rahmen den Wind einzuschätzen und Korrekturen an der Visierung vorzunehmen. Angemerkt sei, dass die folgenden Ausführungen vor allem auf die bewährten Methoden des militärischen Scharfschützenwesens zurückgreifen. Jagdlich relevant ist das hier Beschriebene dennoch. Insbesondere auf der Auslandsjagd mit den dort nicht seltenen größeren Entfernungen kann es sinnvoll angewendet werden.

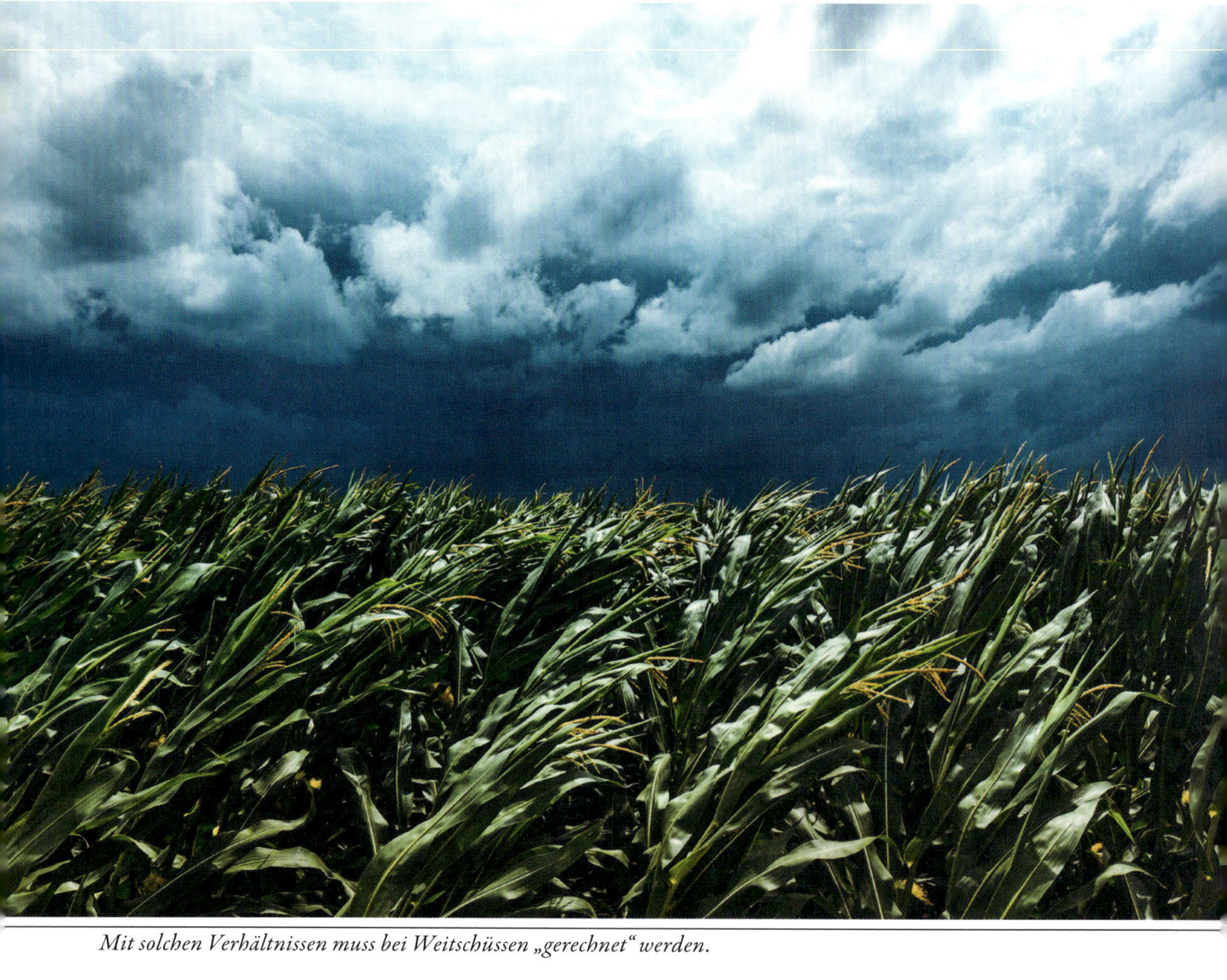

Mit solchen Verhältnissen muss bei Weitschüssen „gerechnet" werden.

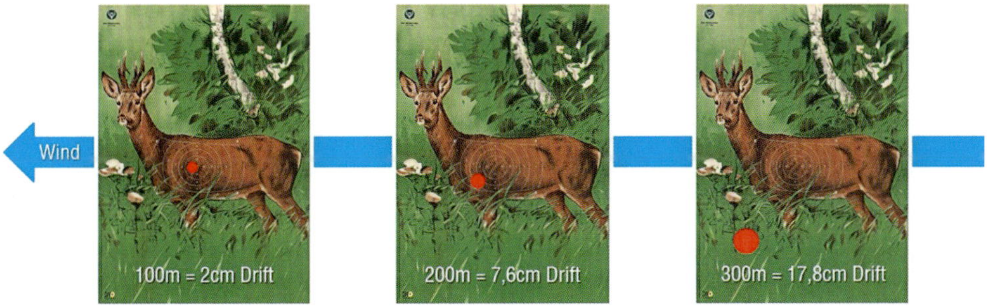

Gerade über große Schussdistanzen hinweg ist der Einfluss des Windes eine ernst zu nehmende Größe!

ABWEICHUNG ZU VERNACHLÄSSIGEN?

Wieso ist der Wind überhaupt so wichtig? Bleiben wir bei unserer Beispielmunition, der .308 Win. mit einem 168 gr-Spitzgeschoss und nehmen an, wir verschießen dieses Geschoss, aus einem 26-Zoll-Standardlauf (66 cm). Die Windgeschwindigkeit an unserem Standort beträgt 15 km/h oder 4,166 m/s und wirkt in einem 90°-Winkel auf unser Geschoss ein. Geben wir unter diesen Bedingungen einen Schuss ab, hat das Geschoss auf 100 m eine seitliche Abweichung von unter zwei Zentimetern.
Auf 200 m beträgt die Abweichung der Treffpunktlage allerdings bereits 7,6 cm und auf 300 m sogar 17,8 cm (die Daten wurden mit einer kommerziellen Ballistik-App ermittelt). Da sage nun einer, man könne den Wind vernachlässigen.
Im Folgenden gilt es, die verschiedenen Faktoren zur Eliminierung der Winddrift darzustellen. Hierfür müssen Sie vier wesentliche Schritte verinnerlichen:

1. Sie müssen lernen, die Windstärke zu „lesen".
2. Sie müssen die Windrichtung erkennen.
3. Sie legen eine Windtabelle an.
4. Sie können den Haltepunkt korrigieren bzw. Ihre ASV verstellen.

WINDMESSER ODER WINDINDIKATOREN

Um die Stärke des Windes einzuschätzen, hat man mehrere Möglichkeiten. Die einfachste Variante besteht in der Verwendung eines Windmessers. Dieser zeigt Ihnen neben der Windstärke die Windrichtung, die Temperatur und den Luftdruck an. Im Handel werden solche Geräte angeboten, manche beinhalten sogar ein Ballistikprogramm.
Die alleinige Verwendung eines Windmessers kann allerdings trügerische Sicherheit verleihen, denn auf große Distanzen können sich Windstärke und -richtung mehrfach ändern. Derzeit existiert nur ein Windmesser auf dem Markt, der mittels Dopplerradar an fünf Messpunkten auf einer Strecke die Windgeschwindigkeit misst.
Besitzen Sie solch einen Windmesser nicht, sind natürliche Windindikatoren das Mittel der Wahl. Neben Gras, umherwirbelnden Blättern, Regen, Schnee und Rauch können Sie die später beschriebene Mirage als Windindikator verwenden.

WINDSTÄRKENTABELLEN

Als Anhalt für die Stärke des Windes haben wir zur Orientierung eine Tabelle der Windstärken nach Beaufort zusammengestellt. Neben dieser Tabelle gibt es unzählige weitere Tabellen des U.S.M.C, der US NAVY-SEALS und etlicher anderer Einheiten, die letztlich alle Ähnliches aussagen. Mittels der natürlichen Windindikatoren und der geschätzten Windstärke kann man die unterschiedlichen Windverhältnisse auf der gesamten Schussbahn schätzen und eine durchschnittliche Windgeschwindigkeit zur Korrektur der Schusswerte errechnen. Wie

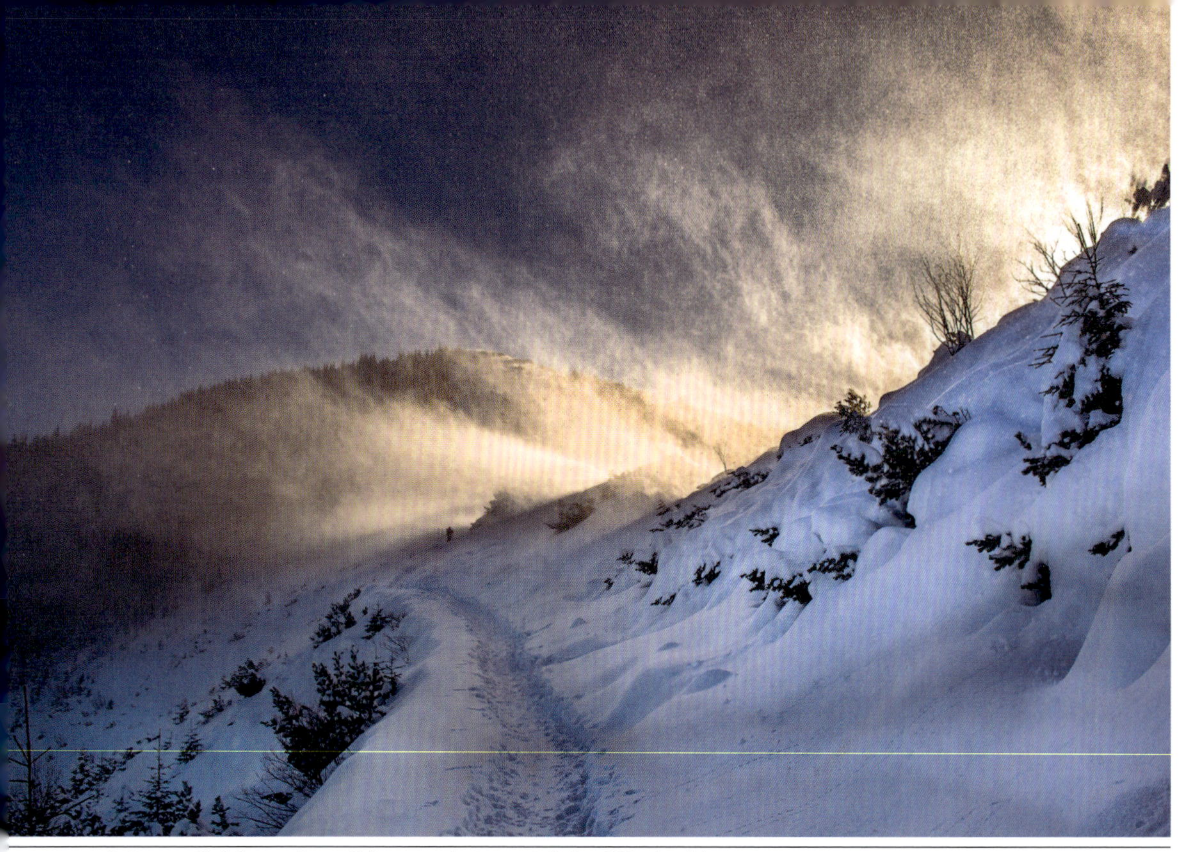

Bei etwas Erfahrung kann Schneestaub ein natürlicher Windindikator sein.

gesagt: Dass diese Verfahren einen großen Erfahrungsschatz erfordern und nur durch kontinuierliches Üben auf hohe Distanzen ins Blut übergehen, steht außer Frage.
Neben den natürlichen Windindikatoren kann man auch auf eigens für die Erkennung der Windrichtung angefertigte Indikatoren zurückgreifen. So kann es sein, dass innerhalb Ihres Reviers Windfahnen, Windsäcke o. Ä. hängen. Zudem können Sie sich einen eigenen Windrichtungsanzeiger (sei dies eine Tierfeder an einem Bindfaden oder ein Stofffetzen) in der Nähe des Hochsitzes aufhängen, um den Wind am Stand und die Windrichtung zu beurteilen.
Zumindest wenn sich Wild und Windanzeiger in der gleichen Richtung befinden, kann der geübte, mit zwei geöffneten Augen schießende Schütze dann mit dem einen Auge die Windfahne im Auge behalten und das andere Auge auf das Ziel richten. So entgeht ihm keine noch so plötzliche Windrichtungsänderung.

Um die Windstärke richtig einschätzen zu können, reicht es aber nicht aus, lediglich die Beaufort-Tabelle zu kennen. Ein ständiges Üben im Revier oder beim Spaziergang verbessert die entsprechenden Fähigkeiten wesentlich. Zudem muss das vorliegende Gelände beurteilt werden, denn gerade im Gebirge wird der Wind an vielen Stellen kanalisiert oder in eine bestimmte Richtung gezwungen.

INDIKATOR MIRAGE

Indikatoren für die Stärke des Windes sind auch Indikatoren für die Windrichtung. Der für uns entscheidende Indikator für die Windrichtung ist jedoch die Mirage. Die Mirage, der französische Ausdruck für Fata Morgana, ist Freund und Helfer, Fluch und ein Segen zugleich. Mirage entsteht, wenn sich Licht durch Medien unterschiedlicher Dichte bewegt.
Jeder kennt folgenden Effekt: Hält man einen Stock ins Wasser, erscheint er an der Übergangsstelle vom Wasser zur Luft gebo-

☞ WINDGESCHWINDIGKEITEN – VEREINFACHTE BEAUFORT-TABELLE

STÄRKE	BEZEICHNUNG	KM/H	MPH	INDIKATOR
0	windstill	0	0	Rauch steigt senkrecht auf
1	leichter Windzug	5	3	Rauch steigt fast senkrecht auf
2	leichter Wind	12	7	Wind ist auf der Haut spürbar
3	schwacher Wind	19	12	Blätter und Fahnen bewegen sich
4	mäßiger Wind	26	16	kleine Zweige bewegen sich
5	frischer Wind	34	21	unangenehm fühlbar, große Zweige bewegen sich
6	starker Wind	42	27	Windheulen ist hörbar, Äste bewegen sich
7	steifer Wind	54	32	schwache Baumstämme bewegen sich
8	Orkan	65	40	Wind bewegt Bäume, Fußgänger werden gehindert

gen. Dieser Effekt der Lichtbrechung wird gerade bei Wasser sehr deutlich, weil es eine sehr viel höhere Dichte als Luft besitzt und die Lichtgeschwindigkeit in Medien unterschiedlicher Dichte nicht gleich groß ist. Nun kommt es in der Natur permanent vor, dass unterschiedlich warme Luftmassen aufeinandertreffen. Diese Luftmassen haben auch unterschiedliche Dichten, wodurch auch hier an den Übergangsstellen von warmer zu kalter Luft eine Lichtbrechung stattfindet. Sie als Schütze nehmen diesen Effekt als Hitzeschlieren in ihrem Zielfernrohr wahr – je höher die Vergrößerung desto stärker der Effekt. Der Mirage-Effekt ist immer vorhanden, nur kann man ihn nicht immer sehen. Unter dem Link https://youtube.com/watch?v=hBdhWe-C4Co&si=j19-DtemplgZax3Mj (zul. abger. 08.07.2024) finden Sie ein Video von „Gunwerks", das die Mirage bei unterschiedlichen Windgeschwindigkeiten in einem Spektiv zeigt und so den Indikator zur Nutzung veranschaulicht– es ist allerdings auf Englisch.

… UND IHRE NACHTEILE

Der Nachteil der Mirage ist, dass an sehr heißen Tagen schon auf 100 m so starke optische Veränderungen auftreten, dass die Scheibe kaum noch zu erkennen ist. In solchen Fällen sollten Sie ihre Position verändern, um vom Boden wegzukommen. Ein heiß geschossener Lauf kann einen ähnlichen Effekt hervorrufen: Deswegen gibt es sogenannte Flimmerbänder, die über den Lauf gespannt werden.

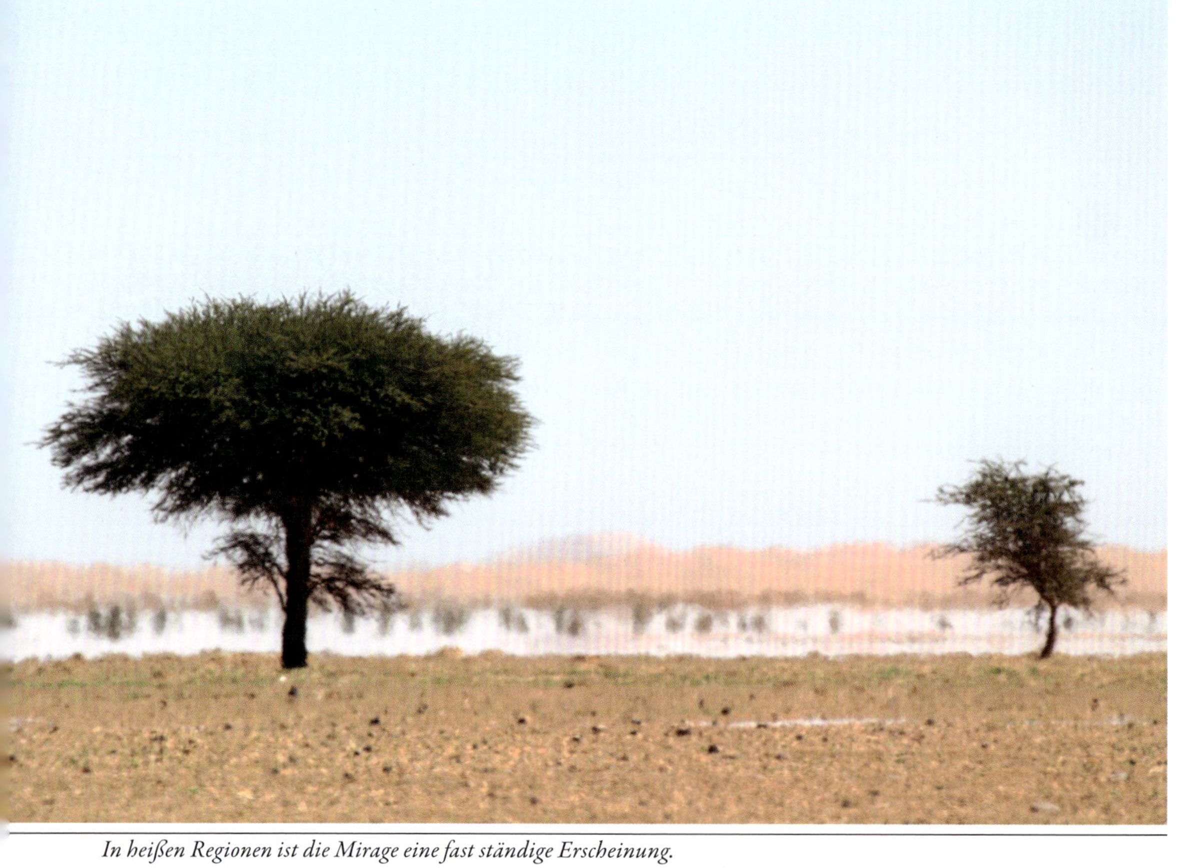

In heißen Regionen ist die Mirage eine fast ständige Erscheinung.

Ein weiterer Nachteil der Mirage ist die optische Verschiebung des Ziels in Richtung der Schlierenbänder der Mirage. Bei Wind von vorn würde sich das Ziel optisch nach oben verschieben, bei 9 h-Wind nach rechts und bei Wind aus 7 h nach rechts oben.
Diesen Effekt zu erkennen, kann man nur durch Ausprobieren erlernen. Man geht am frühen Morgen mit dem Spektiv auf ein Feld und beobachtet ein weit entferntes Ziel, und wenn im Laufe des Tages die Mirage stärker wird, beobachtet man die optische Verschiebung des Ziels vom Ursprungsort. Es empfiehlt sich immer, die Tageszeit und die Wetterverhältnisse zu notieren, und so kann man über die Zeit einen Erfahrungsschatz aufbauen.

BERECHNUNG DER WINDDRIFT

Hat man die Stärke des Windes geschätzt und einen Mittelwert für die Distanz, auf die man schießen möchte, ermittelt, muss man ein Maß für die Windrichtung finden. Je nachdem, aus welcher Richtung der Wind kommt, muss er voll oder zur Hälfte in die Berechnung einfließen. Wir haben eine Grafik erstellt, in der Sie das Maß für den Einfluss des Windes auf die Drift des Geschosses in Abhängigkeit von der Windrichtung sehen. Spezialkräfte verwenden die prozentualen Angaben für ihre Windtabellen, für jagdliche Distanzen im Feld- und Wiesenrevier reichen die groben Angaben am äußeren Rand der Uhr jedoch völlig aus.
Mithilfe der Entfernung zum Ziel, der Windstärke und dem Maß für den Einfluss des Windes kann man nun nach drei verschiedenen Methoden die Winddrift berechnen und dadurch die Ablagen bestimmen.

1. US-Sniper-Methode
2. Britische Scharfschützenmethode: Hier ist es wichtig, die Abdrift des Geschosses, welches man verschießen möchte, auf 100 m zu kennen.
3. Accuracy 1st Methode: Die Firma Accuracy 1st entwickelte in Zusammenarbeit mit Todd Hodnett eine sehr einfache und effektive Windformel für verschiedene Kaliber, auf die man wenn möglich zurückgreifen sollte, da sie mit Strich oder MilRad arbeitet und somit leichter auf das metrische System angewendet werden kann.

MIRAGE UND PARALLAXENAUSGLEICH

Um die Mirage zu erkennen, dürfen Sie nicht das eigentliche Ziel scharf stellen. Der Parallaxenausgleich sollte stattdessen zwischen der Hälfte und zwei Dritteln Ihrer Flugbahn liegen. Ein so erkannte Mirage ist der beste Indikator für den effektiven Wind.

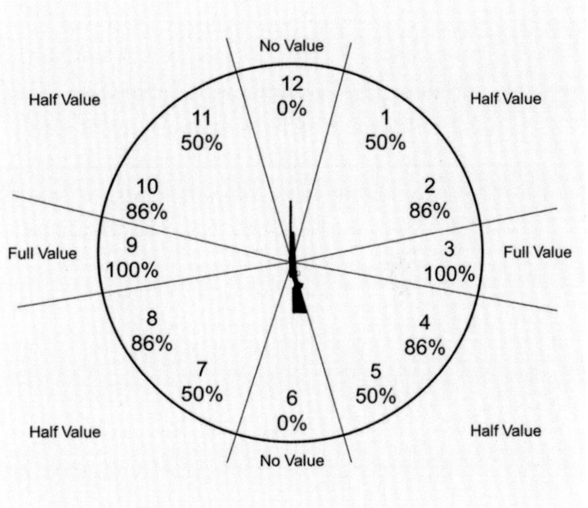

Der Einfluss des Windes auf die Geschossdrift entspricht dem Maß wie hier dargstellt.

Diese Methoden und ihre rechnerische Anwendung hier zu erklären, würde den Rahmen des Buchs sprengen. Näher interessierte Leserinnen und Leser seien deshalb auf entsprechende Spezialliteratur verwiesen.
Wichtig für Sie ist, sich zu merken, dass der Wind ab einer Entfernung von 150 m relevante Auswirkungen auf Ihre Treffpunktlage haben kann. Wer gern über größere Distanzen schießen möchte, darf die Winddrift daher nicht vernachlässigen und sollte dies vorher üben.

SCHIESSEN BERGAUF ODER BERGAB

Im Grunde genommen ist Schießen in der Theorie nicht schwer, denn es ist reine Physik und basiert auf mathematischen Grundsätzen, die jedem hinlänglich aus der Schule bekannt sein müssten. Mit dem Winkelschuss ist dies genauso.

DIE „MARKSMAN-RULE"

Es gibt mehrere Modelle zur Erklärung des steilen Schusses. Die populärste Theorie, auf der auch die meisten Ballistikrechner basieren, ist die sogenannte Marksman-Rule. Diese besagt: Bei einem Winkelschuss verkürzt sich die Flugstrecke des Geschosses, auf der die Schwerkraft auf das Projektil einwirken kann. Am besten kann man sich dieses physikalische Phänomen veranschaulichen, wenn man zu Hause den Gartenschlauch nimmt und in unterschiedlichen Winkeln das Beet bewässert. Man wird feststellen, dass bei einem Winkel von 45° das Wasser am weitesten spritzt und in einer parabelförmigen Flugbahn seinen Weg nimmt. Die relative Entfernung am Boden, die das Wasser dabei zurücklegt, ist aber stets kürzer als die Strecke der Flugbahn.

ES WIRD MATHEMATISCH – DER EINHEITSKREIS

Am einfachsten lässt sich der Winkelschuss mit dem mathematischen Einheitskreis erklären. Keine Sorge, wir werden die Berechnung des Sinus und Cosinus nicht herleiten – wir setzen einfach mal voraus, dass manche mit der Thematik vertraut sind, andere sich bei Interesse ggf. näher damit befassen. Zudem setzen wir die Grundkenntnisse über die Außenballistik voraus, die wir für die weitere Betrachtung ausklammern werden.

Der mathematische Einheitskreis ist ein größenunabhängiger Kreis mit dem Radius 1. In der Abbildung unten haben wir zur Veranschaulichung einen solchen Kreis dargestellt und in vier Teile unterteilt. Zieht man nun eine Gerade vom Mittelpunkt des Kreises zum Rand und fällt vom Schnittpunkt Gerade/Rand ein Lot zu einer der Linien, die den Kreis unterteilen, so kann man den Sinus bzw. den Cosinus des eingeschlossenen Winkels wie in der Abbildung gezeigt ablesen. Bei einem Winkel von 45° sind Sinus und Cosinus gleich.

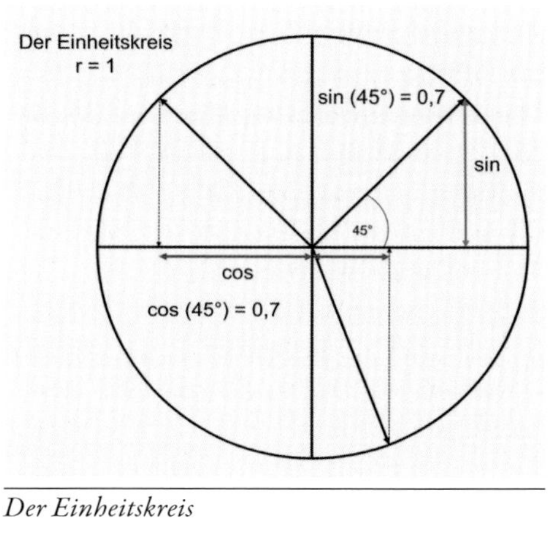

Der Einheitskreis

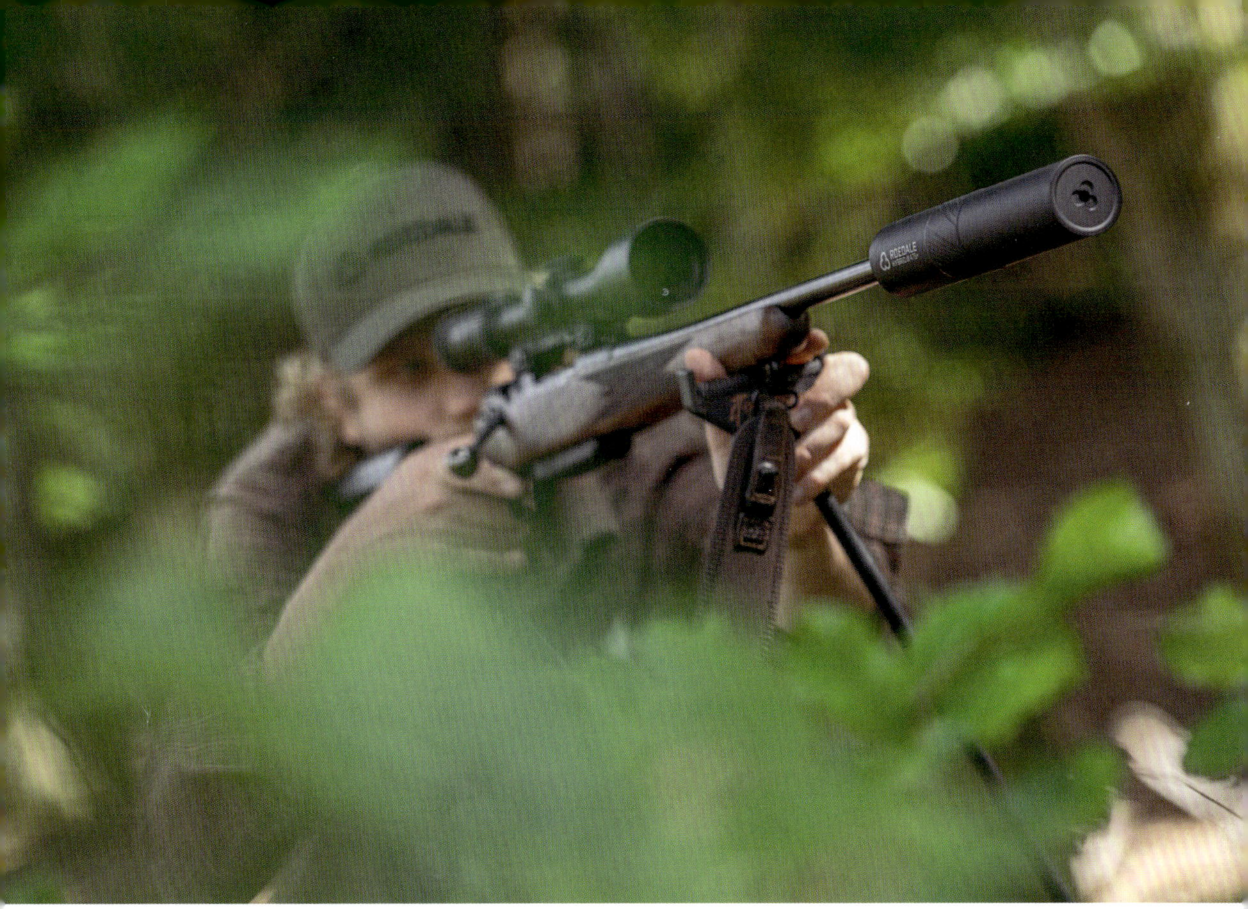

Steilschüsse haben ihre eigenen Gesetze.

COSINUS: BERECHNEN ODER AUS TABELLEN

Für den Winkelschuss ist lediglich der Cosinus relevant, da er relativ zur Waagerechten berechnet wird. Um nun die relative Entfernung zu einem Ziel zu berechnen, muss man also den Winkel kennen, in dem man schießt, und auch die Entfernung zum Ziel. Angenommen, man möchte eine Gams auf 150 m in einem Winkel von 45° schießen: Man nehme einen Taschenrechner, gebe die Zahl 45 ein, drücke dann die cos-Taste und multipliziere nun den erhaltenen Wert mit der real gemessenen Entfernung zur Gams. Sie wird idealerweise mit einem Laserentfernungsmesser ermittelt.

In Abbildung 216 haben wir die tatsächlichen Geschossflugbahnlängen bei einem Schusswinkel von 45° und Horizontalentfernung 150 m, 250 m und 350 m, die einem Winkel von 0° entsprächen, beispielhaft abgetragen.

In der Praxis müssen wir nicht mühsam mit dem grafisch abgeleiteten Cosinus oder Taschenrechnern operieren, sondern können das mit hierzu existierenden Winkeltabellen, wie sie z. B. Scharfschützen nutzen, oder selbst erstellten Schusstafeln tun (S. 137 ff.).

TIPP

Die exakte Entfernung zu nicht vollkommen breit stehendem Wild mittels Cosinus-Erweiterung gelingt bis zu einem Winkel von 45° unabhängig davon, ob das Stück Wild dem Schützen zugewandt oder von ihm abgewandt steht. Geht es über die 45° hinaus, liefert dieses Vorgehen fehlerhafte Ergebnisse. Aber dann wird so ein Stück – mit Ausnahme unvermeidlicher Fangschüsse – ohnehin nicht mehr beschossen!

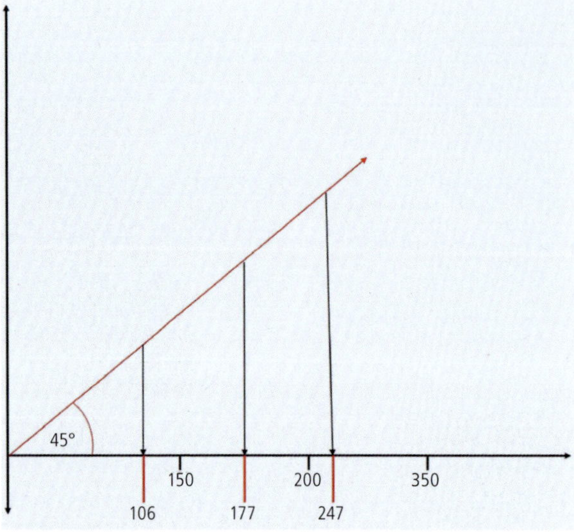

Mithilfe der Marksman-Rule lässt sich bei einem Winkelschuss die relative Entfernung zur horizontalen Entfernung berechnen und ein neuer Haltepunkt bestimmen.

IN DER HORIZONTALEN

In der Praxis stellt sich dann natürlich die alles entscheidende Frage: Ist auf Grundlage dieser Berechnung eine Veränderung des Haltepunktes wirklich notwendig?

Wir gehen einmal davon aus, dass Ihre Waffe in der weiter vorn dargestellten Vorgehensweise korrekt eingeschossen ist. In diesem Fall haben Sie genaue Kenntnis über die GEE und den durchgehenden Visierbereich (Point Blank Range, s. S. 61) Ihrer Waffe, was z. B. für den Schuss im Hochgebirgsrevier unerlässlich ist. Wir möchten Ihnen nun vermitteln, wie Sie mithilfe dieser theoretischen Grundlagen herausfinden können, ob und wie Sie den Haltepunkt verlegen müssen.

Die Tabelle unten enthält die ballistischen Grunddaten der Munition 7,62 × 51 (.308 Winchester mit 168 gr). Verschossen wird diese Munition aus einer Standardrepetierbüchse mit 24-Zoll-Lauf (162,6 cm), 8 cm Visiererhöhung, die auf GEE 190 m eingeschossen wurde und deren durchgehender Visierbereich 225 m beträgt. Der Tabelle können Sie entnehmen, dass das Projektil die Visierlinie zum ersten Mal bei 45 m schneidet, auf 100 m einen Hochschuss von 3,7 cm und auf 225 m einen Tiefschuss von 4 cm hat. Nehmen wir die tödliche Trefferzone einer Gams von 8 cm, kann ich auf der vollen Strecke von 35 bis 225 m immer die Zielmitte anhalten und werde immer innerhalb des Lebens der Gams liegen.

BALLISTISCHE DATEN .308 WIN. (168 GR)

DISTANZ	GESCHW.	FLUGZEIT	ABLAGE
45 m	857 m/s	0,05 s	0 cm
100 m	820,7 m/s	0,12 s	3,7 cm
200 m	758,4 m/s	0,25 s	–1,20 cm
300 m	699,2 m/s	0,39 s	–23,20 cm
400 m	643 m/s	0,54 s	–65,30 cm

REIN RECHNERISCH ZU VERNACHLÄSSIGEN …

Die in der Tabelle genannten Werte beziehen sich allerdings auf einen Schuss in der Horizontalen. Verändern Sie den Winkel, verkürzen Sie auch die relative Distanz zum Ziel. Nehmen wir nun an, Sie schießen mit einem Winkel von 45° auf eine Distanz von 310 m: In der Praxis würden nun viele Jäger einfach aufgrund der Entfernung versuchen, tiefer anzuhalten. Aber ist das denn wirklich notwendig? Wenn man wie gezeigt die relative Distanz über den Cosinus berechnet, müssten Sie den Haltepunkt nicht verlagern. Der Cosinus von 45° ist 0,7, multipliziert mit 310 m ergibt 224 m. Zuvor haben wir festgestellt, dass die Beispielwaffe eine

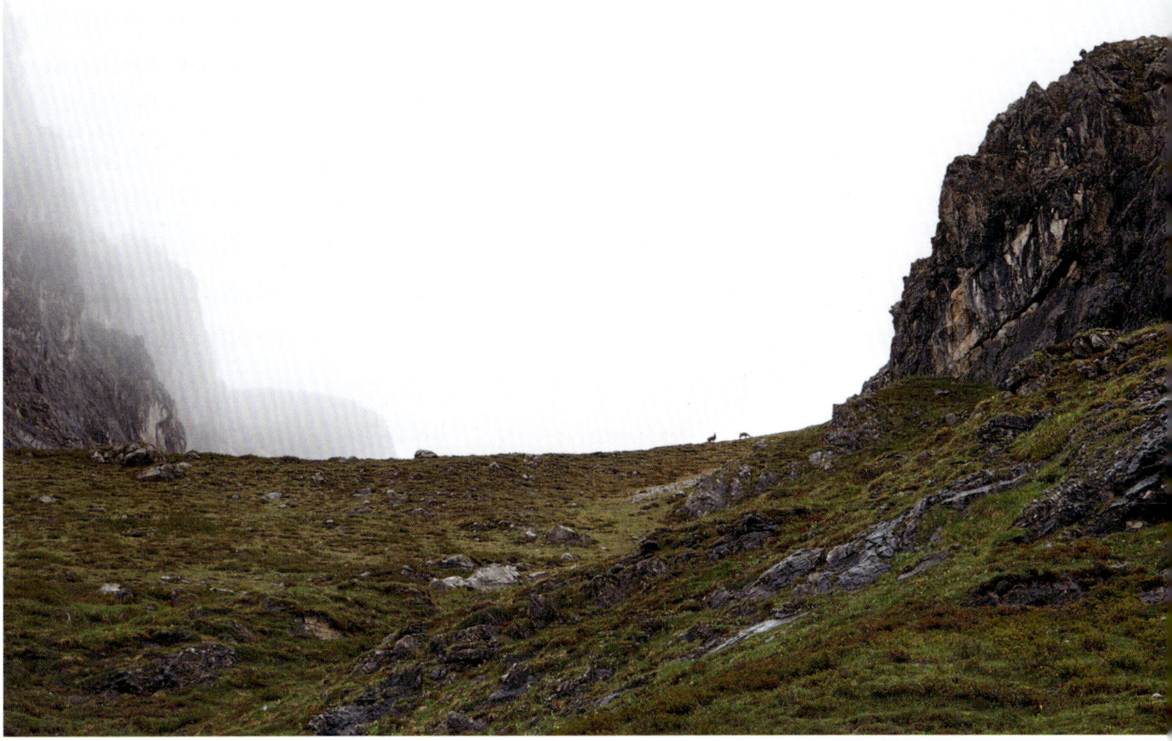

Eines muss klar sein: Die Ablagewerte auf den Munitionspackungen gelten nur für Schüsse in der Horizontalen.

Point Blank Range von 225 m hat, somit liegen wir trotz des Winkels immer noch innerhalb der tödlichen Trefferzone einer Gams. Demzufolge liegt der Schuss rechnerisch im Leben.

Allerdings lässt das mathematische Modell völlig außer Acht, dass man in einem steilen Winkel auf ein dreidimensionales Ziel schießt. Als Jäger wollen Sie die lebenswichtigen Organe des Stückes treffen und nicht lediglich in das Wild hineinschießen. Aus diesem Grund sind neben der genauen Kenntnis der Lage der inneren Organe des Wildes auch die Kenntnisse über die Besonderheiten beim Schießen auf dreidimensionale Ziele essenziell wichtig. Darauf sind wir auf Seite 82 ff. bereits eingegangen und werden es später noch einmal tun.

Zusammenfassend lässt sich festhalten, dass der Winkelschuss zwar Auswirkungen auf die Treffpunktlage hat, auf jagdlich übliche Distanzen allerdings kaum relevant ist. Schießt man im Revier nur auf Distanzen bis 150 m und in einem Winkel unter 45°, kann man in aller Regel ohne Verlagerung des Haltepunktes schießen. Im Hochgebirge haben außenballistische Faktoren wie Höhenlage, Luftdruck, Temperatur und Wind einen deutlich stärkeren Einfluss als die physikalischen Gesetzmäßigkeiten eines Winkelschusses.

ERWEITERTE ABLAGENBERECHNUNG

Das Autorenteam Dr. F. Metzner und G. Holthaus haben im Jahr 2024 die Berechnung der Ablage beim Schießen in steilen Winkeln genauer unter die Lupe genommen und einen hervorragenden Artikel dazu geschrieben. Warum diese sogenannte europäische Berechnungsvariante präziser ist als die Marksman-Rule, wird im Kasten kurz begründet.

Bei Anwendung der korrekteren europäischen Berechnung von Metzner und G. Holt-

MARKSMAN-RULE VS. EUROPÄISCHE BERECHNUNG

Wir erinnern uns – die Marksman-Rule besagt, dass sich bei einem Winkelschuss die Flugstrecke des Geschosses verkürzt und deshalb die Schwerkraft weniger lang auf das Projektil einwirken kann. Physikalisch ist diese Betrachtungsweise nicht ganz richtig. Entscheidend für den Geschossfall ist nicht die Strecke, sondern die Zeit, in der die Erdanziehung auf das Geschoss wirken kann und die ist beim Winkelschuss genauso lang wie beim horizontalen Schuss auf die gleiche Entfernung.

haus erhält man tatsächlich andere Werte als bei der Marksman-Rule. Wir haben die europäische Berechnung mit einem Ballistikprogramm aus dem Internet nachvollzogen und sind zu dem Schluss gekommen, dass sie rechnerisch näher an der realen Geschossflugbahn ist als die Marksman-Rule. Aus unserer Praxis können wir allerdings sagen, dass die „Marksman-Rule" bis 250 m sehr brauchbare und praxisnahe Ergebnisse liefert. Gepaart mit etwas eigener Erfahrung ist sie vollkommen ausreichend, um waidgerecht zu schießen.

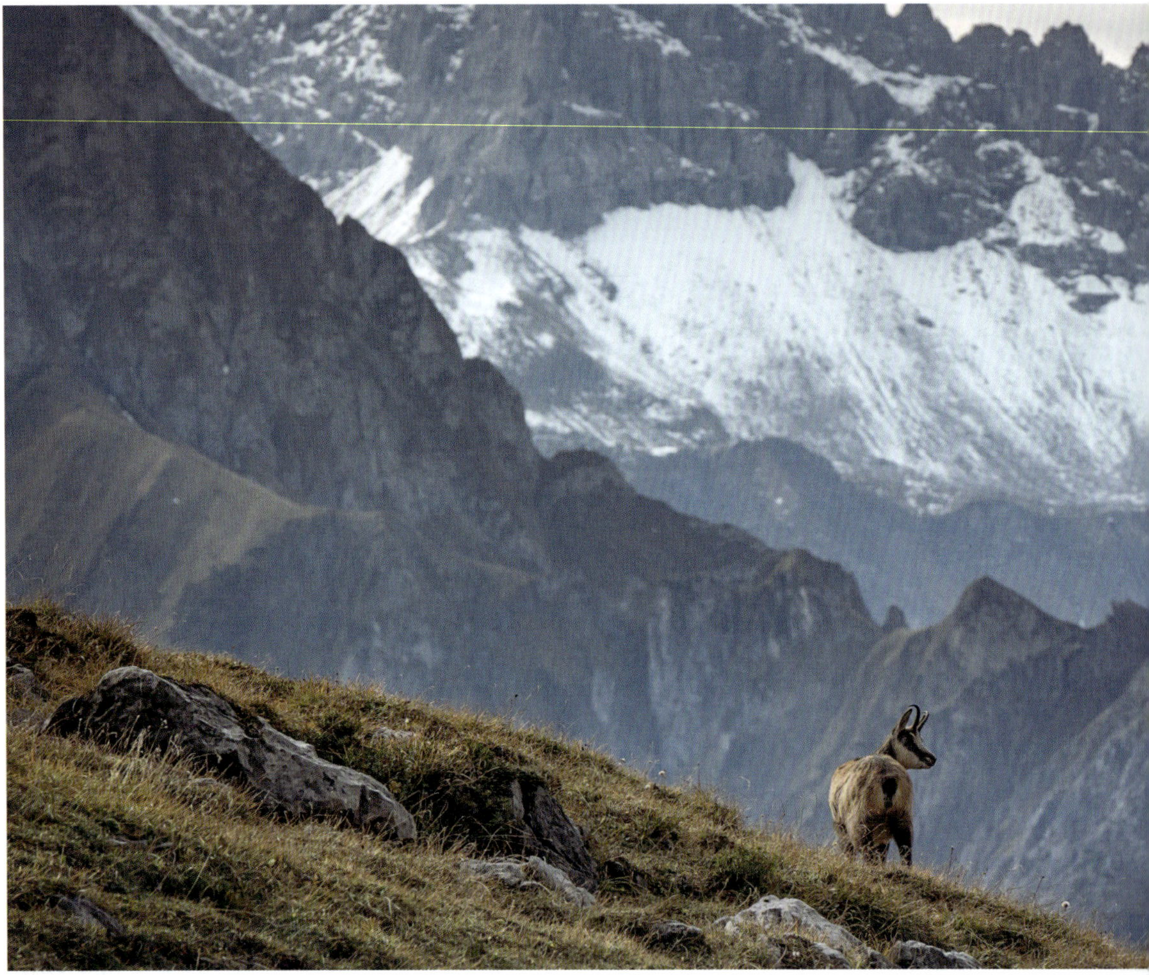

Bis zu 250 m Entfernung ist die sogenannte Marksmann-Rule tauglich. Breit sollte die Gams sich noch stellen und Kugelfang fehlt auch …

EIGENE TABELLEN

Im Grunde kommen Sie nicht daran vorbei, selbst eine Tabelle mit den Korrekturwerten für Ihre eigene Waffen-Munition-Kombination zu erstellen. Hierfür benötigen Sie ein Ballistikprogramm, z. B. das kostenlose Strelok oder JBM Ballistics.

Folgende Schritte müssen vollzogen werden:

— Ermittlung des Geschossfalls Ihrer verwendeten Munition, wenn die Waffe auf 0 m eingeschossen wäre, für die Entfernungen 100 bis 400 m in 25 m-Schritten.
— Ermittlung der Flugbahn des von Ihnen in Ihrer Waffe verwendeten Geschosses für die Entfernung, auf welche die Waffe eingeschossen wurde.
— Bei Bedarf ermitteln Sie die Korrekturwerte zusätzlich in Klicks.
— Im letzten Schritt errechnen Sie, wie oben beschrieben, die Korrekturwerte für die Winkel zwischen 15 und 60° in 15er-Schritten.
— Die ermittelten Korrekturwerte notieren Sie in einer Tabelle (z. B. Excel), drucken diese aus und laminieren sie.

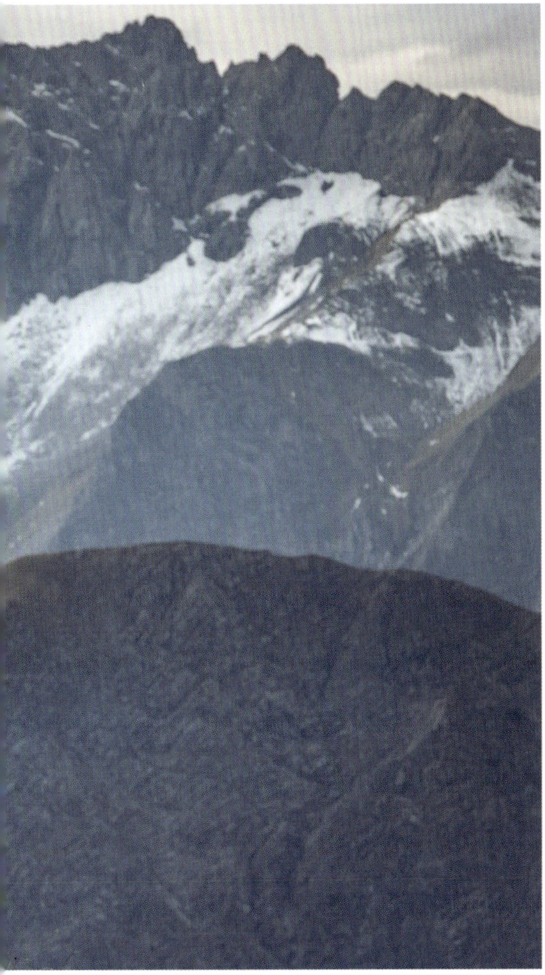

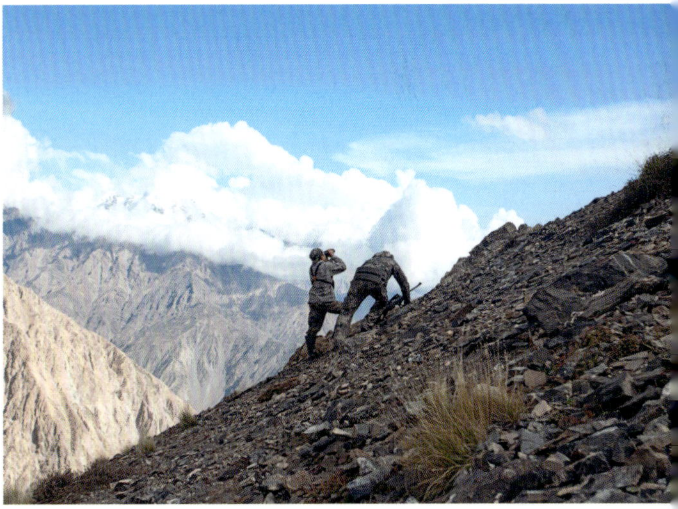

Wer in solchen Gebieten jagt und zwangsläufig auch über große Distanzen schießt, muss unter anderem den Geschossabfall der verwendeten Munition berücksichtigen.

TIPP

Den Geschossabfall Ihrer Munition auf 0 m können Sie behelfsmäßig ermitteln, indem Sie die Waffe mit einer Laserpatrone im Lauf nah an die Wand halten, mit einer Taschenlampe durch die Optik leuchten und den Abstand zwischen Laserpunkt und projektiertem Mittelpunkt des Absehens messen.

Im Internet existiert ein interessantes und praxisnahes Video in allerdings englischer Sprache (https://youtube.com/watch?v=ustDGGqCPAc&si=YBRYIkJ6CKkLNNJh; zul. abger.17.07.2024) über die Auswirkungen des Winkelschusses und die unterschiedlichen Berechnungsarten.

3D-ZIELE

Auf den letzten Seiten haben wir über die Theorie des Winkelschusses geschrieben und letztlich gesehen, dass kleine Winkel innerhalb jagdlich üblicher Distanzen kaum Auswirkung auf die Treffpunktlage haben. Ein falsch angesetzter Schuss in einem steilen Winkel kann jedoch verheerende Folgen haben. Daher möchten wir hier das Schießen auf dreidimensionale Ziele noch einmal etwas näher betrachten.

Bei korrekt eingeschossener Waffe ist es grundsätzlich nicht immer zwingend notwendig, den Haltepunkt zu verändern.

Ein Schuss in einem Winkel jenseits der 45° führt allerdings aufgrund der kürzeren relativen Entfernung schon bei geringen Distanzen (200 m) unweigerlich zum Hochschuss, der ausgeglichen werden muss. Dies verdeutlicht die Abbildung links oben. In der Grafik sehen Sie die Darstellung einer Zielscheibe am Hang in der frontalen Ansicht und in der Wahrnehmung aus einem Blickwinkel von 60°.

In unserem Beispiel haben wir eine real gemessene Entfernung von 400 m. Da wir mit einem Winkel von 60° schießen, ergibt sich eine relative Distanz von $cos\ (60) \times 400\,m = 200\,m$. Mit unserer Beispielwaffe hätten wir auf 400 m einen Tiefschuss von 65 cm, auf die relative Entfernung von 200 m aber lediglich 4 cm Tiefschuss. Schösse man also gemäß der gemessenen Entfernung zum Ziel mit der Visiermarke von 400 m, hätte dies einen Hochschuss von 61 cm zur Folge.

Bei der Zielscheibe muss also gemäß dem Beispiel eine Haltepunktkorrektur nach der zuvor beschriebenen Rechenmethode mittels des Cosinus vorgenommen werden. Der Haltepunkt ist dementsprechend nach unten zu verlagern bzw. die Abweichung auszugleichen.

Die Abbildung links unten zeigt eine stilisierte Gams, die in einem Winkel von 60° am Berg steht und eine weitere Gams in Verlängerung, die parallel zum Boden steht. Weiterhin sieht man die Visierlinie (schwarz gestrichelt) und die Geschossflugbahn (rot), die wie beschrieben bei einem Hochschuss über der Visierlinie verläuft.

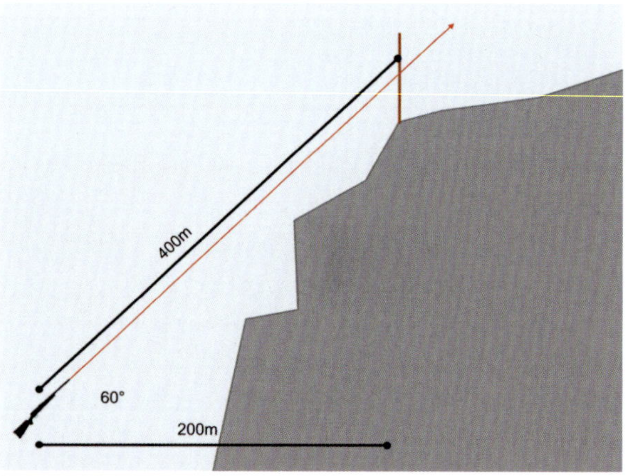

Zielscheibe, aus einem Winkel von 60° betrachtet

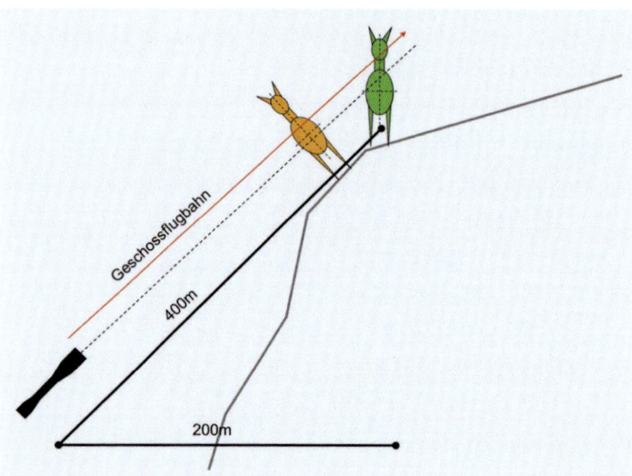

Bei Steilschüssen auf dreidimensionale Ziele wie Wild summieren sich mehrere Abweichungen.

Bei der gelben Gams kann man sehen, dass die Korrektur des Haltepunktes ausreicht, um die Geschossflugbahn und damit die Treffpunktlage so in das Leben des Stückes zu verlagern, dass die gewünschte Tötungswirkung an den lebenswichtigen Organen erzielt wird. Bei der grünen Gams funktioniert dies allerdings nicht. Obwohl die Visierlinie auf der Blattlinie der grünen Gams liegt, würde das Geschoss infolge der abweichenden Geschossflugbahn dennoch einen Fehlschuss verursachen. Das bedeutet also: Die durch den Winkel bedingte Perspektive führt beim Schießen auf dreidimensionale Ziele neben der infolge des Winkelschusses abweichenden Distanz zum Ziel zu weiteren Abweichungen.

Betrachten wir nun die Abbildung rechts oben, so sehen wir, dass bei einem Schuss bergab ein Hochschuss grundsätzlich kein Problem darstellt. Die Visierlinie zeigt auf die Blattlinie oder den gewohnten Haltepunkt beim waagerechten Schuss. Das Projektil würde unterhalb der Wirbelsäule des Stückes einschlagen und seinen Weg durch das Leben der Gams nehmen.

Anders sieht die Situation allerdings bei einem Schuss steil bergauf aus, wie die Abbildung rechts unten verdeutlicht. Die Visierlinie zeigt nach wie vor auf die Blattlinie, die Geschossflugbahn liegt jedoch weit oberhalb der Visierlinie.

Der Hochschuss bergauf bewirkt beim Anhalt an die Blattlinie, dass das Projektil oberhalb der Visierlinie in das Wild einschlägt oder es „bestenfalls“, wie in unserem Beispiel, gänzlich fehlt. Solche Folgen können nur vermieden werden, indem man den Haltepunkt nach unten korrigiert – und zwar so stark nach unten, dass sich die Treffpunktlage noch unterhalb der Blattlinie befindet: Sitzt der Einschuss nämlich auf der Blattlinie, wird das Geschoss nicht durch das Leben des Stückes fliegen, sondern mit großer Wahrscheinlichkeit einen Krellschuss verursachen.

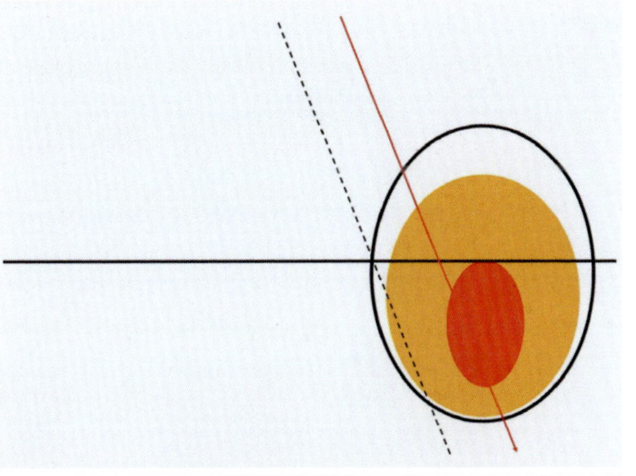

Bei Schüssen steil bergab kann das Anhalten an der Blattlinie noch zu einem tödlichen Schuss führen.

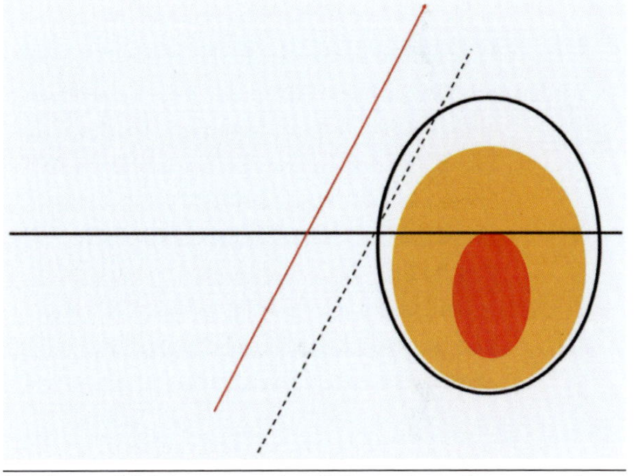

Bei Bergauf-Schüssen muss der Haltepunkt nach unten verlegt werden, um das Geschoss in der Kammer zu platzieren.

KOMPENSATION DURCH HILFSLINIEN

Um herauszufinden, wie Hoch- und Tiefschüsse kompensiert werden können, haben wir einen Versuch unternommen. Wir beschossen einen Karton aus verschiedenen Winkeln. Hierzu setzte sich Michael in vier Metern Höhe in einen Klettersitz und Sven stellte den Karton in unterschiedlichen Entfernungen zu dem Klettersitz auf, sodass sich Schusswinkel von 87° und 60° ergaben (der 0°-Winkelschuss wurde in der Horizontalen ausgeführt).

Das Ziel des Beschusses: Die Geschossflug-

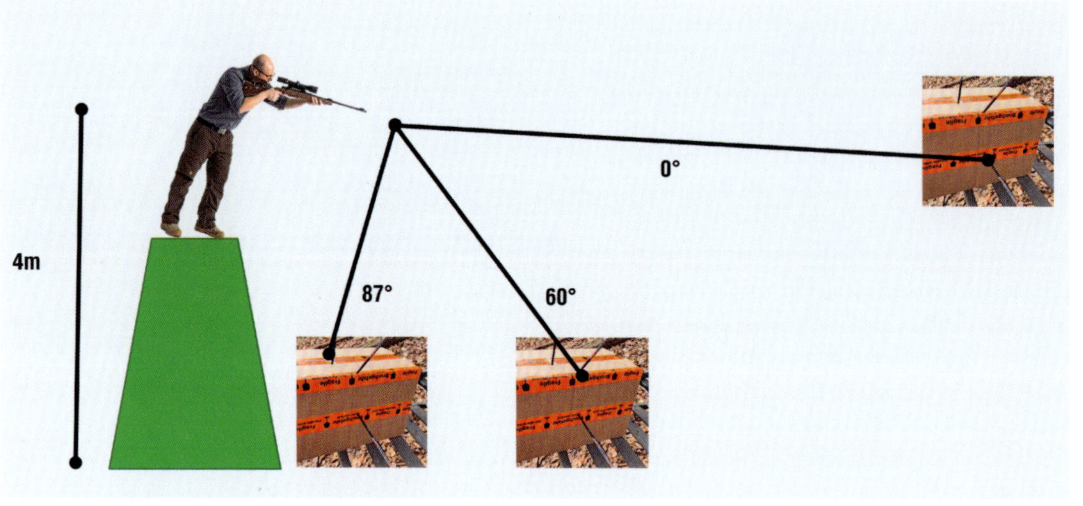

Versuchsanordnung „Kartonbeschuss"

bahnen sollten sich in der Mitte des Kartons schneiden. Dies erreichte Michael, indem er als Hilfsziel die Linie heranzog, die den sichtbaren Teil des Kartons hälftig teilte. Diese Linie visualisierte er auf dem Karton nach dem Beschuss mittels Klebeband. Wie man den Abbildungen unten entnehmen kann, gelang es mit dieser Methode der Winkelkompensation, mit dem Schuss immer in den zentralen Bereich des Kartons zu kommen.

Doch wie überträgt man diese Methode auf den Wildkörper und wie sieht es aus? Bereits im Abschnitt zum Thema Shotplacement haben wir erklärt, welche Hilfslinien man benutzen kann, um einen waidgerechten Schuss antragen zu können. Im Grunde genommen nimmt man immer den Schnittpunkt der Linie, die den sichtbaren Teil des Wildkörpers hälftig teilt (in der Horizontalen die Blattlinie), und der Senkrechten am

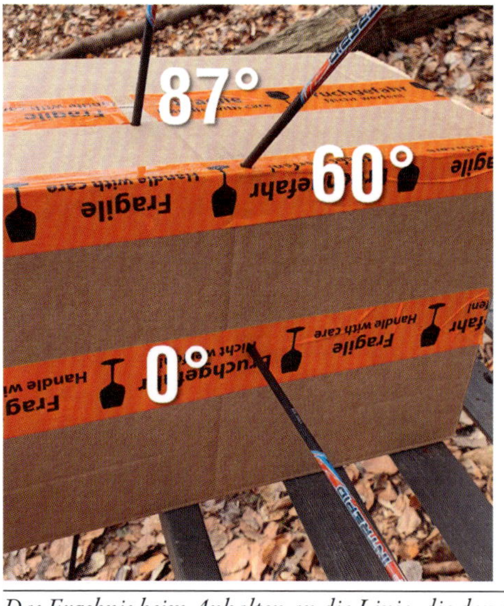

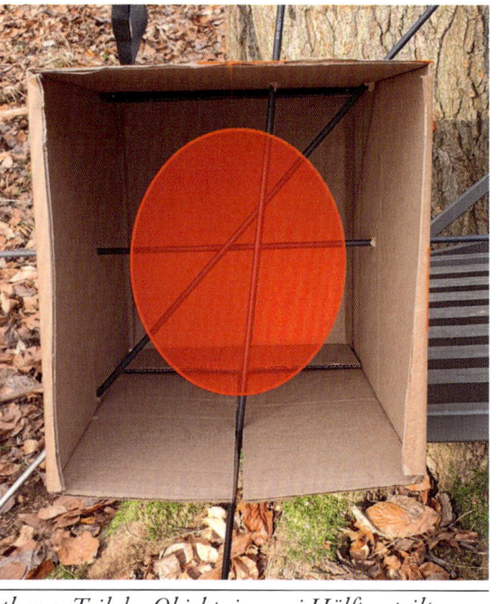

Das Ergebnis beim Anhalten an die Linie, die den sichtbaren Teil des Objekts in zwei Hälften teilt.

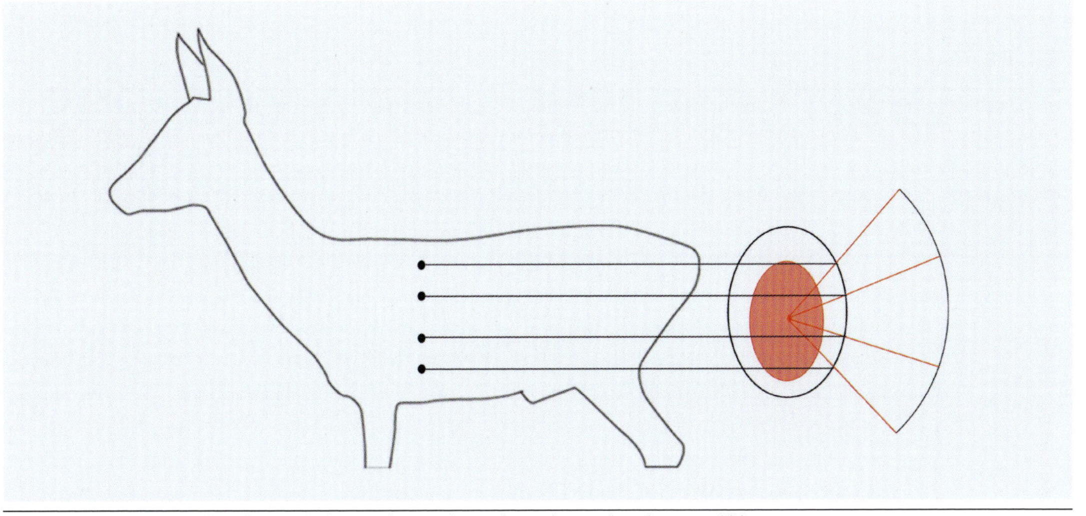

Mit dem Schusswinkel ändert sich der Haltepunkt entlang der senkrechten Hilfslinie.

Vorderlauf. Die Abbildung oben zeigt, wie bei der Anwendung dieser Regel die Trefferplatzierung auf dem Wildkörper nach oben bzw. unten wandert.
In den USA existieren spezielle Schießscheiben, um die Trefferplatzierung beim Schießen in steilen Winkeln zu trainieren. Eine dieser Scheiben ist in der Abbildung unten dargestellt. Auf deren linker Seite sehen Sie die Originalscheibe, mittig die Ergebnisse einer Umfrage von Michael auf unseren sozialen Medien zur Trefferplatzierung – die rot gekennzeichneten Flächen zeigen die am häufigsten genannten Ergebnisse der Umfrage – und rechts die Anwendung der oben beschriebenen Regel. Schnell ist in der Mitte zu erkennen, dass die meisten Jäger in den Bereich D2/D3/E2/E3 geschossen hätten. Das entspricht annähernd dem Ergebnis unserer Regel.

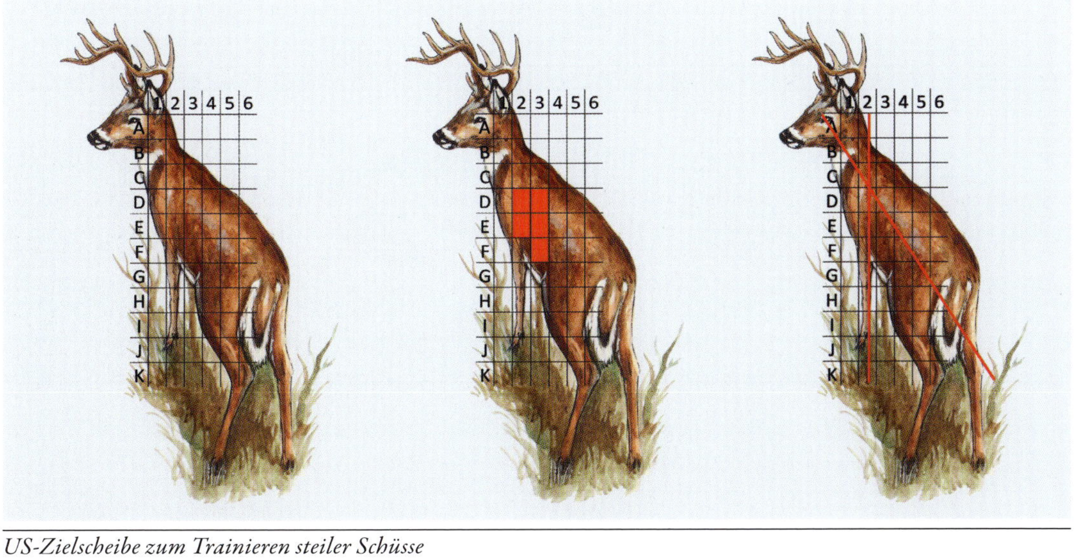

US-Zielscheibe zum Trainieren steiler Schüsse

WEITSCHÜSSE – PRAXISTIPPS

Kommen wir noch einmal auf Weitschüsse bis zu 300 m zurück. Um in der Praxis solche Schüsse antragen zu können, sind wie schon dargelegt zwei Faktoren ganz entscheidend: Zum einen muss die Entfernung zum Ziel bekannt sein und zum anderen der Geschossabfall auf die Entfernung, auf die man schießen möchte. Die Entfernung zum Ziel ist schnell genommen, wenn man einen Entfernungsmesser hat. Doch was soll man machen, wenn kein solcher zur Verfügung steht? Und der Geschossabfall: Er lässt sich einfach über ein Ballistikprogramm berechnen, doch stimmt die mathematische Näherung mit der Realität überein? Diesen beiden Fragen wollen wir im nun folgenden Unterkapiteln nachgehen. Ziel ist, Leserinnen und Lesern einen Weg aufzuzeigen, mit dessen Hilfe sie sich auf die Praxis vorbereiten können.

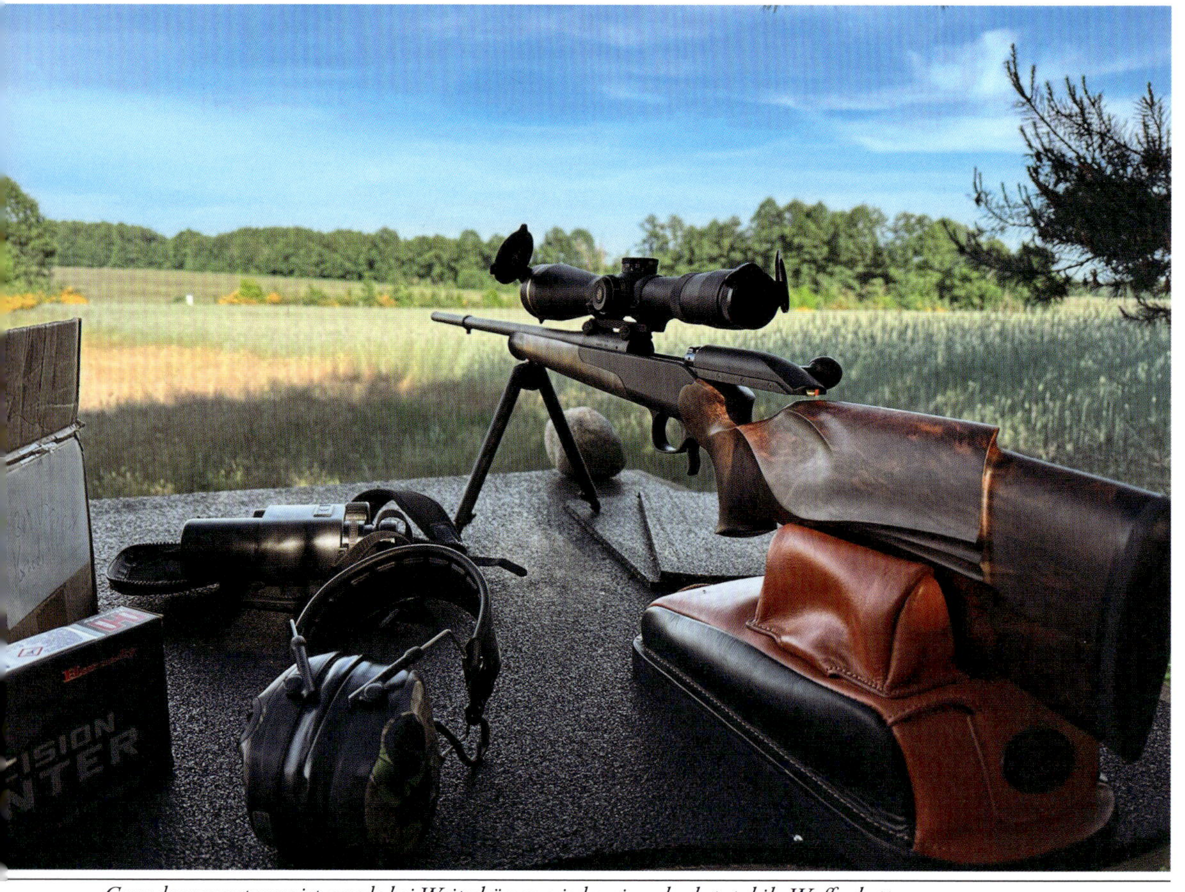

Grundvoraussetzung ist gerade bei Weitschüssen wieder eine absolut stabile Waffenbettung.

ENTFERNUNGSSCHÄTZUNG MITTELS ABSEHEN

Eine Entfernungsschätzung ist mit den schon erwähnten und beschriebenen sogenannten MIL- oder MOA-Absehen in der ersten Bildebene möglich. Mit deren Hilfe kann wie dargestellt auch die Breite/Länge eines Zielobjektes bestimmt werden. Sofern man ein solches Absehen besitzt: Worauf ist in der Praxis bei der Entfernungsschätzung damit zu achten?

Das Wichtigste für eine korrekte Messung ist, dass das Absehen absolut unverrückbar auf dem Ziel steht, mit anderen Worten: eine stabile Waffenauflage. Bewegt sich das Absehen ständig, ist es für Sie nahezu unmöglich, die exakte Entfernung zu schätzen. Sorgen Sie vor der Benutzung des Absehens also für eine solche Waffenauflage.

EXAKTES ARBEITEN UND KREATIVITÄT

Dann geht es natürlich darum, möglichst genau mit den MilDots/MilScales zu arbeiten. Da MilDots ja Punkte sind, bietet es sich bei MilDot-Absehen an, als Ausgangspunkt der Messung immer den Rand „Dots" (Punkte) zu verwenden. Es ist deutlich einfacher, den Rand eines Punkts an die Kante des zu messenden Objekts zu legen als dessen Mitte. Sind die Dots womöglich noch flächig gefüllt, lässt sich eine genaue Mitte auch gar nicht identifizieren.

Beim Bestimmen von Entfernungen sollten Sie möglichst kreativ vorgehen. Manchmal ist es einfacher, die Höhe eines Gegenstandes zu messen als dessen Breite. Steht z. B. etwas, dessen Abmessungen Sie besser kennen, auf Höhe des Objekts, dessen Entfernung Sie bestimmen möchten, können Sie auch diesen Gegenstand nutzen, um die Entfernung zu bestimmen. Im Jagdbetrieb ist das aber sicher ein Ausnahmefall – die Maße der Wildarten sollten Sie einfach auswendig lernen.

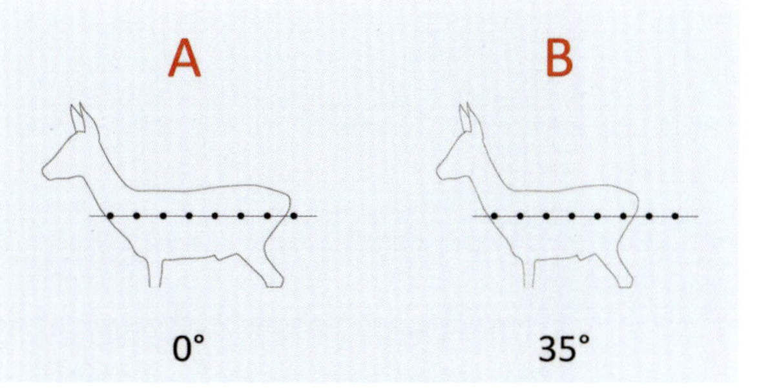

Der Bock rechts steht gut 100 m entfernt.

MILDOT-/SCALE-ABSEHEN UNSICHERHEITEN

MIL-/Scale-Absehen sind äußerst leistungsfähig und erlauben eine präzise Entfernungsbestimmung – auch ohne technische Hilfsmittel. Die genaue Distanzermittlung bedarf jedoch intensiver Übung! Zu bedenken ist auch: Es gibt unzählige Varianten bzw. Abwandlungen des MilDot-Absehens. Informieren Sie sich beim Kauf genauestens darüber, welche Abmessungen ein Absehen hat. Eine entscheidende Rolle spielt außerdem die Absehenlage (erste oder zweite Bildebene). Liegt das Absehen nicht in der ersten Bildebene, lässt sich nicht einfach eine Messung bei jeder Vergrößerung durchführen.

HALB SCHRÄG UND SCHRÄG STEHENDES WILD

Mit der Breite/Höhe des Objekts bzw. Stückes Wild und der Anzahl der davon verdeckten MilDots/Scales bestimmen Sie über die weiter vorn behandelte MKS-Formel (s. S. 113 ff.) die Distanz bis zum Ziel.

Was tun sie aber, wenn Sie kein querstehendes Ziel haben, sondern der zu messende Bock in einem Winkel, also halb schräg oder schräg zu Ihnen, steht? In der nebenstehenden Grafik ist ein Beispiel wiedergegeben.

Die Situation bei der ersten Figur ist relativ einfach: Der querstehende Bock steht in einem 90°-Winkel zu Ihnen, hat eine Breite von 70 cm und deckt 7 MilDots ab. Gemäß Berechnung auf Seite 114 steht der Bock 100 m entfernt.

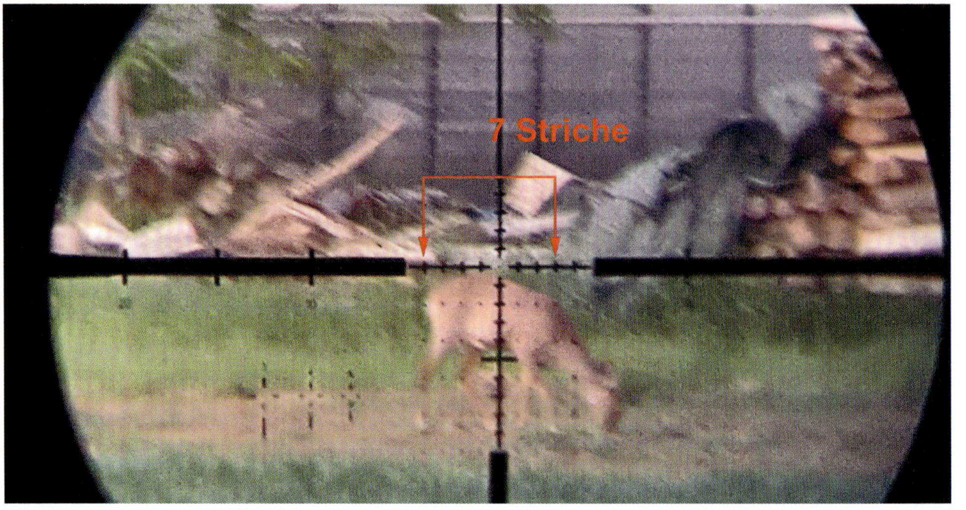

Das breitstehende Reh deckt sieben Striche ab. Nach der MKS-Formel ist es 100 m entfernt.

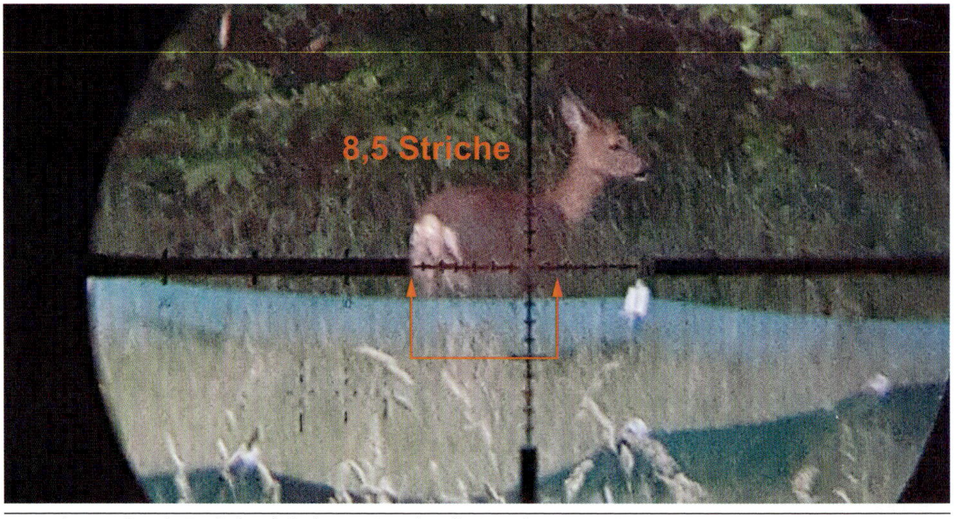

Der schrägstehende Bock (45°) deckt 8,5 Striche ab. Berechnet mit Cosinus-Erweiterung ist er 58 m entfernt.

Figur B zeigt einen 70 cm breiten Bock, der in einem 35°-Winkel von Ihnen abgewandt steht, also halb schräg von hinten beschossen werden muss, und mit 5,7 MIL gemessen wird. Hier wird die Formel um den Cosinus des Winkels 35° erweitert:

$$\frac{0{,}7 \times 100}{5{,}7} \times \cos(35°) = 100{,}57$$

Wie Sie sehen, kann man auf diese Weise mathematisch die Entfernung nicht vollkommen breitstehender Stücke näher bestimmen. Dass diese Methode nicht sonderlich einfach und somit nicht für jeden geeignet ist, ist uns bewusst, soll aber der Vollständigkeit halber dennoch erwähnt werden.

Wir haben für Sie weitere Beispiele mit den entsprechenden Berechnungen in der Praxis fotografiert. Die Aufnahmen sind in einem ganz normalen Revier entstanden und wir haben Zielfernrohr mit einem MR10+-Absehen verwendet. Hierbei handelt es sich nicht um ein klassisches MilDot, sondern um ein erweitertes MilScale-Absehen.

ERSTELLEN EINER SCHUSSTAFEL

Das Schlimmste, was auf der Jagd passieren kann, ist das Anschweißen von Wild. Meist resultieren Krankschüsse aus falsch eingeschossenen Waffen oder falsch eingeschätzten Entfernungen zum Wild. Beide Punkte haben wir bereits abgehandelt. Für sehr weite Schüsse ist es aber auch sehr wichtig, die Geschossflugbahn bei der individuellen zu kennen.
Vor einiger Zeit hatten wir einen interessanten Auftrag. Ein Kunde wollte auf eine Jagd in einem weitläufigen Hochwildrevier vorbereitet sein. Er hatte den Anspruch, einen präzisen Schuss auf mindestens 200 m abgeben zu können. Deshalb führten wir mit dem Kunden ein 300 m-Training durch und ermittelten die verschiedenen Ablagen. Auf der Packungsbeilage der Munition sind in aller Regel die ballistischen Daten schon aufgedruckt. Diese Angaben sind oft sehr hilfreich – allerdings ist unbekannt, welche Waffe der Munitionshersteller zur Ermittlung der Daten benutzt hat, und so kann man nicht sicher davon ausgehen, dass diese Daten mit der eigenen Waffen-Munition-Konfiguration übereinstimmen. Der einfachste Weg, dieses Problem zu umgehen, ist es, die Daten selbst zu ermitteln.
Die bei dem Training des Kunden entstandenen Videos dürfen wir auf seinen Wunsch leider nicht veröffentlichen, können dieses Vorgehen aber auch allen Leserinnen und Lesern uneingeschränkt empfehlen. Wie also erstellt man eine individuelle Schusstafel?

PRAKTISCHES VORGEHEN

Die Grundvoraussetzung für das Erstellen einer solchen Tafel über Entfernungen über

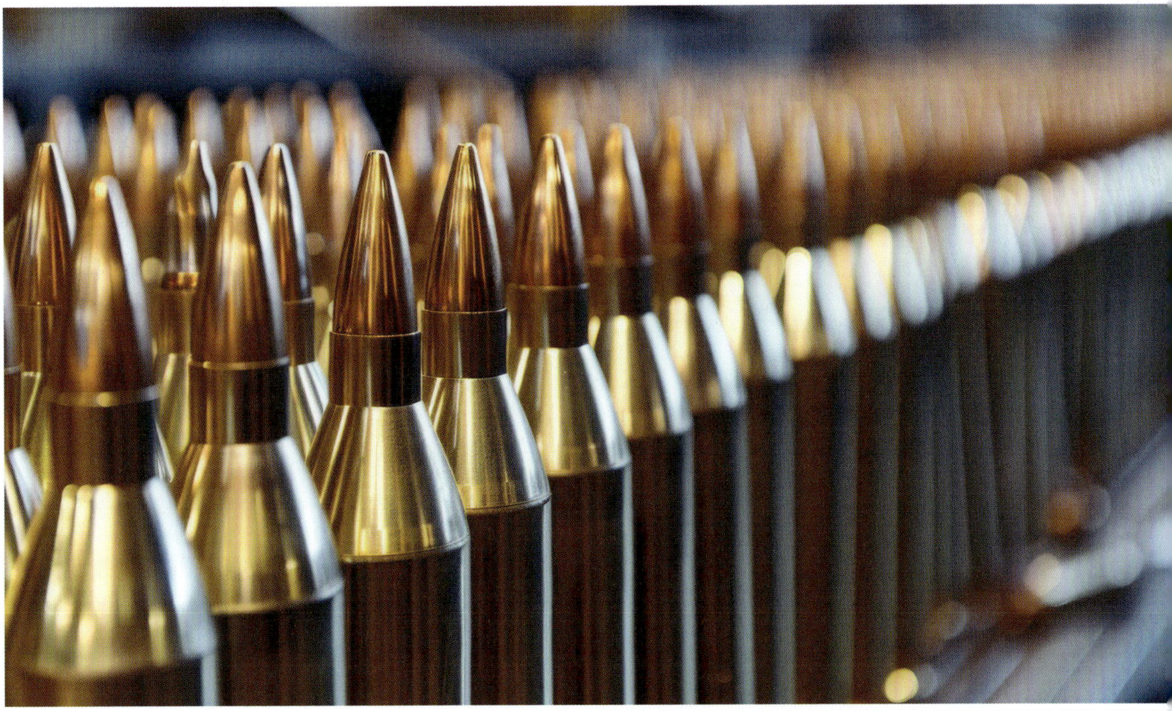

Munitionsfertigung. Mit welchen Waffen die Hersteller die ballistischen Angaben einer bestimmten Patrone und Laborierung ermitteln, ist unbekannt.

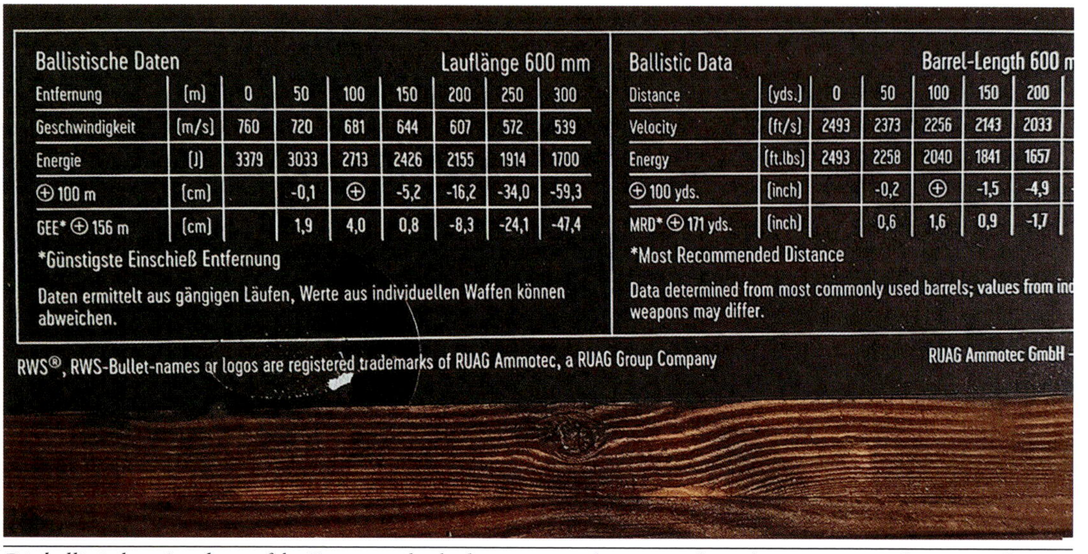

Die ballistischen Angaben auf der Patronenschachtel stimmen nicht zwingend mit dem eigenen Waffen-Setup überein.

100 m hinaus, ist, dass Sie auf 100 m sicher treffen: Als tolerierbares Maß haben wir einen Streukreis von unter 2,9 cm auf 100 m definiert. Ist diese Voraussetzung erfüllt, kann man dazu übergehen, eine Schusstafel bis ca. 300 m zu planen und zu „erschießen". Gehen Sie dabei folgendermaßen vor:

— Schießen Sie die Waffe 4 cm hoch auf 100 m ein oder auf 100 m Fleck, wenn Sie Höhenverstelltürme besitzen.
— Bereiten Sie sich einen ca. 60 cm langen Tapetenstreifen vor und versehen ihn am oberen Rand mit einer Haltepunktmarkierung.
— Beschießen Sie den Tapetenstreifen auf die Distanzen 150 m, 200 m, 250 m und 300 m. Hierbei ist es wichtig, immer denselben Haltepunkt zu verwenden.

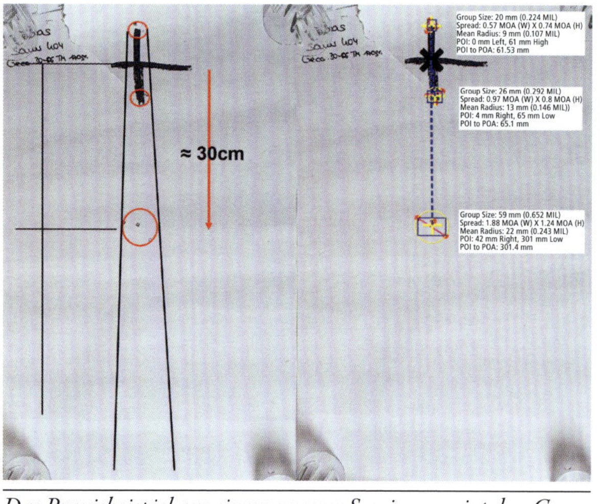

Das Praxisbeispiel aus einem unserer Seminare zeigt den Geschossabfall und visualisiert die Streuung.

Sind alle Schüsse ausgeführt, erhalten Sie eine Tapete, die den Geschossabfall Ihrer Waffen-Munition-Konfiguration abbildet. Diese Tapete kann man grafisch auswerten und mithilfe einer geeigneten App (z. B. RangeBuddy) die Gruppen auswerten lassen. Die Abbildung unten zeigt das beispielhaft für einen unserer Seminarteilnehmer.

GRAFISCHE AUSWERTUNG UND ÜBERPRÜFUNG

Zurück zu unserem Kunden und Auftrag: In Ermangelung eines anderen Schießstandes konnten wir mit ihm nur auf die Distanzen 100 m, 200 m und 300 m schießen. Wir nutzten zunächst ein Ballistikprogramm, um die ballistische Kurve zu errechnen, und schossen dann auf dem Schießstand. Anhand des Vergleichs der Schießergebnisse mit den theoretischen Daten erstellten wir eine gra-

☞ **TREFFPUNKTLAGEN** KUNDENWAFFE NACH BALLISTIKPROGRAMM

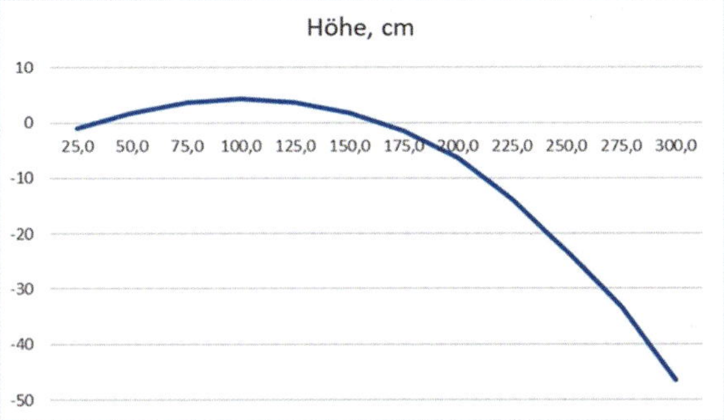

ENTFERNUNG [M]	HÖHE [CM]	HÖHE [KLICKS]
25,0	−1,1	U4
50,0	+1,8	D4
75,0	+3,6	D5
00,0	+0,3	D4
125,0	+3,7	D3
50,0	+1,8	D1
175,0	−1,6	U1
200,0	−6,4	U3
225,0	−3,9	U6
250,0	−23,2	U9
275,0	−33,3	U12
300,0	−48	U16

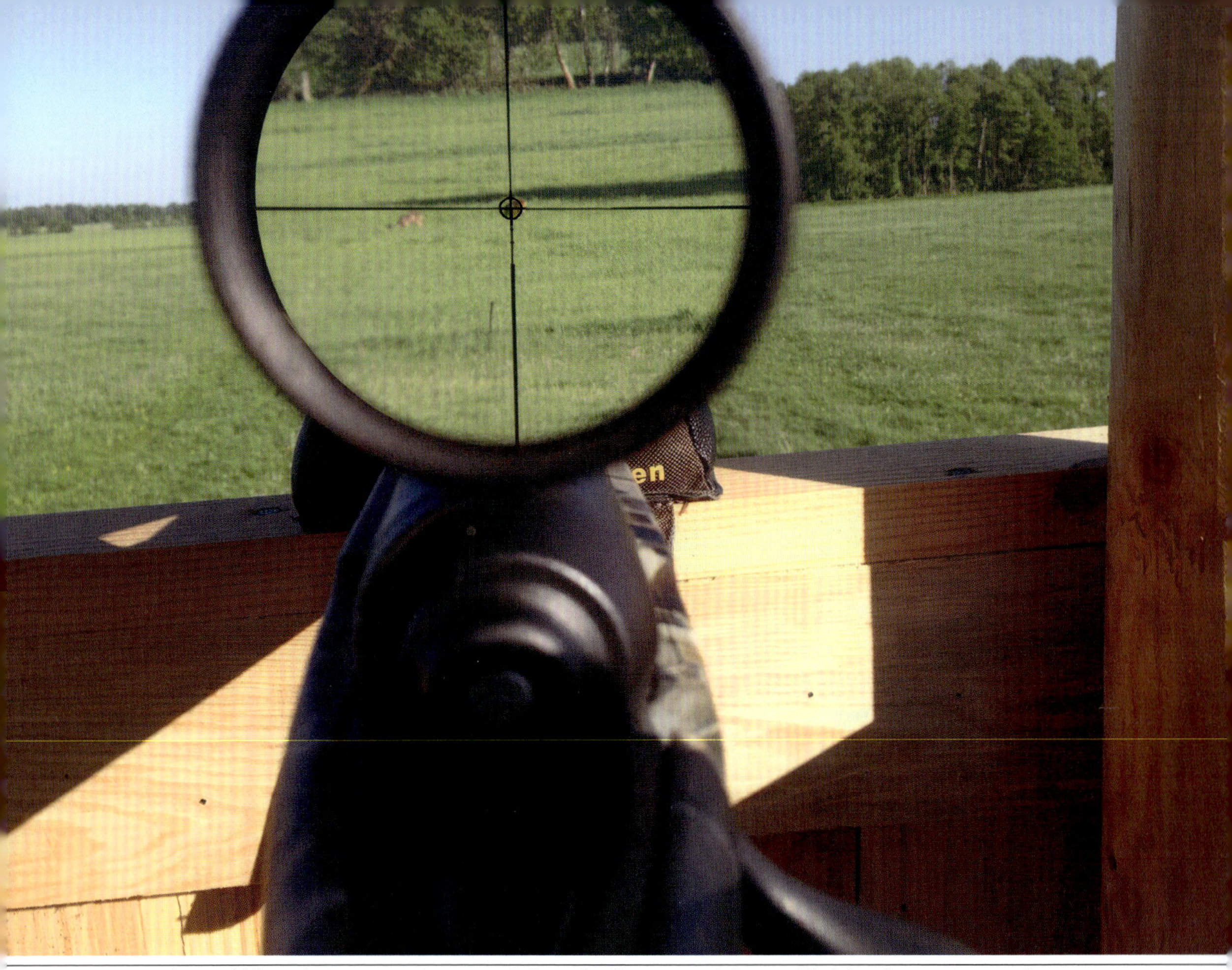

Eine Schusstafel lässt die Distanz erkennen, ab der es heißen muss: „Schuster, bleib bei deinem Leisten."

fische Auswertung für die Waffenkonfiguration des Kunden, die wie folgt aussah:

— Waffe: Blaser R8, Lauflänge 59 cm mit Schalldämpfer Hausken 224 extrem
— Zielfernrohr: Laika Magnus 2,4-16X56 MS, Plex-Absehen
— Munition: RWS .308 Doppelkern 165 gr; GEE von 160 m bei 600 mm Lauflänge

In der Tabelle sehen Sie die theoretischen Ergebnisse der Treffpunktlage gemäß Ballistikprogramm.

ERGEBNISSE

Die Ergebnisse der erstellten Schusstafel sehen folgendermaßen aus: Auf der Entfernung zwischen 25 und 50 m schneidet das Projektil das erste Mal die Visierlinie von unten nach oben. Das heißt, im schlimmsten Fall treffen wir auf der Entfernung von 25 bis 50 m zwei Zentimeter unterhalb des Punkts, auf den wir gezielt haben. Bei einer Entfernung von 75 m läge die Abweichung des Treffers bei 3,6 cm nach oben, bei 100 m mit 4,3 cm die Maximalabweichung.
Hier gerät es langsam an die Grenzen: Wir haben die Waffe 4 cm hoch auf 100 m eingeschossen, dazu kommt noch die Schützenstreuung von 3,3 cm; das heißt im schlechtesten Fall liegt der Treffer 7,6 cm oberhalb des Punktes, den man anvisiert hat. Gehen wir von einer tödlichen Trefferzone bei einem Reh von ca. 24 cm aus (12 cm oberhalb und 12 cm unterhalb der Visierlinie), gelangt man mit der ja bereits sehr guten Schützenstreuung von 3,3 cm auf 100 m in Richtung oberer Toleranzgrenze.
Die Schießergebnisse auf 200 m geben noch

mehr Auskunft. Schon ab einer Entfernung von 200 m hat man die untere Toleranzgrenze für das Schießen auf ein Reh erreicht, darüber hinaus kann selbst ein guter Schütze mit dem durchgehenden Visierbild keinen waidgerechten Schuss mehr antragen. Das verdeutlicht die Grafik in Abbildung Seite 141 oben. Ihr können Sie entnehmen, wie die Treffer auf den Entfernungen 100 und 200 m bei einem durchgehenden Visierbild auf dem Wildkörper liegen. Auf 100 m würde man das Reh oberhalb der Blattlinie treffen, auf 200 m im schlechtesten Fall nahe am unteren Rand des Brust-

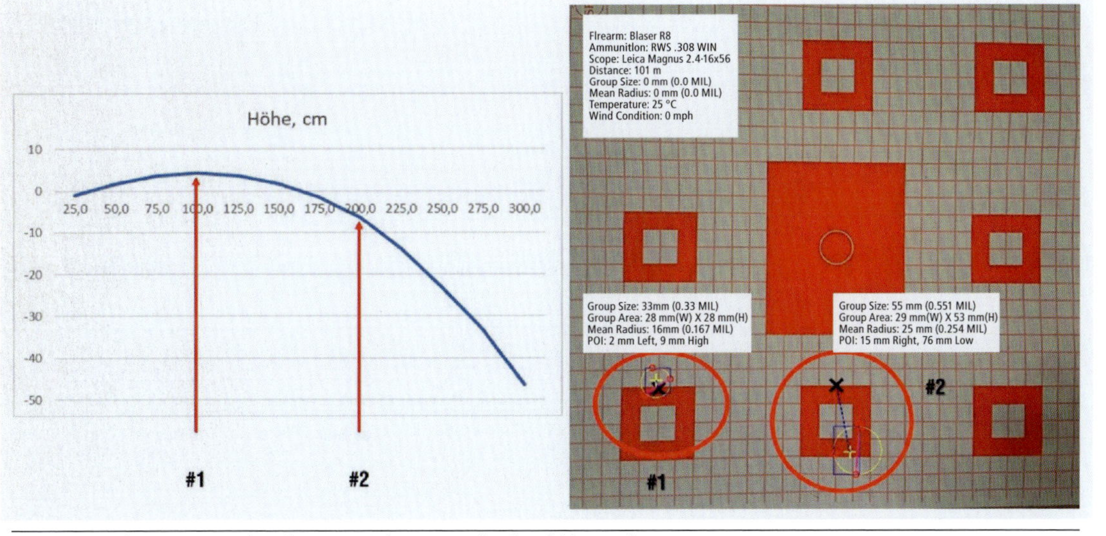

Spätestens ab 200 m würde es hier mit Schüssen auf Rehwild kritisch.

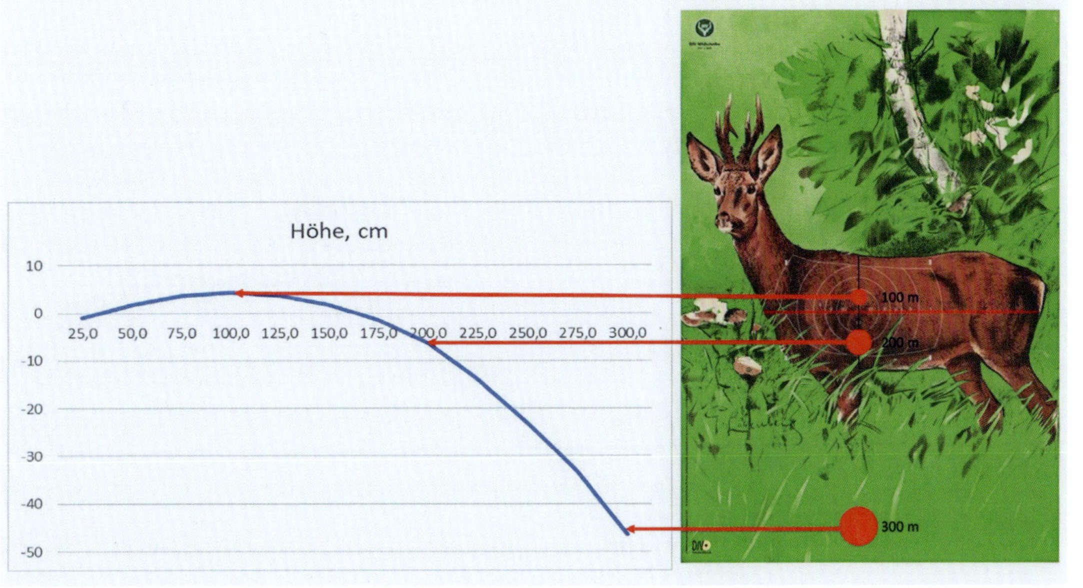

Der Beweis: 300 m wären eindeutig zu weit für einen Schuss auf ein Reh.

☞ MAXIMUM POINT BLANK RANGE (KUNDE)

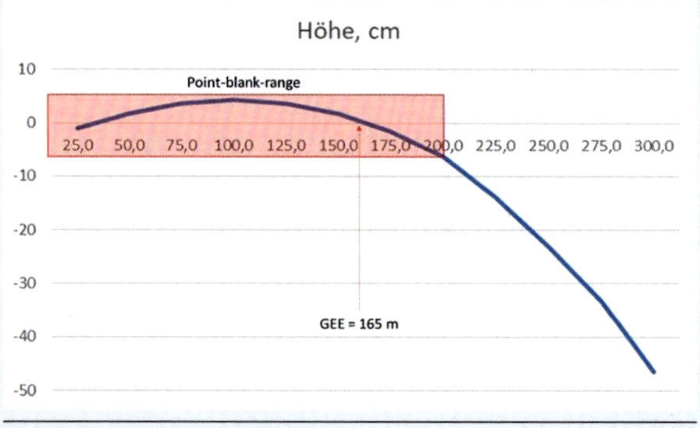

Aus Schusstafel ermittelte Point Blank Range (roter Bereich)

ENTFERNUNG [M]	HÖHE [CM]	HÖHE [KLICKS]
25,0	−1,1	U4
50,0	+1,8	D4
75,0	+3,6	D5
100,0	+4,3	D4
125,0	+3,7	D3
150,0	+1,8	D1
175,0	−1,6	U1
200,0	−6,4	U3
225,0	−13,9	U7
250,0	−25,2	U10
275,0	−38,3	U14
300,0	−50	U17

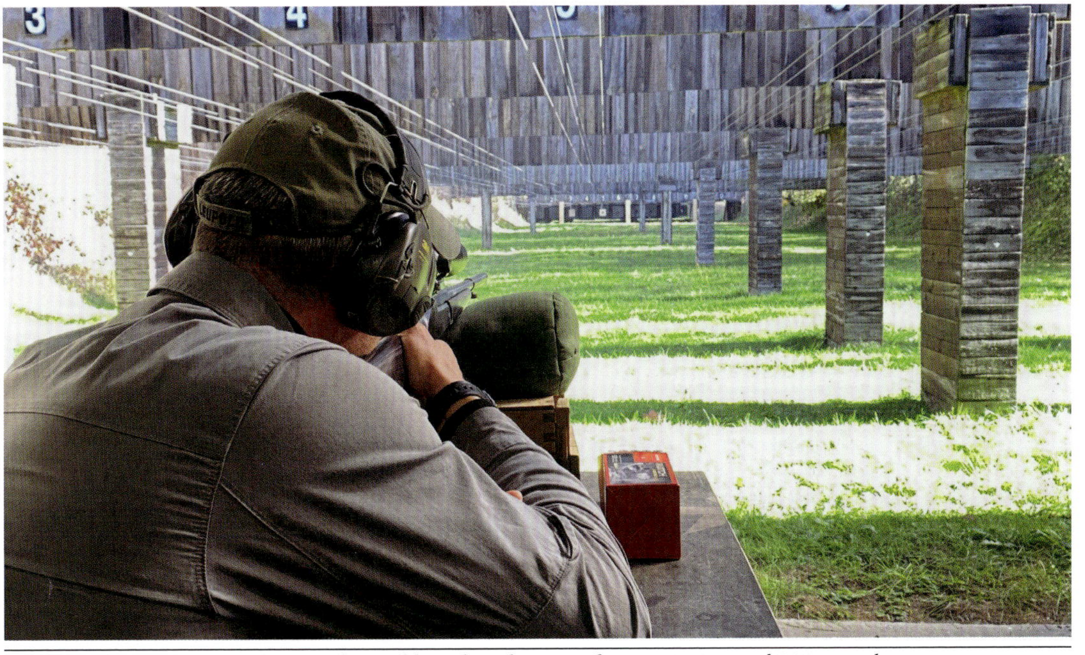

Zur Erstellung einer Long-Range-Schusstafel wird am besten auf 150 m, 200 m und 300 m geschossen.

korbs. Somit definierten wir für den Kunden, nicht über 200 m hinaus zu schießen. Dennoch prüften wir das Ganze auch auf 300 m. Hier ergab sich eine Treffpunktlage von 50 cm tief und eine Schützenstreuung von 8,5 cm, was bestätigt, dass 300 m einfach eine zu große Distanz ist (Abb. u.). Neben der Darstellung der Geschossflugbahn können Sie einer Schusstafel auch die Point Blank Range Ihrer Waffe entnehmen. Hierzu haben wir in der in der Abbildung über der Tabelle links die obere Grenze zusätzlich als parallel zur X-Achse verlaufende Tangente des Scheitelpunktes der Geschossflugbahn eingezeichnet. Die untere Grenze verläuft ebenfalls parallel zur X-Achse, diese haben wir als Tangente des Streukreises eingezeichnet, der gerade noch die jagdliche Toleranzgrenze einhält. Somit ergab sich eine Point Blank Range von knapp 200 m.

FAZIT

Das Anlegen einer Schusstafel und die Auswertung Ihrer Schießergebnisse enthält die wichtigsten Erkenntnisse über Ihre Waffe und Ihre Schießfertigkeiten. Sie können erkennen, mit welcher Ablage Ihre Waffe auf die verschiedenen Entfernungen trifft und daraus Ihren durchgehenden Visierbereich (Point Blank Range) ableiten. Zudem erfahren Sie mehr über Ihre Schießfertigkeiten, indem Sie die Streukreise auf den unterschiedlichen Entfernungen nun auch visuell beurteilen können.

Betreiben sie also ruhig einmal den Aufwand und investieren Sie in eine Schusstafel für Ihre Waffe. Die Erkenntnisse, die Sie daraus ziehen können, sind sehr wertvoll für Ihren jagdlichen Alltag und werden Sie möglicherweise vor falschen Entscheidungen bewahren. Dabei hilft es auch ungemein, wenn Sie sich von Ihrem Trainingspartner oder einem Schießlehrer bei der Schussabgabe filmen lassen, denn dann lässt oft das ein oder andere Aha-Erlebnis erkennen, welche Fehler man macht.

Die Rückmeldung unseres Kunden von seiner Jagd in dem Hochwildrevier war positiv. Er streckte seinen ersehnten Lebenshirsch auf 196 m.

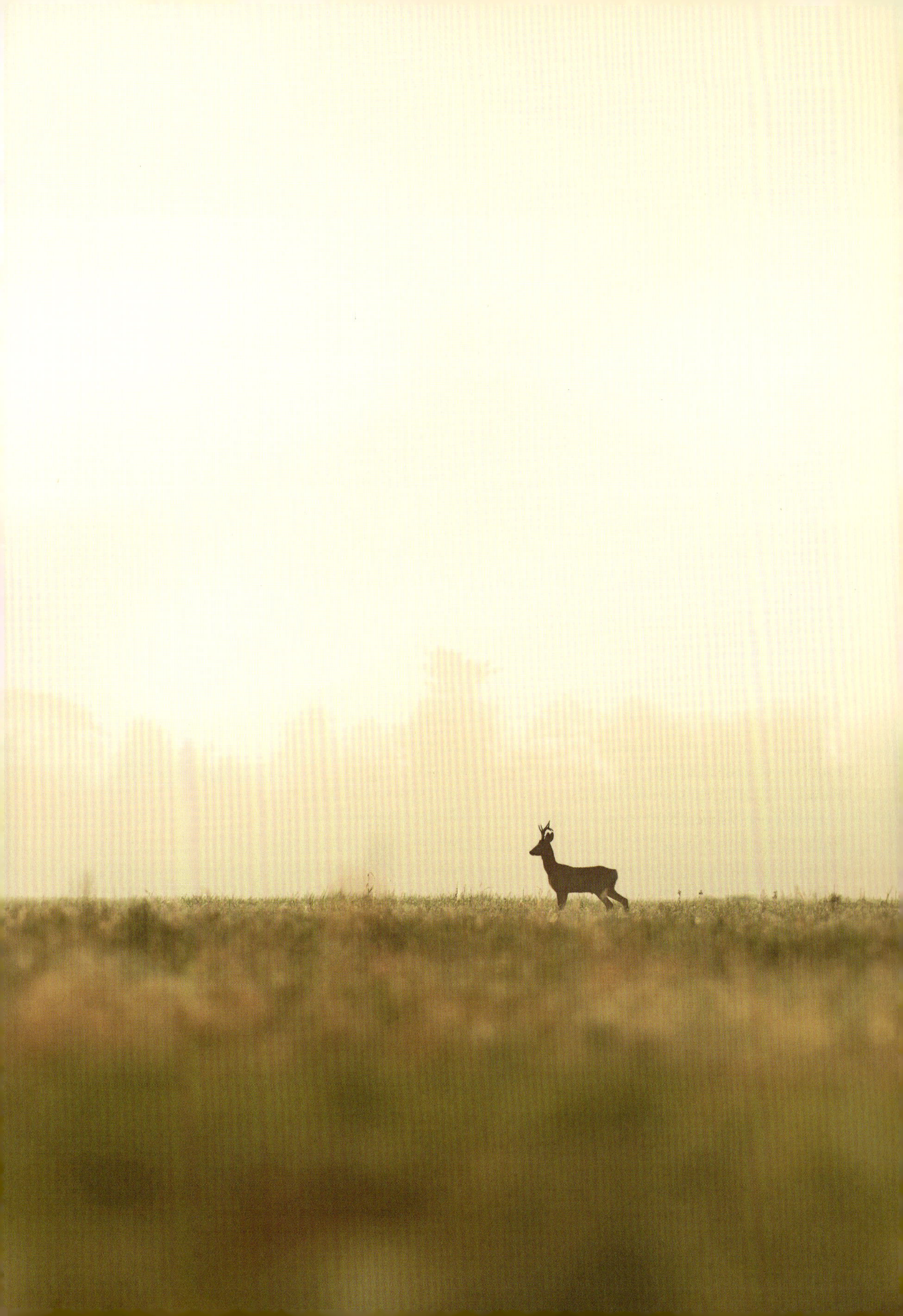

ZUM SCHLUSS

Wie geht's nach der Lektüre dieses Buches weiter? Grundsätzlich sollten Sie für sich selbst definieren, welche Form des Büchsenschießens Sie am häufigsten praktizieren und darauf entsprechend den Trainingsschwerpunkt setzen. Alle hier beschriebenen Aspekte innerhalb kurzer Zeit umzusetzen, ist kaum möglich bzw. sehr zeitintensiv, nicht immer ganz preiswert und oft mit einiger Fahrerei verbunden. Das Üben der „Acht Kriterien für den präzisen Schuss" mittels Trockentraining können Sie allerding sehr schnell in die Tat umsetzen und zu einem dauerhaften Bestandteil Ihrer Trainingsroutine werden lassen. Die meisten unserer Kunden legen Ihren Trainingsschwerpunkt auf den dynamischen Büchsenschuss, da diese Disziplin vielen Schützen sehr schwerfällt.

In den letzten Jahren konnten wir eine große Nachfrage nach den 300 m-Seminaren feststellen. In diesem Buch haben wir viele theoretische Grundlagen gelegt, die Sie auf einem der 300 m-Schießstände in Deutschland anwenden können. Aus unserer Sicht macht diese Form des Schießens viel Spaß, obwohl es in der Praxis selten Anwendung findet.

An dieser Stelle möchten wir uns für die Geduld unseres Redakteurs Ekkehard Ophoven bedanken, der uns durch die Erstellung dieses Buches geführt und bei der textlichen Gestaltung eine große Hilfe war.

Zuletzt bleibt uns noch der Appell: „Gehen Sie raus auf den Schießstand und haben Sie Freude beim Ausprobieren verschiedener Techniken!" Durch das Ausprobieren und praktische Umsetzen der Theorie werden Sie selbst zu einem besseren Schützen. Natürlich wären Sie auch auf einem unserer Seminare gern gesehene Gäste.

Waidmannsheil und allzeit guten Schuss!

807

zum Film: Der perfekte Büchsenschuss – Michael Gast im Interview

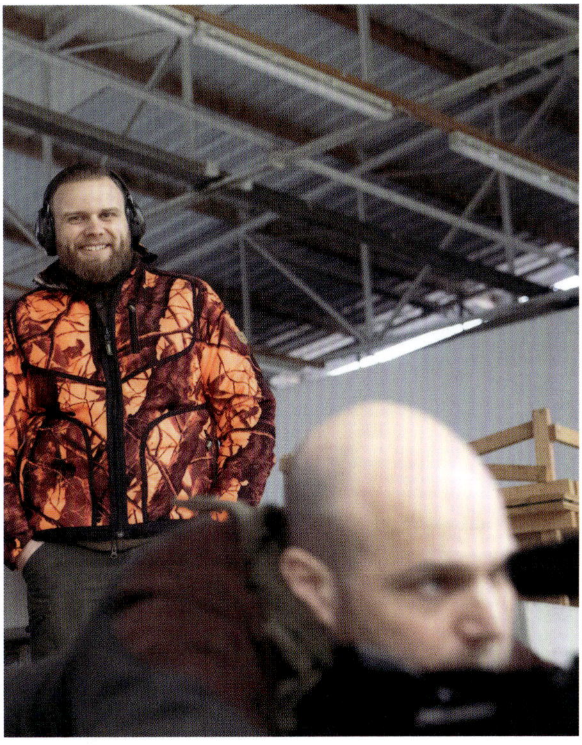

DIE AUTOREN

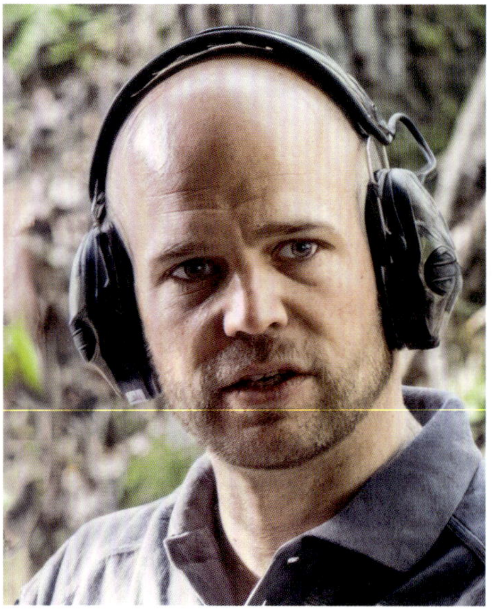

Michael Gast begann im Jahr 2003 seine Laufbahn als Offizieranwärter der Fallschirmjäger im Saarland. Im Anschluss an die Offiziersausbildung studierte er an der Bundeswehruniversität in Hamburg Betriebswirtschaftslehre. Anschließend sammelte er als Zugführer der spezialisierten Kräfte des Heeres profunde Erfahrungen im Bereich Sicherheit und Schusswaffengebrauch. Heute ist Michael Gast Geschäftsführer der 1MOA GmbH und dort maßgeblich für die Koordination der Ausbildung und des Handels zuständig.
Der leidenschaftliche Jäger und Betreiber des Deutschen Jagdblogs schreibt regelmäßig für verschiedene Jagdzeitschriften.

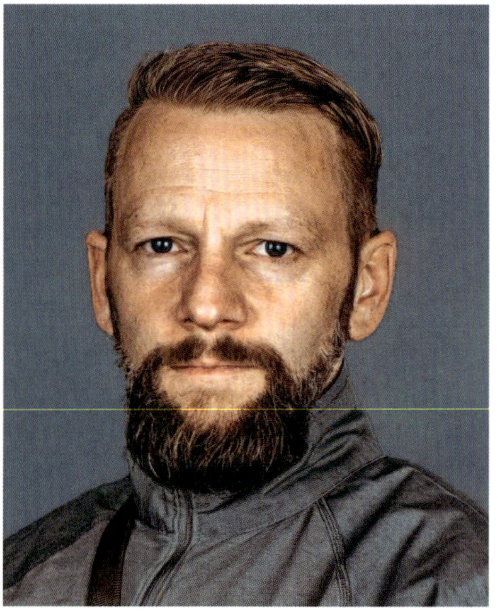

Sven Stollenwerk war zwölf Jahre Offizier bei der Bundeswehr und dort Zugführer in einem Fallschirmjägerbataillon. Er ist Schießlehrer für verschiedene Waffensysteme der Bundeswehr und durfte während seiner Dienstzeit unzählige Soldaten im richtigen Schießen ausbilden.
Sven Stollenwerk gehört ebenfalls zum Team der 1MOA GmbH. In dem Unternehmen ist er für die Organisation und Koordination des Handels zuständig sowie Vertriebsmitarbeiter und Ansprechpartner für behördliche Kunden.

REGISTER

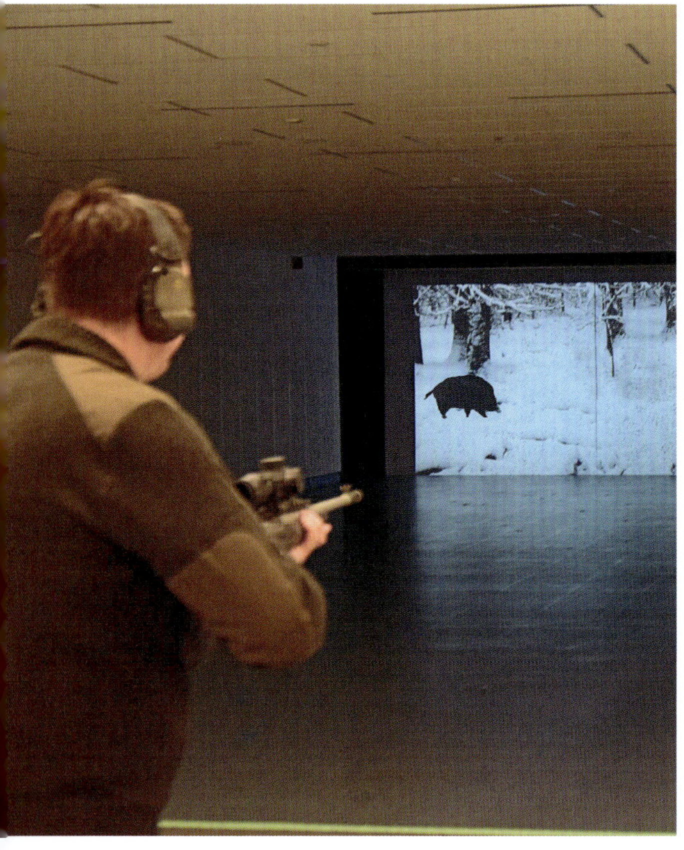

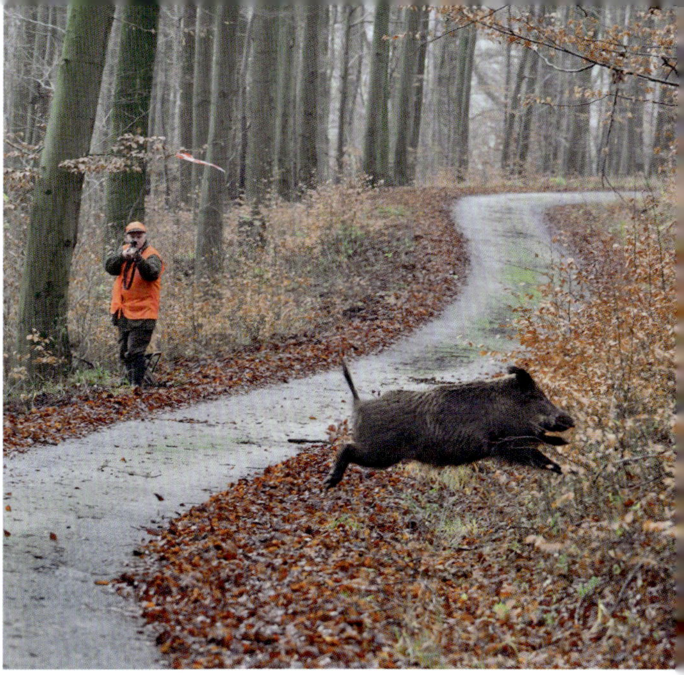

Nachtjagd — auf Sauen

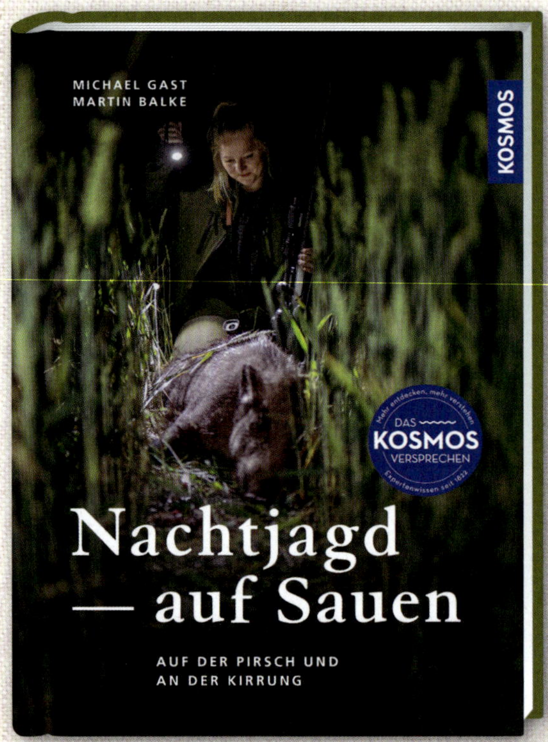

136 Seiten

Seit Nachtsichttechnik für die Jagd auf Schwarzwild in vielen Bundesländern erlaubt ist, haben sich der Ansitz und die Pirsch auf Sauen bei Dunkelheit zu einem echten Trend in der Jägerschaft und einer bedeutsamen Jagdart entwickelt. Hochmoderne Wärmebildgeräte und Restlichtverstärker erlauben effektives Jagen auch weit nach Sonnenuntergang und sorgen für fesselnde Erlebnisse. Michael Gast und Martin Balke liefern wertvolle Tipps für die Praxis und geben Anleitungen zum Einsatz der neuartigen Technologien. Sie vermitteln, wie die Schwarzwildjagd im Dunkeln zum unvergesslichen Erlebnis wird.

kosmos.de

Auf Rehe jagen

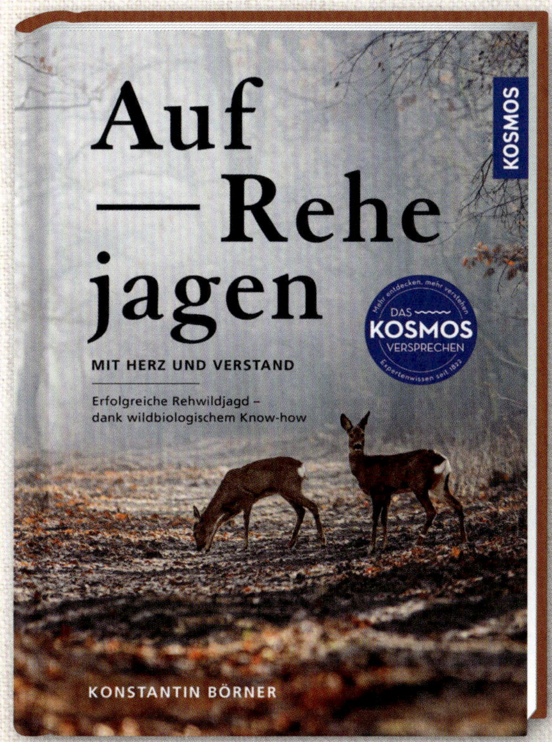

160 Seiten

Wussten sie, dass der Zeitpunkt des Haarwechsels und des Gehörn-Fegens und so gut wie nichts über das Alter eines Rehs bzw. Bockes aussagt? Und dass manche weibliche Rehe zur Brunft ins „Ausland“ wandern, um sich gezielt mit fremden Böcken zu paaren? Fachbuchautor Dr. Konstantin Börner erläutert viel Überraschendes über unsere häufigste Schalenwildart und schneidet so manchen alten Zopf ab. In diesem kompakten Ratgeber vermittelt er wildbiologisches und praktisches Hintergrundwissen und schafft so die Grundlage für eine erfolgreichere Jagd.

BILDNACHWEIS

Mit 113 Fotos von AdobeStock: /AlexQ: S. 122 /andreiuc88: S. 116 /Bergringfoto: S. 23 /engineer: S. 20 /Bits and Splits: S. 118 /evgenius1985: S. 112 /Fineblick: S. 53, 128 /Fizzl: S. 127 /Fotoschlick: S. 22 /grzegorz_pakula; S. 120 /Kaspars Grinvalds: S 15 u. /lienkie: S. 59 /Little Monster 2070: S. 92 / Ludwig: S. 77 /Erik Mandre: S. 144 /Milan: S. 90 r. /Modern Outdoor Media: S. 71 /ms_pics_and_ more: S. 78 /Natureimmortal: S. 90 l. /okyela: S. 62, 129 /Pawel Pajor S. 110/111 /Jaroslav Pap: S. 89 / Ratchapon: S. 34/35 /Rattanapon: S. 44 u. /RioPatuca Images: S. 9 /Scaliger: S. 137 /WildMedia: S. 52 /Xalanx: S. 30; Michael Gast/Sven Stollenwerk (63): S. 8, 11–14 alle, 16–18 alle, 25, 26, 31, 40, 42 und 43 alle, 44 o., 45, 47 beide, 48, 54, 55 beide, 60, 63, 64 r., 67 beide, 69, 76 M. und u., 79, 80, 81, 98 beide, 100–104 alle, 106–109 alle, 112, 114, 132 beide u., 134, 136 beide, 138, 140, 143, 145; https://commons.wikimedia.org/w/index.php?curid=65434225 (unbekannter Autor): S. 105; Deutscher Jagdverband: S. 95; Norbert Klups: S. 64 l.; Tom Kollwitz: S. 50; Ekkehard Ophoven (5): S. 10, 15 o., 27, 49, 91; Michael Stadtfeld (10): S. 4, 6/7, 29, 56/57, 68, 85, 86/87, 88, 97, 99; Tobias Westen (2): S. 112, 125; Karl-Heinz Volkmar: S. 33

Mit 54 Zeichnungen von Kay Elzner: S. 133 u.; Michael Gast: S. 19; Michael Gast/Sven Stollenwerk (52): S. 32 beide, 39, 41, 46 beide, 48, 49, 51, 58, 61 alle, 65, 71, 71–75 alle, 76 o., 80, 81, 83 und 84 alle, 93, 94, 101, 104, 113–117 alle, 119, 123, 124, 126, 130 und 131 alle, 132 o.,133 o., 135, 138, 139, 141 beide, 142

IMPRESSUM

Umschlaggestaltung von Büro Jorge Schmidt, München, unter Verwendung eines Fotos von Tobias Westen

Mit 118 Farbfotos sowie 54 Illustrationen und Grafiken

Alle Angaben in diesem Buch erfolgen nach bestem Wissen und Gewissen. Sorgfalt bei der Umsetzung ist indes dennoch geboten. Der Verlag und der Autor übernehmen keinerlei Haftung für Personen-, Sach- oder Vermögensschäden, die aus der Anwendung der vorgestellten Materialien, Methoden oder Informationen entstehen könnten.

Unser gesamtes Programm finden Sie unter **kosmos.de**. Über Neuigkeiten informieren Sie regelmäßig unsere Newsletter, einfach anmelden unter **kosmos.de/newsletter**

Gedruckt auf chlorfrei gebleichtem Papier

Pfizerstraße 5–7, 70184 Stuttgart
info@kosmos.de

ISBN 978-3-440-18043-3
Redaktion: Ekkehard Ophoven
Gestaltungskonzept: Peter Schmidt Group GmbH, Hamburg
Gestaltung und Satz: DOPPELPUNKT, Stuttgart
Produktion: Vanessa Frömmig
Druck und Bindung: Westermann Druck Zwickau GmbH, Zwickau
Printed in Germany / Imprimé en Allemagne

FSC
www.fsc.org
MIX
Papier | Fördert gute Waldnutzung
FSC® C110508